Brunhild Voigt

W0062333

Die Autorin:
Brunhild Voigt unterrichtet Englisch und leitet Seminare in den Bereichen Yoga, Stressbewältigung und ganzheitliche Gesundheit. Nach Anglistikstudium und einer Ausbildung zur Yoga- und Meditationslehrerin arbeitete sie für neun Jahre in verschiedenen Sozialprojekten Afrikas. Später folgten Ausbildungen zur Heilpraktikerin und Körpertherapeutin. Erfahrungen aus langjähriger Yogapraxis und Unterrichtstätigkeit im In- und Ausland fließen in ihre Arbeit ein.

Brunhild Voigt

Kommunizieren mit Yoga

achtsam
wohltuend
wirkungsvoll

www.yogakom.de

Bibliografische Information der Deutschen Bibliothek

Die Deutsche Bibliothek verzeichnet diese Publikation in der
Deutschen Nationalbibliografie; detaillierte bibliografische Daten
sind im Internet über http://dnb.ddb.de abrufbar.

© Brunhild Voigt 2013

Alle Rechte vorbehalten. Das Werk einschließlich all seiner Teile ist
urheberrechtlich geschützt. Vervielfältigung in jeglicher Form, auch
auszugsweise, nur mit schriftlicher Genehmigung der Autorin.

www.yogakom.de

Gesamtherstellung Strauss GmbH, Mörlenbach

ISBN 978-3-00-040325-5

Für Usha

Inhalt

Yogastunde 9

Vorwort 11

Einleitung 13

Teil 1   Verstehen

1   Ganzheitlich kommunizieren 18

2   Warum wir auflaufen: 34
von den Untiefen der Kommunikation

3   Ich und Du: 49
Kommunikation ist Beziehung

4   Klare Sache: 67
miteinander lernen statt Botschaften
verkündigen

5   Rauslassen oder Runterschlucken: 81
Wohin mit den Gefühlen?

Teil 2   Fühlen, denken, meditieren

6   Hab sie oder sie haben dich: 101
Gefühle zu Freunden machen

7   Gedankenkraft 119

8   Die Stille jenseits des Denkens 136

Teil 3   **Zuhören und sich ausdrücken**

9   Die sanfte Macht des Zuhörens   154

10   Stille Wasser, die sind tief: 163
       Die Bedeutung von Einstellung
       und Aufmerksamkeit

11   Was soll ich dazu sagen?   179
       Körpersprache und Gesprächsbeiträge

12   Ausdruckskraft   194

Teil 4   **Zusammenfügen**

13   Leitfaden für Konfliktgespräche   217

14   Ideen für die Zukunft: 238
       Diskussion und Dialog

Anhang

Kreisgespräche   258

Praxis: Achtsam diskutieren   260

Literaturverzeichnis   263

Yogastunde

„Jetzt fühle ich mich super!" Katja streckte sich und gähnte zufrieden. „Aber Morgen geht der Stress wieder los! Im Büro geht es zurzeit drunter und drüber! Gibt es nicht eine Yogaübung, die meine Chefin entspannt und freundlich macht?"
„Deine Chefin und meinen Mann", rief Lisa. Alle lachten.

Nach einem meiner Yoga-Seminare saßen fünf von uns noch zusammen: Katja und Lisa, Thomas, Melanie und ich.
„Ich gehe einmal die Woche zum Yoga", meinte Melanie. „Das hat mir geholfen, auch insgesamt ruhiger zu werden. Stress macht mir nicht mehr so viel aus."
„Du Glückliche", erwiderte Lisa. „Bei mir hält die Ruhe zwar auch eine Weile vor, allerdings gibt es trotzdem noch reichlich Stress und Streit – zuhause *und* im Büro! Da hilft auch Yoga nicht. Mit manchen Leuten kann man einfach nicht reden!"
„Genau!" Katja nickte überzeugt. Dann wandte sie sich zu mir: „Was sagst du denn dazu – als Yogalehrerin? Gibt es Yoga gegen Kommunikationsprobleme?"

Wieder schmunzelten alle und sahen mich erwartungsvoll an. Ich dachte einen Moment nach. „Nun, so auf Anhieb fällt mir Folgendes dazu ein: wer Yoga übt, fühlt sich wohler, ist gelassener und lernt, achtsamer mit sich selbst und anderen umzugehen. Das trägt auch zu besserer Kommunikation bei. Die Übungen sind super für Haltung und Stimme, sie steigern die innere Stärke und Konzentrationsfähigkeit. Auch die Ausstrahlungskraft wächst, was zum Beispiel bei Vorträgen nützlich ist. Der konstruktive Umgang mit

Worten ist im Yoga sehr wichtig, deshalb gibt es dort auch spezielle Richtlinien für die Kommunikation."

„Was heißt das?" wollte Melanie wissen.
„Im klassischen Yoga sind Verbundenheit, Mitgefühl und ethisches Verhalten sehr wichtig. Dazu gehört, andere nicht zu verletzen – auch nicht mit Worten – sondern aufrichtig und wohlwollend zu sprechen."
„Das kenne ich!" rief Thomas. „Ich hatte mal einen Yogalehrer, der das erklärt hat. Es macht Sinn, und ich habe auch eine Zeitlang versucht, mich daran zu halten."
„Und, hat es dir was gebracht?" fragte Katja.
„Klar. Es gibt dir ein gutes Gefühl, wenn du dich bemühst, niemandem zu schaden, aufrichtig zu sein und anderen zu helfen, mit dem was du sagst. Aber es ist manchmal schwer, das umzusetzen – im Stress, meine ich. Da denkst du einfach nicht mehr daran, oder weißt nicht genau, wie du es anstellen sollst. In letzter Zeit habe ich mich nicht mehr so intensiv damit befasst."

Katja schüttelte nachdenklich den Kopf.
„Ich kann mir nicht vorstellen, wie das funktioniert. Zum Beispiel mit Leuten, die kein Yoga machen oder die gemein sind? Bist du da nicht der Dumme, wenn du ehrlich und nett bist?"
„Genau", Melanie zögerte etwas. „Ich habe eine Kollegin, die dauernd auf mir rumhackt!"
„Schick sie zum Yoga!" witzelte Lisa.

Ich nahm den Faden wieder auf:
„Yoga schafft eine starke Basis für gute Kommunikation, allerdings kann es nützlich sein, in schwierigen Situationen zusätzlich einige praktische Methoden zur Hand zu haben – die richtigen Worte zu finden kann man lernen…"
„Au ja!" Melanie war ganz Ohr. „Wo?"
Und Katja rief: „OK – damit ist die Sache klar: im nächsten Seminar geht es um Kommunikation!"
„Aber vergiss Yoga nicht!" fügte Lisa noch hinzu.

Vorwort

Kommunikation und Sprache beschäftigen mich seit langem – sowohl aus beruflichem als auch persönlichem Interesse. Das, was ich dabei im Laufe der Jahre besonders spannend, inspirierend und vor allem nützlich fand, habe ich in diesem Buch zusammengestellt. Es soll Kommunikation verständlich machen und für unterschiedlichste Situationen praktische Hilfestellung bieten, auf die bei Bedarf schnell zurückgegriffen werden kann.

Sie finden hier also eine recht persönliche Auswahl an Hintergrundwissen, Praxistipps und Übungen aus einem großen Angebot. Als Yogalehrerin und Seminarleiterin bewege ich mich seit vielen Jahren sowohl in der westlichen Kultur als auch in der Welt des Yoga. Beide sind Teil meines Lebens und meiner Arbeit, so ist es naheliegend, dass sie auch in dieses Buch einfließen. Gerade im Bereich der Kommunikation ergänzen Yoga-Weisheit und Erkenntnisse der westlichen Psychologie einander bestens, und es war eine spannende Aufgabe, Zusammenhänge herauszustellen.

Ich habe mich bemüht, möglichst übersichtlich, verständlich und praxisnah zu schreiben. Dafür habe ich mich auf das (aus meiner Sicht) Wesentliche konzentriert und einzelne Aspekte getrennt behandelt, obwohl sie eng zusammenhängen. Auch habe ich mich hauptsächlich auf mündliche Kommunikation bezogen.

Sowohl Yoga als auch Kommunikation sind sehr komplexe Themen, von denen dieses Buch nur einen kleinen Teil aufgreift. Ich möchte keine Patentrezepte bieten, sondern einen Beitrag leisten zur Entwicklung einer freien und liebevolleren Kommunikationskultur – vielleicht machen Sie mit!

Dank

Ich danke allen, die mich mit Interesse, Vertrauen und Zusammenarbeit immer wieder ermutigt haben, vor allem meiner Familie und
den Mitgliedern meiner Kurse und Seminare.
Unsere Kommunikation hat das Buch mitgestaltet!

Besonders erwähnen möchte ich: Uwe Kickstein, Ulrike Koebke,
Sandra Rajmis, Ilka Sander, Usha, Joachim, Niklas und Santosh
Voigt. Euch allen ein herzliches Dankeschön für Anregungen,
Korrekturen, engagierte Unterstützung beim Layout und Hilfe bei
PC-Problemen.

Dankbar und verbunden bin ich auch den Menschen in Ost und
West, deren Lehren und Forschungen mich zu diesem Buch inspi-
riert haben. Sie ermutigen uns, unser Potential zum Wohle aller zu
nutzen und eine Welt voller Freude und Schönheit zu schaffen, in
der jedes Lebewesen die Chance hat, sich zu entfalten. Sie wussten
und wissen, dass Kommunikation ein wichtiger Schlüssel dazu ist.
Möge dieses Buch dazu beitragen, dass ihre Erkenntnisse bekannt
und umgesetzt werden, damit eine lebensfreundliche Welt kein
Traum bleibt.

Brunhild Voigt,
im Oktober 2012

Einleitung

Kommunikation ist ein so selbstverständlicher Bestandteil unseres Lebens, dass wir sie meist als gegeben hinnehmen und nicht weiter beachten. Wie wichtig sie ist, wird uns oft erst bewusst, wenn etwas *nicht* so läuft wie erwartet: wenn beispielsweise Besprechungen sich endlos und ergebnislos hinziehen, wenn aus einer kleinen Meinungsverschiedenheit plötzlich Streit wird, wenn Konfliktgespräche in der Sackgasse enden und Beziehungen zerbrechen, weil man einfach nicht mehr miteinander reden kann.

Die heutige Zeit, in der sich Werte und soziale Strukturen, Arbeitsbedingungen und Umwelt schnell verändern, stellt hohe Anforderungen an unsere Kommunikationsfähigkeit. Wir müssen flexibel mit den unterschiedlichsten Situationen und Menschen umgehen, viele Entscheidungen treffen und Konflikte beilegen, uns durchsetzen *und* dabei rücksichtsvoll auf andere eingehen können. Das gewohnte Kommunikationsverhalten reicht nicht immer aus, um diesen Herausforderungen zu begegnen – besonders nicht im Stress. So gehören denn auch zwischenmenschliche Probleme, die sich oft in verletzender Kommunikation ausdrücken, zu den größten Stressfaktoren im Privat- und Berufsleben.

Viele von uns wünschen sich entspanntere Kontakte, sinnvollere Diskussionen, mehr Fairness, Zusammenhalt und Erfolg in Konflikten. Wir wollen uns auch im Stress gelassener durchsetzen, unser Leben bewusst gestalten und andere Menschen unterstützen. All das ist möglich, wenn wir wissen, wie Worte wirken und dieses Wissen sinnvoll nutzen. Glücklicherweise gibt es heute viele Ansätze, die dabei helfen können.

In der Psychologie wird Kommunikation intensiv erforscht. Man hat viel darüber herausgefunden, was Verständigung fördert und was sie behindert. Auf dieser Grundlage sind anschauliche Modelle und praktische Vorschläge für erfolgreiche Gespräche entwickelt worden. Yoga ergänzt und vervollständigt die wissenschaftlichen Erkenntnisse durch tiefe Weisheit und sehr wirkungsvolle Übungen die für ganzheitliche persönliche Entwicklung.

Dieses Buch knüpft Verbindungen und stellt Erkenntnisse aus beiden Traditionen vor, die helfen, Kommunikation zu verstehen und sinnvoll zu gestalten.

Zum Inhalt:
Im ersten Teil geht es vor allem um Hintergrundwissen. Alte Gewohnheiten, die wir für *selbstverständlich* halten, können hinderlich sein, besonders im Stress. Die Kapitel 1 bis 5 zeigen typische Stolpersteine und Alternativen zu gewohnten Denk- und Verhaltensmustern auf. Sie erinnern daran, welche Macht Worte haben und wie wichtig es ist, bewusst und wohlwollend damit umzugehen. Sie veranschaulichen die Vielschichtigkeit der Kommunikation, die Bedeutung der zwischenmenschlichen Ebene und der Gefühle. Sie erklären, warum Lernbereitschaft weiter führt als der Streit um Recht und Unrecht, und wie in Konflikten alle gewinnen können.

In Teil 2 finden Sie Information und viele Praxistipps zum Umgang mit Gefühlen und Gedanken sowie zu Achtsamkeit, Tiefenentspannung und Meditation. Hier geht es um die oft vernachlässigte und unterschätzte *innere Kommunikation* – möglicherweise Ihre größte Ressource, die Ihr Leben und Ihre Gespräche entscheidend prägt.

Teil 3 beschäftigt sich mit der „sanften Macht des Zuhörens" und der Ausdruckskraft. Zuhören spielt eine wichtige Rolle, wenn es darum geht, Gespräche zu gestalten, Verbindung zu anderen Menschen herzustellen und ihnen zu helfen. Ausdruckskraft ist der Gegenpol dazu. Sie finden praktische Anregungen, wie Sie das, was Ihnen wichtig ist, überzeugend vermitteln können, mit Tipps zu Wortwahl, Körpersprache, Stimme und Ausstrahlung.

Teil 4 schließlich zeigt, wie alles zusammengefügt werden kann. Er enthält einen kleinen Leitfaden für Konfliktgespräche, Diskussionen und Dialoge.

Wie Sie das Buch nutzen können
Wahrscheinlich werden sie feststellen, dass Sie bereits nach einfachem Durchlesen manche Situation bewusster erleben und besser verstehen.

Wenn Sie etwas Neues verinnerlichen und später in Gesprächen einsetzen wollen, ist es sinnvoll, einzelne Kapitel oder auch das ganze Buch mehrfach zu lesen und sich mit den Praxistipps zu befassen. Sie regen dazu an, sich tiefer mit einzelnen Aspekten auseinanderzusetzen und sich neues Wissen anzueignen. In den meisten Fällen ist es sinnvoll, einzelnen Praxistipps über einige Tage oder Wochen Aufmerksamkeit zu schenken.

Und schließlich können Sie auch auf das Buch zurückgreifen, wenn Sie für bestimmte Situationen Information und konkrete Hilfestellung brauchen; zum Beispiel, um sich auf ein schwieriges Gespräch oder einen Vortrag vorzubereiten, Besprechungen zu strukturieren oder innere Klarheit zu gewinnen.

Teil 1

Verstehen

1

Ganzheitlich kommunizieren

„Wenn du den Eindruck hast, dass mehr in dir
steckt, dann hast du damit höchstwahrscheinlich
Recht.“ (unbekannt)

Kommunikation wird intensiv erforscht. Wie reden Menschen miteinander, was motiviert sie, warum verhalten sie sich auf bestimmte Art und Weise? Wie wirken Worte? Was stört, was erleichtert die Verständigung? Auf der Grundlage zahlreicher Beobachtungen und Experimente sind Kommunikationsmodelle entwickelt worden, die unser Leben erheblich erleichtern können. Das Wissen ist vorhanden – wir können es uns aneignen und nutzen. Und was kann Yoga dazu beitragen?

Wie Yoga die Kommunikation bereichern kann

Immer mehr Menschen machen die Erfahrung, wie wohltuend Yoga ist: keine Rückenschmerzen mehr, innere Ruhe, gute Laune... all das und noch viel mehr durch ein paar Übungen, die dazu noch Spaß machen! Was das mit Kommunikation zu tun hat, ist nicht unbedingt ersichtlich, denn im Westen sind hauptsächlich Körperübungen und Entspannung als Yoga bekannt. Doch nicht selten wird in den Kursen scherzhaft gefragt, ob es nicht auch Yoga gegen Kommunikationsprobleme und Alltagsstress gibt. Tatsächlich kann Yoga erheblich dazu beitragen, durch entspannte und bewusste Kommunikation wohltuende Ruhe auch in den Alltag einzubringen.

Die Tradition des Yoga ist weit verzweigt und entwickelte sich über Jahrtausende hinweg hauptsächlich im heutigen Indien. Sie brachte zahlreiche unterschiedliche Strömungen, Wege und Praktiken hervor, beruhend auf einem tiefgründigen Wissensschatz, der von Philosophie bis Medizin viele Gebiete umfasst. Einen zentralen Platz darin hat die Meditation, ebenso wie die bekannten Körper- und Atemübungen. Doch gehören zum Beispiel auch selbstloses Handeln, Musik, Tanz und Literatur dazu.

Die verschiedenen Yogarichtungen haben teilweise sehr unterschiedliche Schwerpunkte, allgemein typisch jedoch sind die ganzheitliche Weltsicht und ebenso ganzheitliche Praktiken. So ist es nicht erstaunlich, dass auch die Bedeutung von Klängen und Worten erforscht und der Umgang damit kultiviert wurde. Wer Yoga jenseits von Matte oder Meditation im kommunikativen Alltag (er)leben will, findet Informationen und Anleitungen.

Yoga kann dem detaillierten, konkreten und rationalen Wissen der Psychologie eine Dimension hinzufügen, die es abrundet und vervollständigt: intuitive Weisheit und eine äußerst wirksame Praxis zur Entfaltung des persönlichen Potentials. Yoga macht Kommunikation zu einer ganzheitlichen Erfahrung.

Was genau bedeutet das? Lange bevor sich in der Wissenschaft eine Tendenz in diese Richtung andeutete, wies Yoga bereits darauf hin, dass alles im Universum vernetzt, untrennbar miteinander verbunden und wertvoll ist. Auch Menschen sind darin aufgehoben. Das Entscheidende: all das ist weder reine Theorie noch nettes Wunschdenken. Im Gegenteil, Yoga ist ganz und gar praktisch. Was es heißt, sich mit sich selbst, im eigenen Körper, ruhig, geborgen und wunschlos glücklich zu fühlen – davon bekommen die meisten bereits eine Ahnung, wenn sie in einer ganz normalen

Yogastunde die Tiefenentspannung erleben. Worauf beruht dieses Wissen?

Die „subjektive Wissenschaft"

Wohl nirgendwo wurde das menschliche Bewusstsein länger und intensiver erforscht, nirgendwo die Wirkungsweise und Macht der Worte klarer erkannt und systematischer genutzt als in den Weisheitstraditionen Asiens. Während die westliche Wissenschaft Objekte und Ereignisse aller Art beobachtete und analysierte, erforschten die Weisen der Yoga-Tradition ihr eigenes Bewusstsein. Dabei gewannen sie erstaunliches Wissen über die menschliche Psyche und die Natur des Universums.

Sie teilten ihre Erkenntnisse mit anderen und entwickelten Methoden, um sie nachvollziehbar und direkt *erfahrbar* zu machen. So entstand eine Vielfalt an Ausdrucksformen und Übungen, im Rahmen einer umfassenden Philosophie, die auf Liebe und Achtung vor der ganzen Schöpfung beruht. Sie kann Sinn stiften und Werte vermitteln; vor allem macht sie aufmerksam auf den Reichtum im Innern und zeigt, wie er erschlossen werden kann. Einigen Yogis zufolge nutzen die meisten Menschen kaum ein Prozent ihres Potentials.

Wie du denkst, so wirst du!

So lautet eine der ersten Yoga-Weisheiten, die sich mir einprägten. Alles, was wir denken und jemals gedacht *haben*, formt unsere innere Wirklichkeit – und auch die äußere, denn Reden und Handeln haben hier ihren Ursprung. Wenn Sie anders kommunizieren wollen als bisher – vielleicht liebevoller, gelassener oder wirkungsvoller – können Sie ohne großen Aufwand bei Ihrer inneren Kommunikation beginnen. Yogapraxis kann Sie dabei unterstützen, da sie die Aufmerksamkeit schult und hilft, Neues zu lernen sowie mit den eigenen Gedanken und Gefühlen konstruktiv umzugehen.

Wenn Yoga von innen heraus so viel Positives bewirkt, kommuniziert man dann nicht automatisch gut? Wieso dann noch Psychologie? Meine Erfahrung ist, dass Yoga und Meditation zwar Selbsterkenntnis, Gelassenheit und Mitgefühl fördern, blinde Flecken aber sehr zäh sein können! Die Psychologie macht uns auf ganz konkrete Dinge aufmerksam, die wir selbst schwer entdecken können. Sie hilft uns, die Kultur zu verstehen, in der wir leben und die uns geprägt hat. Vor allem zeigt sie auch sehr nützliche und praktische Alternativen zu gewohntem, aber nicht immer sinnvollem Verhalten auf.

Achtsamkeit

Yoga und Vernunft stehen nicht im Widerspruch zueinander. Im Gegenteil scheint die Wissenschaft traditionelle Yogaweisheit zunehmend zu bestätigen. Es gibt Ansätze, Bewusstseinsbereiche jenseits des Denkens wissenschaftlich zu erforschen und Spiritualität als natürlichen Teil des Lebens, als Quelle von Lebensfreude und Heilung, beispielsweise in die Psychotherapie einzubeziehen. So wird die *Achtsamkeitspraxsis* sehr erfolgreich zur Stressbewältigung eingesetzt, auch bei schweren Erkrankungen. Der Begriff ist vor allem aus buddhistischen Meditationen und Übungen bekannt, doch Achtsamkeit ist auch ein wesentliches Element des Yoga. Es bedeutet aufmerksames Wahrnehmen und bewusstes Erleben – möglichst ungetrübt vom rastlosen Denken und Beurteilen – und kann auch die Kommunikation nachhaltig bereichern.

Kommunikation, die allen dient

In einem entscheidenden Punkt stimmen nicht nur Yoga und humanistische Psychologie weitgehend überein:

Kommunikation soll niemanden schädigen, sondern die Interessen aller berücksichtigen und zum Wohle aller beitragen.

Ich denke, dass dieser Wunsch viele von uns verbindet. Wir wollen so kommunizieren, dass es uns selbst gut geht, *und* wir wollen zum Glück anderer beitragen. Manchmal scheint es, als wäre da ein

Widerspruch, aber ist das tatsächlich so? Ein sozial engagierter Psychologe sagte in einem Interview, Menschen müssten schleunigst erkennen, dass Altruismus gut für sie selbst sei. Wenn wir anfangen, ernsthaft in diese Richtung zu denken, kann sich vieles ändern.

Empfehlungen für den Umgang mit Worten finden im Yoga vor allem in zwei Begriffen Ausdruck: *Ahimsa* und *Satya*. Die beiden Prinzipien stehen gleich am Anfang des klassischen Yogaweges, der im *Yogasutra* (Yoga-Leitfaden) schriftlich festgehalten wurde. Sie sind Teil von insgesamt zehn Richtlinien für den Alltag, die eine stabile Basis für individuelle Entwicklung und kollektiven Fortschritt schaffen können.

Ahimsa wird oft mit *Gewaltlosigkeit* übersetzt, *Satya* mit *Wahrhaftigkeit*. Doch diese beiden Prinzipien sind vielschichtig. Deshalb gehe ich an dieser Stelle näher darauf ein und verwende auch die Originalsprache, obwohl ich ansonsten weitgehend auf Fachausdrücke verzichtet habe. Es lohnt sich, einen genaueren Blick auf *Ahimsa* und *Satya* zu werfen, da sie zentralen Anliegen der Kommunikation und dieses Buches Tiefe – und einprägsame Namen – geben.

Ahimsa – frei von Verletzung, Schaden und Schmerz

Ahimsa ist ein Sanskritwort und bedeutet, keinem Lebewesen Schaden oder Leid zuzufügen. Tiefer betrachtet, bezeichnet es einen Zustand innerer Freiheit, in dem gar keine Neigung dazu mehr vorhanden ist. Konkretes Verhalten legt das Prinzip nicht fest und erhält dadurch universelle Gültigkeit. In Indien wurde es im Laufe der Jahrhunderte und von verschiedenen Gruppen unterschiedlich interpretiert. Es ist jedoch zumindest ansatzweise in jeder Kultur vorhanden, da es das Leben in einer Gemeinschaft überhaupt erst möglich macht. Nur wenn der Tendenz, anderen zu schaden, Grenzen gesetzt werden, kann eine Gruppe existieren und überleben. Doch *wo* diese Grenzen verlaufen, ist unterschiedlich.

In unserer sehr physisch und materiell ausgerichteten Gesellschaft gelten hauptsächlich Taten, so wird auch Ahimsa meist damit in Zusammenhang gebracht. Typisch für Yoga ist dagegen, dass es über materielle Sichtweisen hinausgeht. Entsprechend erklärt zum Beispiel der indische Philosoph und Lehrer Shrii Shrii Anandamurti *Ahimsa* so: nicht verletzen, schädigen oder Schmerz zufügen – weder durch Taten, noch durch Worte oder Gedanken.

Verbale Aggression

Da sie erheblichen Schaden anrichten können, sind grobe Beleidigungen, Verleumdungen und Meineide strafbar und können gesetzlich verfolgt werden. „Kleine" Verletzungen, Unehrlichkeit und Manipulation dagegen sind im Alltag gang und gäbe – doch auch sie können tiefe Wunden schlagen, Beziehungen zerstören und anderes Unheil anrichten. Sie treffen nicht nur Einzelpersonen, sondern haben Auswirkungen auf die gesamte Gesellschaft.

Was geschieht, wenn Sie sich durch die Worte Ihres Gegenübers verletzt oder angegriffen fühlen? Sie verschließen sich reflexartig, um sich zu schützen und sind nicht mehr offen für das, was noch kommen mag. Sie wehren sich oder gehen zum Gegenangriff über. Sollten Sie unterliegen, denken Sie vielleicht an Rache, ziehen sich aus der Beziehung zurück oder sabotieren (möglicherweise auch unbewusst) die Zusammenarbeit. Oft gehen Beschimpfungen und Wutausbrüche auch körperlichen Angriffen voraus. Sind Worte nicht mehr stark genug, kommen Fäuste zum Einsatz.

Es wird zunehmend erkannt, dass verletzende Äußerungen Kommunikationserfolge behindern und somit sowohl in geschäftlichen als auch privaten Gesprächen vermieden werden sollten – nicht nur aus ethischen, sondern auch aus ganz praktischen Erwägungen heraus.

Alles nur ein Scherz? Humor und Aggression

Über die Frage, wann Äußerungen verletzend und schädlich sind bzw. wie viel an Verletzung noch zumutbar ist, gehen die Meinungen auseinander. „Gutmütiger Spott" zum Beispiel ist so ein Streitfall. Es ist in vielen Kreisen üblich, sich über andere lustig zu machen. Alle haben ihren Spaß und das Opfer soll doch bitte mitlachen oder gute Mine machen zu bösem Spiel – bloß kein Spaßverderber, keine Memme sein. Zynische Bemerkungen finden einige witzig und scharfsinnig (meist diejenigen, die sie aussprechen), andere verletzend.

Manche Menschen verstecken Ärger oder Frust hinter einer scheinbar humorvollen Fassade, indem sie andere verspotten, aufziehen oder lächerlich machen. Bissiger Humor wird dann schnell sarkastisch. So wird in manchen Kommunikationstrainings grundsätzlich davon abgeraten, Scherze auf Kosten anderer zu machen. Andere empfehlen, Sprachmittel wie Ironie nur anzuwenden, wenn feststeht, dass es für die betroffene Person wirklich in Ordnung ist (was möglicherweise seltener der Fall ist, als wir vermuten).

Das war doch nichts!

Besonders wenn Scherze oft und einseitig zu Lasten einer bestimmten Person gehen, wird die Sache kritisch. Häufig sind verletzende Bemerkungen zu subtil oder zu flüchtig, als dass die Betroffenen darauf antworten könnten. So bleiben immer wieder, vielleicht sogar unbemerkt, kleine Verletzungen zurück. Sticheleien dringen manchmal gar nicht ins Bewusstsein, sondern werden gleich weggesteckt. Das Problem: sie wirken im Unterbewussten.

Bei Kindern können sie nachhaltig Selbstbewusstsein und Selbstwertgefühl schädigen. Für Beziehungen sind sie wie langsam wirkendes Gift. Zuneigung wird ausgehöhlt von vielen kleinen, nicht so ernst gemeinten oder ernst genommenen Beleidigungen und Verletzungen, die abgetan wurden mit *„Ach, das war doch nichts!"* oder einem achselzuckenden *„Ist doch nicht so wichtig!".*

Nicht immer scheint den Beteiligten klar zu sein, wann die Grenze überschritten wird – was heute beispielsweise im Internet häufig auffällt. Angesichts der Konsequenzen scheint es sinnvoll, sensibler zu werden auch für scheinbar unbedeutende Verletzungen von Ahimsa im Alltag, sie zu identifizieren und zu lernen, angemessen mit ihnen umzugehen.

Gedankenkraft und Emotionen

Die Macht der Gedanken wird in unserer Gesellschaft noch wenig erkannt, zum Schaden aller vernachlässigt und nicht optimal genutzt. Im Yoga kommt ihr große Bedeutung zu. Worte und Taten gehen aus Gedanken und tiefen Überzeugungen hervor. Wie ich mich anderen gegenüber verhalte, hängt von meiner Einstellung ab. Wenn ich *denke*, dass jemand ein Schurke ist, der mir Übles will, werde ich ihm kaum Wohlwollen entgegenbringen. Was ich mir selbst in Gedanken immer wieder sage, prägt mein Verhalten.

Gedanken teilen sich außerdem unbewusst über Körpersprache und Tonfall mit – weshalb wir manchmal genau merken, dass uns jemand belügt. Stimmt die innere Realität nicht mit den Worten überein, kann das Unbehagen auslösen. Wir merken, dass da etwas nicht passt, können oft aber nicht genau sagen, was es ist.

Was tun mit aggressiven Impulsen und unerwünschten Gefühlen?

In diesem Zusammenhang stellt sich die Frage, was zu tun ist mit Verzweiflung, aggressiven Impulsen, düsteren Stimmungen, egoistischen Wünschen. In Yoga-Kreisen ist häufig jede Form von Aggression oder Depression verpönt. Heitere Gelassenheit, Abgeklärtheit, liebevolles Verhalten gelten als Zeichen spiritueller Reife. Sicherlich zu Recht, doch man vergisst dabei, dass die meisten von uns „klein anfangen" und *so* reif noch gar nicht sind. Häufig wird deshalb alles verdrängt, was nicht in das gewünschte Bild passt. Dieser Mechanismus, sozial unerwünschte Gefühle und Neigungen entweder zu leugnen oder gar nicht ins Bewusstsein gelangen zu lassen, ist in der gesamten Gesellschaft üblich, er wird uns mehr oder weniger von klein auf anerzogen.

Die große Gefahr dabei ist in der Psychologie bekannt: das Ungewollte bleibt im Verborgenen. Es kann auf andere projiziert werden *("Wie kann man nur so egoistisch sein!")*, es führt zu Anspannung, Verkrampfung und unechtem Verhalten. Wann immer Impulse unterdrückt werden, wird dafür Kraft gebraucht. Es entsteht ein innerer Konflikt, Energie staut sich und steht nicht mehr zur Verfügung. Unter Umständen bricht sie schließlich unkontrolliert und destruktiv hervor. Für Außenstehende sieht es dann so aus, als käme der Blitz aus heiterem Himmel.

Um mit inneren Widersprüchen und äußerer Aggression klar zu kommen, gibt es verschiedene Möglichkeiten. Viele Ansätze stimmen darin überein, das, was im Innern vorhanden ist, anzusehen und zu *akzeptieren*. Dann kann so damit umgegangen werden, dass es niemandem schadet. Auch der Umgang mit aggressivem Verhalten *anderer* setzt voraus, mit der Aggression im eigenen Innern vertraut zu sein. Wenn wir vermeiden wollen, uns selbst oder andere aus Ärger zu verletzen, ist es unerlässlich, konstruktiv mit allen Emotionen umzugehen. Deshalb spielt das Thema *Gefühle* in diesem Buch eine wichtige Rolle.

(Selbst)Verteidigung

Eine andere Frage lautet: Wie reagiere ich im Sinne von Ahimsa, wenn ich angegriffen, verletzt oder geschädigt werde? Wie, wenn ich erlebe, dass andere Menschen Opfer verbaler oder physischer Übergriffe werden?

Wir gehen üblicherweise davon aus, dass wir das Recht haben, uns zu wehren oder zu rächen, wenn wir angegriffen oder ungerecht behandelt werden. (Zivilisierte Menschen schalten dabei Gerichte ein, statt selbst handgreiflich zu werden). In Streitgesprächen gibt ein Wort das andere, auf Gemeinheit wird mit noch größerer

Gemeinheit reagiert, Verletzung wird mit Verletzung heimgezahlt. Da die Reaktionen oft jeweils ein wenig schärfer als die Auslöser sind, eskaliert die Sache. Wer dazu nicht bereit oder in der Lage ist, leidet stumm oder sieht weg, wenn es andere trifft.

Es widerspricht dem Sinn von Ahimsa, Verletzungen, Kränkungen oder Unrecht einfach hinzunehmen, besonders wenn die Aktionen auch soziale Folgen haben. Es ist wichtig, Übergriffen in jeder Form entschieden entgegenzutreten, da sie ansonsten nicht nur Leid erzeugen, sondern auch zunehmen.

Wichtig dabei ist es, Mittel und Wege zu finden, die nicht wiederum neue Verletzungen produzieren. Zurzeit wird in diesem Zusammenhang oft das Wort *Deeskalation* benutzt. Es bezeichnet die Umkehrung der Gewaltspirale. Statt Ärger und Wut anzuheizen, wird so vorgegangen, dass die Lage sich entspannt und ein friedlicher Ausgang möglich ist. Besonders in Ländern wie Deutschland, wo viele in Wohlstand und Freiheit leben, haben wir die Chance, neue Wege zu suchen und zu gehen.

Absicht und Mittel

Im Umgang mit aggressivem Verhalten anderer ist zweierlei entscheidend. Zum einen die innere Haltung, die *Absicht:* soweit wie möglich sollte die Reaktion frei sein von Wut und Hass. Es geht darum, *Leben zu schützen und zu fördern* – es geht nicht um Rache. Mitgefühl gegenüber allen Wesen ist ein wesentliches Grundprinzip des Yoga.

Zum anderen geht es um die Wahl der *Mittel.* Hierbei spielt Kommunikationsfähigkeit eine entscheidende Rolle: Was kann ich sagen oder tun, um Aggression zu mindern? Um eine kritische Lage zu entspannen? Um dazu beizutragen, dass Konflikte friedlich und konstruktiv gelöst werden? Im Verlauf dieses Buches versuche ich aufzuzeigen, welche Ursachen für destruktives Kommunikationsverhalten heute bekannt sind, welche Alternativen es dazu gibt, und wie diese umgesetzt werden können.

Praxis: **Ahimsa**

Yoga ermutigt direkte Erfahrung und bewusstes Erleben. Hier einige Hinweise, wie Ahimsa weiter erforscht werden kann.

> *„Ahimsa: handeln, sprechen und denken ohne zu verletzen oder zu schädigen"*

- Welche Bedeutung hat diese Maxime?
  Wie könnte sie Leben und Kommunikation bereichern?

- Achten Sie im Alltag darauf, wann und warum Ahimsa verletzt wird, und welche Folgen das hat.

- Wenn Sie sich bewusst daran halten, wie geht es Ihnen damit?

Satya: authentisch und wohltuend

Satya bedeutet, mit der Wahrheit verbunden zu sein, und wird oft mit *Wahrhaftigkeit* oder *wohlwollende Wahrhaftigkeit* übersetzt. *Sat* ist eine Bezeichnung für das Wahre und Bleibende, die Wahrheit des Lebens, das innerste Wesen eines Menschen oder reines Bewusstsein. *Sat* ist jenseits aller Konzepte und Vorstellungen, lediglich intuitiv erfahrbar. Ich halte es für wichtig, das zu bedenken, da so oft darüber gestritten wird, was „wahr" ist, gerade auch im Zusammenhang mit Weltanschauungen. Wahrheiten, über die man streiten kann, sind Konzepte des (begrenzten) Verstandes. Satya geht darüber hinaus.

Der Yoga-Philosophie zufolge ist das, was bleibt und alles andere überdauert, universelle Liebe und Freude. Deshalb drückt Satya sich in Gedanken und Worten aus, die von dieser Energie getragen werden und wohltuend sind. Sie schützen das Leben und fördern Entwicklung, Wohlbefinden und Glück.

Satya bedeutet auch, von innen heraus zu kommunizieren, in Verbindung zu sein mit der inneren Wahrheit. Das heißt, im Zweifelsfall auf die tiefe innere Stimme und das Herz zu lauschen, statt impulsiv, unaufrichtig, berechnend, sentimental oder rein rational zu handeln. Dazu gehören Ehrlichkeit sich selbst gegenüber, Offenheit sowie die Bereitschaft, über vorgefertigte Meinungen und liebgewonnene Überzeugungen hinauszugehen und die Welt mit immer neuen Augen zu sehen.

Die meisten Menschen schätzen es, wenn andere authentisch sind, und möchten auch selbst echt sein können und angenommen werden, wie sie sind. Es ist wohltuend und befreiend, wenn Inneres und Äußeres, Gedanken, Worte und Taten übereinstimmen. Satya erinnert daran, dass auch die seelische Realität dazugehört, dass Wahrhaftigkeit Integrität von Körper, Geist und Seele bedeutet.

Aufrichtigkeit

Satya schließt in den meisten Fällen Ehrlichkeit auch anderen gegenüber ein. Ehrlich zu sein fördert Selbstwertgefühl, innere Klarheit und Stärke. Im Zusammenleben ist Aufrichtigkeit unerlässlich, um Vertrauen untereinander zu entwickeln und zu erhalten, und damit Vorraussetzung für persönliche Integrität, gute Beziehungen und glückliche Gemeinschaften.

Schonungslose, unbedachte Ehrlichkeit ist jedoch nicht damit gemeint, sondern kann sogar das Gegenteil bewirken. Satya bedeutet nicht, „immer alles" zu sagen, was man fühlt und denkt, oder jede Frage zu beantworten. Es entspricht eher dem, was die Psychologin Ruth Cohn für besonders wichtig hielt, nämlich einer *selektiven Authentizität*: Ich bin echt und wahrhaftig, doch ich berücksichtige dabei, welche *Wirkung* meine Worte haben. Wenn Ehrlichkeit jemanden verletzt oder schädigt, widerspricht sie Satya. Außerdem kann Satya unter Umständen verlangen, falsche Angaben zu machen, wenn es erforderlich sein sollte, um Leben zu schützen und Schaden abzuwenden.

Neben Achtsamkeit und Einfühlungsvermögen brauchen wir dazu vor allem Wohlwollen und den Wunsch, dass alle glücklich sein mögen. Die Meditation dabei kann helfen, sich anderen verbunden zu fühlen, Mitgefühl und Unterscheidungsvermögen zu entwickeln. Auch wenn wir über Satya nachdenken, und unsere Worte damit in Zusammenhang bringen, trägt das dazu bei, es zu verinnerlichen.

Praxis: **Satya**
Hier einige Vorschläge für Fragen zu Satya, die Sie sich *allgemein* und auch im Zusammenhang mit bestimmten Gesprächen stellen können. Gerade vor und nach Konflikten sind aufschlussreich.

- Entsprechen meine Worte und Gedanken meinen Werten?
- Dienen sie dem, was ich mir wirklich wünsche und was ich verwirklichen will?
- Tun sie mir und anderen gut?
- Was verstärken sie? (zum Beispiel Angst und Ärger oder Vertrauen und Freude...)

Nach einem Gespräch
- Was war meine Absicht?
- Was haben meine Worte bewirkt?
- Wie haben meine Gedanken das Gespräch beeinflusst?

Die Absicht umsetzen

Bei Satya spielen *Absicht* und *Bewusstheit* eine große Rolle. Gute Absicht allein reicht jedoch noch nicht aus – entscheidend ist, sie auch umzusetzen. Wie oft sagt jemand nach einem Streit: „Aber ich habe es doch nur gut gemeint!" Trotzdem haben die anderen sich angegriffen und verletzt gefühlt, trotzdem hatte das Gespräch negative Folgen.

Die beste Absicht nützt wenig, wenn wir sie nicht vermitteln können. Wenn wir trotz guter Absichten Kommunikationsprobleme haben, wird es Zeit herauszufinden, woran das liegen könnte, und nach Alternativen zu suchen, die unseren Absichten besser gerecht werden. Hier können Erkenntnisse der Kommunikationspsychologie universelle Yoga-Prinzipien sinnvoll ergänzen.

Yoga und Psychologie

Prinzipien, die besagen, anderen nicht zu schaden, sondern mit wohlwollender Aufrichtigkeit zu sprechen, sind natürlich nichts Exotisches. Auch in bestimmte Bereiche der Psychologie und Kommunikationswissenschaft haben sie längst Einzug gehalten. Einer der großen Psychologen und Therapeuten des letzten Jahrhunderts, Carl Rogers, erkannte und betonte die Bedeutung von authentischem Verhalten, Empathie und Wertschätzung. Er hatte mit seinen Erkenntnissen wesentlichen Einfluss auf die Entwicklung der humanistischen Psychologie und der Pädagogik. Einer seiner Schüler, Marshall Rosenberg, entwickelte und lehrt die weltweit bekannte *Gewaltfreie Kommunikation*.

Auch der Ansatz der bereits erwähnten Psychoanalytikerin und Pädagogin Ruth Cohn erinnert an Satya. Er besagt unter anderem, dass die Balance zwischen den Interessen des einzelnen Mitglieds, der Gruppe insgesamt und dem Thema, bzw. der Aufgabe, für den Erfolg einer Gruppenarbeit wesentlich ist. Außerdem sollte der Gesamtzusammenhang berücksichtigt werden.

1990 begründete Martin Seligman in den USA die *Positive Psychologie*, die erforscht, was Menschen gesund und glücklich macht. Menschliche Werte und Stärken, einschließlich spiritueller Erfahrungen und ethischer Kommunikation, spielen dabei eine zentrale Rolle. Bei deutschen Psychologen wie Reinhard Tausch und Friedemann Schulz von Thun finden sich ebenfalls Anregungen für eine Kommunikation, die sowohl Selbstentfaltung als auch Verständigung fördert.

Auch außerhalb des therapeutischen und pädagogischen Umfelds sind interessante und konstruktive Kommunikationsvorschläge zu finden. Einen Rahmen für achtsame und effektive Besprechungen können zum Beispiel die *PeerSpirit* Kreise nach Christina Baldwin bieten. Interessant sind weiterhin *Dialogprozesse*, für die sich der Quantenphysiker David Bohm einsetzte. Seine Aufforderung, Meinungen und Überzeugungen in der Schwebe zu halten und zu beobachten statt sich mit ihnen zu identifizieren, erinnert an Achtsamkeit in Yogapraktiken. Ich gehe besonders in den Kapiteln über Zuhören und Diskussionen näher darauf ein.

Natürlich basieren längst nicht alle Kommunikationstrainings auf diesen Grundlagen. Viele haben auch den Sinn, zum Beispiel Verkaufserfolge und Überzeugungskraft zu fördern – teilweise unabhängig von menschlichen Werten. Und auch die alten Rhetorikschulen halten sich noch, in denen der eigene Sieg wichtiger ist als Wahrheit und Fairness.

Doch in immer mehr Bereichen dämmert die Erkenntnis, dass Fairness und *Win-Win* (Ergebnisse, bei denen alle gewinnen) auf die Dauer wichtige Bestandteile des Erfolges sind. Das *Harvard-Projekt* ist bekannt für eine Verhandlungsstrategie, die darauf basiert. Im Zusammenhang mit diesem Projekt entstanden wertvolle Ratgeber für schwierige Gespräche aller Art.

Es gibt also zahlreiche Ansätze für eine Kommunikation, die Gemeinschaft und Wohlbefinden, Heilung und persönliche Entwicklung fördert. Menschen wie Carl Rogers und Ruth Cohn hielten die Entfaltung der Persönlichkeit und der Kommunikationsfähigkeit für wesentlich, um Kriege und Gewalt zu vermeiden. Es besteht nach wie vor ein großer Bedarf, dieses Wissen vielen Menschen nahe zu bringen und es im gesellschaftlichen und persönlichen Alltag umzusetzen.

2

Warum wir auflaufen: von den Untiefen der Kommunikation

> „ *Aus vielen Worten entspringen ebenso viele Gelegenheiten zum Missverständnis.* " (William James)

Warum reden wir aneinander vorbei?
Warum streiten wir so oft?

Wir merken vielleicht, dass etwas nicht stimmt, dass Gespräche oder gar Beziehungen „unbegreiflicherweise" fehlschlagen. Wir fühlen uns schlecht nach einer Auseinandersetzung, haben Angst vor Konflikten, ärgern uns über andere. Manche von uns haben Probleme, sich durchzusetzen, viele langweilen sich in endlosen Meetings oder vergeuden Zeit mit fruchtlosen Diskussionen. Wir fragen uns, ob wir vielleicht etwas falsch gemacht haben – andererseits: wir haben uns doch ganz normal verhalten und unser Bestes gegeben.

Wir haben den Eindruck, dass die *anderen* uneinsichtig sind, Fehler machen, nicht zuhören, sich ändern müssten. Tun sie das nicht (was ja oft genug vorkommt) sind wir frustriert und ratlos. Manchmal ärgern wir uns auch über uns selbst und bereuen, was wir gesagt haben. Eigentlich hätten wir es doch besser wissen müssen, wie konnte uns so etwas passieren?

Wissenschaftler haben untersucht, was geschieht, wenn Menschen miteinander kommunizieren. Sie haben Ursachen für Störungen entdeckt und Vorschläge für verbesserte Kommunikation gemacht. Indem wir uns bewusst machen, was abläuft und was wir anders machen können, schaffen wir die Voraussetzung für Veränderung. Fallen, um die wir nicht wissen, sind wie Felsenriffe unter der Wasseroberfläche: gerade weil wir sie nicht sehen, laufen wir Gefahr, Schiffbruch zu erleiden. Versuchen wir also, Licht in die dunklen Tiefen zu bringen, um besser navigieren zu können...

Kommunikation

Zu kommunizieren bedeutet, Informationen unterschiedlichster Art weiterzugeben oder auszutauschen – durch Worte oder andere Signale wie Körpersprache. Normalerweise gehen wir davon aus, dass daran zwei oder mehr Menschen beteiligt sind. Sobald Menschen einander begegnen und wahrnehmen, kommunizieren sie – selbst wenn sie nichts sagen oder sich voneinander abwenden, selbst wenn es ihnen gar nicht bewusst ist. Auch Körpersprache und Handlungen vermitteln Informationen, ein Aspekt, dessen Bedeutung häufig unterschätzt wird.

Gerade im Zusammenhang mit Yoga finde ich es interessant, den Begriff *Kommunikation* etwas genauer zu betrachten. Er ist verwandt mit Worten wie *Kommune, Kommunion* oder *Union (Ein-heit, Vereinigung)*. Kommunikation beinhaltet vom Wortsinn her, gemeinsam etwas zu schaffen, an dem alle Beteiligten Anteil haben. *Ein* gemeinsamer Grund und Verbundenheit werden hergestellt, aus unterschiedlichen Ansichten kann möglicherweise etwas Neues entstehen, das die Gegensätze vereint. Das Wort deutet an, dass sich Menschen, die miteinander kommunizieren, in einem gemeinsamen Feld befinden, das sie selbst erschaffen und nachhaltig beeinflussen.

Innere Kommunikation

Kommunikation findet jedoch nicht nur *zwischen* Menschen statt. Das, was im Inneren eines Menschen vorgeht, wird als *innere* Kommunikation bezeichnet. Wir kommunizieren im Wachzustand ununterbrochen mit uns selbst; in einem Strom von Wahrnehmungen, Gedanken und Gefühlen finden beständig Austausch und Integration statt. Was wir *sagen*, ist Ausdruck dessen, was *in* uns vorgeht. Diese Tatsache ist von großer Bedeutung, denn letztendlich liegt dort der Schlüssel für persönliches Glück und erfolgreiche Kommunikation mit anderen. Im Yoga heißt es: das Entscheidende spielt sich im Innern eines Menschen ab, das Äußere spiegelt die innere Realität.

Wie wir einander verstehen (oder auch nicht)

Worte finden und entschlüsseln:
haben wir einen gemeinsamen „Code"?

Betrachten wir, was geschieht, wenn zwei Personen miteinander reden. Wir können uns vorstellen, dass eine der beiden, nennen wir sie Anna, jemand anderem – nennen wir ihn Ben - etwas sagt. Anna ist die Absenderin: sie packt das, was sie vermitteln möchte, in Worte, die sie für passend hält. Dieses „Paket" schickt sie an Ben, den Empfänger. Die Worte sind nur die Spitze des Eisbergs: sie sind der erkennbare Ausdruck einer viel größeren Menge an Wissen und Erfahrungen, Gefühlen und Wünschen, die ihnen zugrunde liegen.

Ben empfängt, was Anna ihm schickt: er hört, was sie gesagt hat. Dabei packt sein Gehirn sozusagen den Inhalt der Worte wieder aus – es entschlüsselt, was die Worte zu bedeuten haben. Dazu muss Ben auf Wissen und Erfahrungen zurückgreifen, die er selbst gemacht hat.

Das funktioniert nur gut, wenn beide, Anna und Ben, über ähnliches Wissen und ähnliche Erfahrungen verfügen. Sie haben dann einen gemeinsamen „Code", um Mitteilungen zu verschlüsseln (in Worte zu packen) und zu entschlüsseln (die Bedeutung der Worte zu erkennen). Grundvoraussetzung für verbale Verständigung ist eine *gemeinsame Sprache* – sozusagen der „Basis-Code". Doch wie wir wissen, garantiert sie noch lange keinen Schutz vor Missverständnissen.

Ein Grund dafür ist, dass zwei Menschen niemals einen exakt identischen „Code" haben, denn was wir mit Worten verbinden, ist das Ergebnis unserer bisherigen persönlichen Erfahrungen. Wenn der Enkel seine „Maus" sucht, denkt der Großvater vielleicht, dass er sein neues Haustier vermisst (sofern er sich nicht selbst mit Computern befasst hat). Wir können auch in weniger offensichtlichen Zusammenhängen nicht davon ausgehen, dass unser Gegenüber mit Begriffen das gleiche verbindet wie wir.

Was Tina will, weiß Tom noch lange nicht...
Wenn Sie etwas sagen, hören andere Ihre Worte, bekommen aber von Ihren Gedanken und Gefühlen bei weitem nicht alles mit. Von dem, was in uns vorgeht, wird nur ein kleiner Teil in Worte gefasst. Manchmal sind wir froh darüber – manchmal auch frustriert, weil es so schwer ist, sich verständlich zu machen. Mehr noch: auch uns *selbst* ist längst nicht alles bewusst, das in uns vorgeht.

Vieles davon drückt sich trotzdem aus: durch den Tonfall, die Körpersprache, die Wortwahl. Doch es ist mehrdeutig, es gibt einen Interpretationsspielraum und damit Platz für Missverständnisse. Oft gehen wir *fälschlicherweise* davon aus, dass wir wissen, was jemand anders meint und will. Oder wir halten es umgekehrt für selbstverständlich, dass die anderen wissen, was *wir* meinen und wollen – schließlich drücken wir uns doch klar aus, *oder etwa nicht?*

So sind die Worte: „*Der Kaffee ist stark!*" relativ eindeutig. (Relativ, weil selbst solche Begriffe bei genauer Betrachtung nicht unbedingt eindeutig sind: was für den einen *stark* ist, ist es für die andere noch lange nicht...). Was jemand mit so einem Satz sagen will, was *gemeint* ist, entnehmen wir entweder dem Zusammenhang, dem Tonfall oder der Körpersprache. Eine bedenkliche Mine – meint er *zu* stark? Ein anerkennendes Nicken – genau richtig? Ein Pokerface – ich verrate nicht, was ich damit eigentlich sagen will? Beim Zuhören achten wir auch auf die unterschwelligen Botschaften. Was will sie damit sagen? Was hält sie von mir? Wie behandelt er mich eigentlich?

Die Bedeutung von Zusammenhang, Körpersprache und Tonfall

Um den Sinn eines Satzes zu verstehen, um zu erkennen, welcher Aspekt im Vordergrund steht, was gemeint ist und wie wir reagieren sollen, stellen wir ihn in einen Zusammenhang und achten auf Körpersprache und Tonfall. Diese Informationen werden auch *nonverbal* genannt, was bedeutet, dass sie nicht in Worte gefasst werden. Die Bemerkung „*Siehst du heute gut aus!*", eigentlich ein nettes Kompliment, kann sich bei entsprechender Körpersprache und abfälligem Tonfall als Ironie oder gar Beleidigung entpuppen.

Wie schwierig es ist, ohne nonverbale Informationen auszukommen, machen viele Internetnutzer. Dieses Medium erlaubt einen Austausch von Nachrichten in Echtzeit wie bei Gesprächen, aber *ohne* Signale, die Körpersprache und Tonfall vermitteln, oft sogar auch ohne erkennbaren Zusammenhang. Das kann zu Missverständnissen führen, besonders, wenn Ironie eingesetzt wird. Im Alltag nehmen wir kleine Sticheleien leichter hin, wenn ein freundliches Gesicht dabei zeigt, dass sie neckend und nicht feindselig gemeint sind, dass wir trotzdem respektiert und geliebt werden. Wenn diese Körpersprache wegfällt, wie es im Internet der Fall ist, können spitze Bemerkungen ungleich härter treffen. Um dem abzuhelfen, hat sich durchgesetzt, fragliche Aussagen mit Symbolen zu bereichern, die zeigen, ob die Sendenden enttäuscht und unzufrieden sind ☹, sich freuen ☺, oder sich einen kleinen Scherz erlauben ;-).

Verwirrung durch widersprüchliche Botschaften

Wenn die Worte eines Menschen mit seinen unausgesprochenen Botschaften übereinstimmen, wirkt er authentisch und aufrichtig. Wir mögen das, weil wir glauben, zu wissen, woran wir sind. Stimmen dagegen Körpersprache, Tonfall und sachlicher Inhalt einer Mitteilung nicht mit dem überein, was gesagt wird, ist das verwirrend (oder aufschlussreich, je nachdem). Dieser Widerspruch deutet darauf hin, dass etwas nicht stimmt und dass wir der sachlichen Aussage möglicherweise nicht trauen können.

Jemand sagt in gereiztem Ton: „Natürlich höre ich zu, sprich dich aus!" und trommelt gleichzeitig mit den Fingern ungeduldig auf die Tischplatte. Woran halten Sie sich? Wie reagieren Sie? Vielleicht nehmen Sie die Worte ernst, ignorieren den Rest und beginnen, Ihr Herz auszuschütten. Doch die Körpersprache verrät, dass Sie nicht wirklich willkommen sind und wohl kaum mit einem aufmerksamen Zuhörer rechnen können.

Häufig trauen wir im Zweifelsfall eher der Körpersprache als den Worten. Evolutionsgeschichtlich ist sie älter als die verbale Verständigung und weniger manipulierbar. Obwohl sie vom bewussten Verstand weniger beachtet wird, registrieren wir feinste Schwingungen des Tonfalls und subtile Mimik. Wir nehmen vielleicht unterbewusst ein falsches Lächeln wahr und fühlen uns scheinbar ohne Grund plötzlich angespannt und unwohl. Unser Bauchgefühl macht uns misstrauisch.

Innerer Zwiespalt

Möglicherweise werden wir belogen und absichtlich hinters Licht geführt. Nicht immer jedoch steckt eine böse Absicht dahinter. Ein Widerspruch zwischen Körpersprache oder Tonfall einerseits und dem Inhalt der Worte andererseits, deutet oft auf einen inneren Konflikt hin. Jemand ist ärgerlich, will aber nicht unhöflich sein und zwingt sich zur Freundlichkeit. Jemand will sich nicht „in die Nesseln setzen" und etwas Falsches sagen, kann sich eine *kleine* Kritik aber nicht verkneifen. Wenn die Worte harmlos sind, der

Tonfall aber ironisch, kann man andere verunsichern, sie *spüren* lassen, dass was nicht stimmt, und hat im Zweifelsfall „ja gar nichts gesagt"! Es versteht sich, dass dadurch Verständigung erheblich behindert werden kann. Wenn es also um wichtige Angelegenheiten geht, ist es besser, ausdrücklich zu sagen bzw. nachzufragen, wie etwas gemeint ist.

Mehrdeutigkeit kann sinnvoll sein

Klare, eindeutige Informationen und Aussagen sind in vielen Bereichen und Situationen unerlässlich. Jedoch braucht es in der Kommunikation auch Raum für Mehrdeutigkeit bzw. ein Zulassen von Widersprüchen, denn das Leben *ist* oft nicht klar und eindeutig. Rainer Maria Rilke dichtete: „Ich fürchte mich so vor der Menschen Wort – sie sprechen alles so deutlich aus..."

Gerade in der Kunst fasziniert uns oft das Mehrdeutige. Wir brauchen auch im Alltag die Fähigkeit, Ambivalenz zu ertragen und einen unklaren Schwebezustand auszuhalten, damit etwas Neues entstehen kann. Auch *Schweigen* kann mehrdeutig sein. Wenn in einem Gespräch Pausen entstehen, fühlen sich viele Menschen unbehaglich. Selten auch nimmt sich jemand Zeit, andere laut denken zu lassen – ihnen Gelegenheit zu geben, nach Worten zu suchen oder mit Worten zu experimentieren, bis das Stimmige gefunden wurde. Dabei wird in manchen Situationen genau das gebraucht.

Ein Satz kann viel bedeuten:
die vier Seiten einer Nachricht

Der Hamburger Professor Friedemann Schulz von Thun entwickelte in den siebziger Jahren das inzwischen weltweit bekannt gewordene *„Vier-Seiten-Modell"*. Damit wird die Fülle an Informationen, die ein „Mitteilungspaket" enthält, geordnet. Das Modell veranschaulicht, was wir mit einem einzigen Satz alles kommunizieren – zum großen Teil unausgesprochen und unbeabsichtigt. Natürlich werden in den meisten Situationen *mehrere* Mitteilungen zwischen den Beteiligten hin- und hergeschickt. Auf diese Interaktion gehe ich in den folgenden Kapiteln näher ein. Es ist jedoch erstaunlich aufschlussreich, sich zunächst anzuschauen, was schon eine einzelne Aussage enthält und was in sie hineininterpretiert werden kann. Diese Vielschichtigkeit ist ein Grund dafür, dass manchmal bereits ein einziger vermeintlich harmloser Satz enormen Sprengstoff enthält.

Sie weiß schon, wie ich das meine
(auch wenn es mir selbst vielleicht nicht ganz klar ist…)
Angenommen, Mark sagt zu seiner Freundin Annika nach einem Blick auf ihr neues Outfit: *„Das Kleid ist ziemlich eng."* Dieser Satz enthält mehr Informationen als die paar Worte auf den ersten Blick vermuten lassen. Ausgesprochen wird die Meinung über das Kleid als knappe *sachliche* Feststellung. Das ist der *Inhalt* des Satzes. Die weiteren Informationen werden nicht in Worte gefasst, sondern nonverbal und damit potentiell mehrdeutig vermittelt.

So zeigt sich etwas von Mark selbst: Wir könnten vermuten, dass er sehr auf Kleidung achtet, sich für fähig hält, die Sache zu beurteilen, skeptisch oder unzufrieden ist. Er drückt auch aus, was er von der *Angesprochenen* und seiner *Beziehung* zu ihr hält, vielleicht etwas wie: „Du siehst nicht optimal aus in dem Kleid/Ich darf offen mit dir reden, meine Meinung ist dir wichtig/Du brauchst meinen Rat."

Und schließlich schwingt ein *Appell* mit: bewusst oder unbewusst soll die Mitteilung etwas bewirken, sei es, dass Annika etwas anderes anzieht, sich weniger selbstsicher fühlt oder sich mit Mark beschäftigt.

Während er eine Information ausspricht, überlässt er es Annika, wie sie das Gehörte interpretiert. Er ist überzeugt, sie weiß, er meint es gut oder zumindest rein sachlich-neutral. Er versteht nicht, warum sie gereizt antwortet: *„Du hast doch von Mode überhaupt keine Ahnung!"*

Eine Nachricht, vier Botschaften

Schulz von Thun nennt eine Mitteilung (in diesem Fall: *„Das-Kleid-ist-ziemlich-eng")* die *Nachricht.* Die unterschiedlichen Informationen, die eine Nachricht enthält, unterteilt er in vier Gruppen: die vier *Botschaften.*

1. **Sachinhalt**: Hier geht es vorwiegend um Fakten oder Meinungen. Eine Sachaussage wird oft direkt ausgesprochen und ist damit deutlich erkennbar.

2. **Selbstoffenbarung**: Mit allem, was wir sagen oder schreiben, zeigen wir uns selbst – ob gewollt oder ungewollt.

3. **Beziehung**: Wann immer Menschen kommunizieren, *beziehen* sie sich aufeinander. (Der Begriff „Beziehung" ist hier also sehr allgemein gefasst.) Die Art und Weise, *wie* sich ein Mensch auf einen anderen bezieht, wie er ihn behandelt, wie er mit ihm redet, zeigt, was er von ihm hält und wie er zu ihm steht oder stehen möchte.

4. **Appell**: Warum teilt ein Mensch einem anderen etwas mit? Was will er erreichen? Was soll der andere tun, fühlen oder denken?

	Sachinhalt
NACHRICHT:	Selbst-Offenbarung
	Beziehung
	Appell

(Eine *Nachricht enthält* vier *Botschaften*)

Jede dieser vier Botschaften lässt Interpretationsspielraum. Hinzu kommt, dass GesprächspartnerInnen sich möglicherweise auf unterschiedliche Seiten konzentrieren. Es kann problematisch werden, dass normalerweise nur ein oder zwei Seiten direkt in Worte gefasst, die anderen dagegen mehr oder weniger verständlich durch Körpersprache und Tonfall ausgedrückt werden. Es wird darauf vertraut, dass das Gegenüber genug Wissen besitzt und die Situation richtig einschätzt, um zu verstehen, wie etwas gemeint ist.

Wir empfangen vier Arten von Informationen
Die Person, die eine Nachricht empfängt, bekommt also viererlei Botschaften. Sie registriert teils bewusst, teils unbewusst:

1. Was ist Sache?
2. Wer spricht? Wie geht es dieser Person?
3. Was hält sie von mir, wie bezieht sie sich auf mich?
4. Was will sie von mir?

Was immer jemand hört, besonders wenn es nicht klar definiert ist, wird so interpretiert, wie es den *eigenen* Erfahrungen, Hoffnungen oder Befürchtungen entspricht. Deshalb hat das, was jemand versteht, manches Mal mehr mit ihm oder ihr selbst zu tun, als mit der Person, die spricht.

Wir können einen Satz sehr unterschiedlich verstehen
Hierzu ein Beispiel. Nehmen wir an, Sie bekommen Besuch von einer Freundin und Ihre Besucherin sagt: *„Es ist kalt hier!"* Die vier Worte sind eigentlich klar und sie könnte der Ansicht sein, einfach eine Tatsache festzustellen. Doch steckt vielleicht mehr dahinter? Was will sie damit sagen? Friert sie? Fühlt sie sich unwohl? Gefällt es ihr bei Ihnen nicht? Macht sie Ihnen vielleicht Vorwürfe? Oder ist es eine Aufforderung, die Heizung höher zu stellen?

Manchmal können Sie nur vermuten, wie etwas gemeint ist. Wenn Sie nicht sicher sind, können Sie natürlich nachfragen. Vielleicht *meinen* Sie aber auch zu wissen, was Sache ist, und reagieren entsprechend. Möglicherweise holen Sie ihr schleunigst eine Jacke oder sorgen dafür, dass es wärmer wird im Wohnzimmer. Dann hätten Sie auf den *Appell*-Aspekt der Aussage reagiert, so wie Sie ihn verstanden haben. („Das will ich von dir!")

Vielleicht fühlen Sie sich auch kritisiert und überhören gekränkt die vermeintliche Anspielung auf Ihre unzureichende Gastfreundschaft. Sie hätten damit den *Beziehungsaspekt* („So eine/so einer bist du!") in den Mittelpunkt gestellt. Vielleicht denken Sie: „O, sie friert!" und konzentrieren sich auf das, was Ihre Besucherin *über sich selbst* aussagt („Mir geht's nicht so gut...")。 Ihre Reaktion wäre dann vielleicht: „Du wirst doch nicht etwa krank?" Oder Sie sagen nichts dazu und denken nur: „Die hat aber auch immer was zu meckern!"

Und schließlich könnten Sie auch anfangen, *sachlich* zu argumentieren: „Hier sind zwanzig Grad im Raum. Das ist nicht kalt."

Wir reden aneinander vorbei, wenn wir uns auf verschiedene Seiten beziehen
Wenn mir nicht bewusst ist, dass ich quasi „auf vier Kanälen" sende und empfange, wundere ich mich vielleicht, wenn jemand auf eine sachliche Feststellung beleidigt reagiert. Mir ist nicht klar, dass

ich gerade mitgeteilt habe, wie ich mein Gegenüber und unsere Beziehung einschätze (und was ihm möglicherweise nicht gefallen hat). So kommt es manchmal zu heftigem Widerspruch, obwohl man an der Sache eigentlich gar nichts auszusetzen hat, weil der Ton, d.h. die Beziehungsbotschaft, nicht passt.

Welche Seite im Vordergrund steht, hängt von der Situation ab. Viele Menschen bevorzugen aber auch gewohnheitsgemäß bestimmte Seiten. Beim Sprechen fällt es ihnen leicht, einige Seiten auszudrücken, andere nicht, beim Zuhören achten sie in erster Linie auf bestimmte Facetten und ignorieren andere. Wenn Menschen sehr häufig auf bestimmten Kanälen senden oder empfangen, finden wir das mit der Zeit als für sie charakteristisch.

Vorlieben für bestimmte Seiten
Ganz sachlich
Wer sich sehr auf die *Sachebene* konzentriert, achtet auf die Fakten und vernachlässigt unter Umständen, dass immer auch „weiche" Faktoren mitkommuniziert werden und von großer Bedeutung sein können. Wer beim Zuhören stark auf die sachliche Seite von Mitteilungen fixiert ist, reagiert oft verwirrt, wenn andere Menschen irgendetwas Beliebiges sagen, um Kontakt herzustellen, und der Inhalt unbedeutend ist.

So bin ich
Manche Menschen sind sich sehr bewusst, dass sie beim Sprechen etwas über sich selbst „verraten". (Ein geflügeltes Wort sagt: „Hättest du geschwiegen, hätte man dich weiterhin für einen Philosophen gehalten…") Möglicherweise scheuen sie in bestimmten Situationen davor zurück, sich zu zeigen. Sie sagen lieber nicht zu viel oder bemühen sich, einen besonders guten Eindruck zu machen und nur das zu zeigen, was sie akzeptabel finden. Wahrscheinlich haben wir alle Situationen erlebt, in denen es uns so ergangen ist. Wer bevorzugt auf die *Selbstoffenbarung anderer* achtet, nimmt das, was gesagt wird, nicht persönlich. Ein Beispiel: Jemand schreit

mich an und ich denke: „Olala! Der hat aber Stress!" Indem ich das, was Menschen sagen, als Ausdruck ihrer Persönlichkeit oder momentanen Verfassung sehe, bleibe ich persönlich relativ unberührt.

Was soll ich tun?

Bei manchen Menschen ist das „*Appell*-Ohr" übermäßig aktiv. Sie hören in dem, was andere sagen, leicht eine Aufforderung, etwas zu tun. Umgekehrt erwarten sie möglicherweise, dass auch die anderen ihnen indirekt oder gar nicht geäußerte Wünsche erfüllen.

Was hältst du von mir?

Wenn das „*Beziehungs*-Ohr" einseitig aktiv ist, wird alles, was andere sagen, persönlich genommen. Wenn so ein Mensch unhöflich behandelt wird, liegt ihm nichts ferner, als gelassen den Stress des Wütenden zu bemerken. Stattdessen fühlt er sich persönlich angegriffen und reagiert unter Umständen seinerseits aggressiv oder beleidigt. Wenn wir sehr auf diesen Aspekt in der Kommunikation achten, sind wir besonders sensibel für Kritik und herabsetzende Behandlung. Auch wenn wir selbst sprechen, nehmen wir diese Seite sehr intensiv wahr.

Inhaltliche und zwischenmenschliche Ebene

Das *Vier-Seiten-Modell* schlüsselt die Bedeutung einer Mitteilung recht detailliert auf. Manche Psychologen betonen vor allem, dass es bei der Kommunikation eine *inhaltliche* und eine *zwischenmenschliche* Ebene gibt. Inhalt ist das, was in Worte gefasst wird, *worüber* gesprochen wird. *Wie* etwas gesagt und verstanden wird – also die Art und Weise, wie die GespächspartnerInnen miteinander umgehen, sich aufeinander beziehen – prägt die zwischenmenschliche Ebene. Vor allem Selbstoffenbarung und Beziehungsbotschaft des Vier-Seiten-Modells können als ihre beiden Pole betrachtet werden. Hier wird durch Wortwahl, Tonfall und Körpersprache kommuniziert.

Inhaltlich tauschen wir bevorzugt Informationen oder Ansichten über Dinge, Ereignisse, Menschen aus. Das, was sich dabei auf der zwischenmenschlichen Ebene abspielt, wird normalerweise nicht in Worte gefasst und ist den Beteiligten oft nicht wirklich bewusst. Gibt es dort Schwierigkeiten, kommt es stattdessen möglicherweise zu Scheingefechten über Angelegenheiten, in denen man eigentlich einer Meinung ist.

Wenn Gespräche plötzlich schwierig werden, wenn wir sie im Vorfeld fürchten oder im Nachhinein bereuen, liegt die Ursache dafür oft auf der (zwischen)menschlichen Ebene. Es wird allgemein unterschätzt, wie wichtig sie ist. Und selbst wenn wir merken, dass hier etwas nicht stimmt, wissen wir oft nicht, wie wir damit konstruktiv umgehen sollen.

Praxis: **Die vier Seiten**

Es kann die Kommunikation wesentlich erleichtern, wenn wir uns bewusst sind, dass sie immer auf mehreren Ebenen abläuft und dass ein *großer Interpretationsspielraum* besteht. Dadurch können wir vermeiden, aneinander vorbei zu reden oder etwas allzu persönlich zu nehmen. Es hilft uns, andere zu verstehen, auf sie einzugehen und uns selbst verständlich zu machen. Außerdem erinnert es uns, wie wichtig es ist, im Zweifelsfall durch eine Nachfrage oder zusätzliche Bemerkungen sicherzustellen, dass wir uns auf denselben Aspekt der Mitteilung beziehen und dieser richtig interpretiert wird.

1. Können Sie sich an Gespräche erinnern, bei denen Sie und Ihre Gesprächspartner sich auf unterschiedliche Seiten bezogen haben?

2. Wenn Sie Gespräche anderer beobachten (live oder in Filmen), achten Sie auf die vier Arten von Botschaften.

3. Beachten Sie die vier Seiten, wenn Sie mit anderen sprechen.

4. Machen Sie sich bewusst: Senden oder empfangen Sie bevorzugt auf bestimmten „Kanälen"?

Was geschieht, wenn Sie andere Seiten stärker beachten?

Wechseln Sie versuchsweise Ihre Perspektive. (Wenn Sie z.B. dazu neigen, Gesagtes sehr persönlich zu nehmen, achten Sie stattdessen darauf, was die andere Person über sich selbst ausdrückt.)

3

Ich und Du:
Kommunikation ist Beziehung

„Du lächeltest und plaudertest zu mir über nichts –
und ich fühlte, dass es das war, worauf ich gewartet
hatte." (Rabindranath Tagore)

Das unterschätzte Parallel-Gespräch

Zwischenmenschliches

Mit jedem Satz, den wir sagen, kommt also zum Ausdruck, wie es
uns geht, wie wir zu unserm Gegenüber stehen (wollen) und was
wir von ihm halten. Dabei ist die nonverbale Kommunikation aus-
schlaggebend. Die Körpersprache erreicht uns auf einer tiefen
Ebene und löst Resonanz aus. Einem freundlichen Blick und herz-
lichen Lächeln trauen wir unwillkürlich mehr als lobenden Worten
bei versteinerter Mine. So läuft ohne Worte eine Art Parallel-
Unterhaltung ab, denn auch wie wir *zuhören*, signalisiert den Sprechenden, was wir von ihnen, uns selbst und unserer Beziehung
halten. Dieses „Parallel-Gespräch" hat es in sich. Einerseits beeinflusst es entscheidend den Erfolg der Kommunikation, andererseits
spielt es sich weitgehend unter der Oberfläche ab und wir bekommen es schwer zu fassen.

Alle, die am Gespräch teilnehmen, senden und empfangen kontinuierlich Beziehungsbotschaften, reagieren aufeinander und beeinflussen sich gegenseitig. So geschieht es nicht selten, dass jemand den anderen anfangs durchaus freundlich gesonnen ist, aber als Reaktion auf deren verletzendes Verhalten selbst auch unfreundlich wird. Das wiederum bestärkt jene in ihrer Haltung. Auch das Gegenteil kommt vor: wenn jemand mit einer verbalen Attacke verständnisvoll umgeht und gelassen bleibt, entspannt sich auch das Gegenüber und damit die ganze Situation.

Wie können wir einen guten Kontakt herstellen? Warum fällt es uns manchmal so schwer? Das sind wichtige Fragen. Vielleicht fällt es uns leichter, die Beziehung achtsam, kreativ und konstruktiv zu gestalten, wenn wir uns bewusst machen, *was* auf dieser Ebene geschieht und *weshalb* es so wichtig ist. In diesem Zusammenhang fällt mir eine kleine Geschichte aus Indien ein.

„Bevor die Schöpfung existierte, gab es nur unendliches Bewusstsein. Es war ganz allein und begann, sich zu langweilen. Also erschuf es die Welt: Es wollte ein Gegenüber, um die Freude des Seins zu teilen und um sich selbst zu erkennen." Der Wunsch nach Begegnung als Ursache für die Schöpfung? Ein seltsamer Mythos, könnte man denken. Doch vielleicht macht er uns auf etwas Wichtiges aufmerksam. Warum hat die Qualität des Kontaktes solche Bedeutung für alle Gespräche? Vielleicht, weil unser Leben ohne ein *Du*, ohne Begegnung, nicht vorstellbar ist?

Freund oder Feind? Beziehungsbotschaften
Sicher zu sein vor körperlichen und psychischen Verletzungen, und darüber hinaus vor allem, was unser Wohlergehen bedroht, ist ein existentielles Bedürfnis. Das Erkennen von Gefahren, auch solchen, die von anderen Menschen ausgehen, ist seit Urzeiten lebenswichtig. So mussten unsere Vorfahren in der Wildnis auf den ersten Blick einschätzen können, ob der Fremde, der auf sie zukam, Freund oder Feind war.

Lebensnotwendig war es ebenfalls, einen sicheren Platz in einer Gruppe zu haben. Was bei einem Kind heute noch ganz deutlich ist, galt über einen unvorstellbar langen entwicklungsgeschichtlichen Zeitraum auch für Erwachsene: ohne die Sicherheit einer Gemeinschaft war Überleben nicht möglich. Das Ausgestoßenwerden aus der Sippe war für das Individuum eine Katastrophe.

Heute sind die Gefahren weniger offensichtlich und wir denken wahrscheinlich selten daran, wie stark wir von anderen Menschen abhängig sind. In unser Unterbewusstsein jedoch ist dieses Wissen tief eingegraben. Wir kommunizieren innerhalb eines sozialen Gefüges, in dem wir unseren Platz einnehmen, anerkannt und geschätzt werden wollen. Auch während wir sachliche Informationen austauschen, sind diese Bedürfnisse vorhanden. Werden sie nicht erfüllt, melden sich mehr oder weniger starke Gefühle, die Beachtung fordern und unsere Aufmerksamkeit vom Inhalt des Gespräches ablenken.

Heute geht selten lebensbedrohliche Gefahr von unseren Mitmenschen aus. Wir müssen nicht von allen akzeptiert werden. Doch wir bleiben ausgeprägte Gemeinschaftswesen, sensibel dafür, wie wir behandelt werden. Unangenehme Beziehungssignale können bedeuten, dass unsere Stellung im Beziehungsgefüge gefährdet ist. Und selbst wenn keine konkreten Nachteile zu befürchten sind, sind solche Botschaften brisant – so sehr, dass wir manch einem Gespräch aus Angst vor Ablehnung ausweichen.

Selbstbild
Beziehungsbotschaften zeigen uns, wie wir bei anderen ankommen, wie andere uns sehen, was sie von uns halten. Stimmt das mit dem überein, was wir von uns selbst glauben? Passt es zu dem Bild, das wir von uns selbst haben und zu den Ansprüchen, die wir an uns selbst stellen? Wohl alle von uns möchten sich selbst gut finden, legen Wert darauf, gleichwertig, kompetent und liebenswert zu sein, anerkannt in den Gruppen, denen wir uns zugehörig fühlen.

Auf der anderen Seite: wer weiß nicht um die eigenen Schwächen, wer hat keine wunden Punkte? Haben wir den Eindruck, dass unsere Kompetenz, unser Charakter, unsere menschlichen Qualitäten in Zweifel gezogen werden, kann uns das verunsichern, in die Defensive drängen, Selbstzweifel oder Ärger auslösen. Was jemand sagt, mag also inhaltlich durchaus richtig, logisch und sinnvoll sein: wenn es herablassend, belehrend oder drohend ankommt, kann es Widerstand hervorrufen und die Verständigung nachhaltig sabotieren.

Bedrohtes Wohlbefinden
In den meisten Fällen sehen wir eher unsere Interessen als unsere physische Sicherheit bedroht: Pläne werden durchkreuzt, Wünsche, Bedürfnisse oder Erwartungen nicht erfüllt. Abneigung, Unbehagen oder Ärger können dann in uns aufflackern und verhindern, dass wir uns ganz auf die Sache konzentrieren. Was „gefährlich" wirkt, hat Vorrang: fühlen wir uns in irgendeiner Weise bedroht, treten andere Anliegen in den Hintergrund.

Das erklärt, warum auch im Berufsleben Erfolge stark von menschlichen Faktoren abhängig sind. Ist die andere Person vertrauenswürdig, behandelt sie mich mit Respekt? Wenn nicht, möchte ich ungern Geschäfte mit ihr machen. Ich sichere mich nach allen Seiten ab und bevorzuge andere GeschäftspartnerInnen. Wenn ich gestresst und intensiv mit der Verteidigung meiner Interessen beschäftigt bin, werden auch kreative und intellektuelle Leistungen stark beeinträchtigt. Das Arbeitsklima verschlechtert sich spürbar, wenn einzelne MitarbeiterInnen sich unhöflich und unkooperativ verhalten. Gesundheit, Wohlbefinden und Leistungsfähigkeit aller werden beeinträchtigt. Auch Kunden, die selbst nicht direkt beteiligt sind, fühlen sich unwohl, wenn unter den Angestellten Zwist herrscht.

Entscheidende Signale:
Wenn Beziehungsbotschaften Stress erzeugen

Beziehungsbotschaften können durch Worte, Körpersprache, Tonfall, aber auch durch Sitzordnungen und Statussymbole vermittelt werden. Während uns manche Signale direkt auffallen, sind andere so subtil, dass wir sie nur unterbewusst wahrnehmen. Doch in jedem Fall springt unser inneres Alarmsystem an, um uns zu schützen, sobald etwas als Bedrohung empfunden wird. Wir registrieren also unwillkürlich: bin ich mit diesem Menschen *sicher*? Ist er vertrauenswürdig? Ist der Kontakt gut für mich?

Positive Zeichen wären zum Beispiel: er behandelt mich respektvoll und freundlich, wahrt die Form, die mir angemessen scheint, wirkt authentisch, seine Motive sind erkennbar. Das Gegenteil könnte sein: er ist undurchschaubar, aggressiv, bevormundend, aufdringlich oder zeigt deutliche Ablehnung. Da wir mit den positiven Signalen keine Probleme haben, mit den anderen aber umso mehr, hier ein etwas genauerer Blick auf das, was Stress erzeugt.

Wie wir wissen, reagieren Menschen unterschiedlich auf das, was andere mitteilen. Manche sind äußerst empfindlich, andere lassen sich selten aus der Ruhe bringen. Einige richten die Aufmerksamkeit vorwiegend auf den Inhalt, andere auf die Beziehungsseite. Wann und wie sehr uns etwas kränkt, hängt auch von unserem Befinden und von der Situation ab. Wie stark, sicher, fit und kompetent fühle ich mich? Wie viel Macht hat die andere Person, was steht auf dem Spiel? Unabhängig davon jedoch empfinden die meisten Menschen folgende Signale als störend:

- Offene Aggression, Wutausbrüche, Drohungen

- Schuldzuweisungen, Vorwürfe, Tadel

- Beleidigungen, Sarkasmus, Sticheleien, Spott

- Unterstellungen und „unechte" Fragen

- Bevormundung, Belehrungen, Verallgemeinerungen

- Respektloses, unfreundliches oder aufdringliches Verhalten

- Missachtung, strafendes Schweigen

- fehlende Anerkennung

1. Offene Aggression

Die offensichtlichste und heftigste Störung auf der Beziehungsseite ist offene Aggression. Oft geht verbale Aggression im öffentlichen und privaten Raum *körperlichen* Angriffen *voraus* – auf dem Schulhof zum Beispiel. Doch auch in Kreisen, wo es unter Erwachsenen nicht üblich ist, handgreiflich zu werden, wirken Drohgebärden, laute, zornige Stimmen, böse Blicke und Beschimpfungen auf viele Menschen beängstigend und erzeugen großen Stress. Das sollten alle berücksichtigen, die der Ansicht sind, etwas „Dampf ablassen" würde niemandem schaden. Wie bedrohlich etwas wirkt, hängt natürlich auch stark vom Kräfteverhältnis ab.

Es ist wichtig, dass möglichst viele Menschen lernen, verbaler Aggression entgegenzutreten, ohne sie weiter anzuheizen. Inzwischen werden an zahlreichen Schulen Programme dazu durchgeführt, es werden zum Beispiel Streitschlichter ausgebildet.

2. Druck, Drohung, Einschüchterung

Wenn Wünsche nicht erfüllt werden, ist es üblich, „Druck zu machen": Offen oder versteckt werden Konsequenzen angedroht. Je nach Situation, wird sich jemand dem Druck beugen und nachgeben, sich in sein Schneckenhaus zurückziehen oder sich dagegen wehren. Seine Mitmenschen unter Druck zu setzen, ist oft verletzend und ineffektiv. Wer lässt sich gern zu etwas zwingen? Druck erzeugt Gegendruck und Spannung. Der Widerstand wiederum löst mehr Druck aus und die Situation kann eskalieren. Es kommt zu einem Machtkampf, in dem keine Seite nachgeben will. Selbst wenn die sachlichen Differenzen geklärt werden könnten, verhindern die Spannungen auf der Beziehungsebene den Gesprächserfolg.

Wer sich auf diese Weise durchsetzt, macht sich leicht Feinde. Die unterlegene Person ist verletzt, hat vielleicht ihr Gesicht verloren, muss unangenehme Konsequenzen in Kauf nehmen. Nicht selten rächt sie sich durch passiven Widerstand.

3. Schuldzuweisungen, Urteile, Verallgemeinerungen
Viele Kommunikationsmuster dienen dazu, andere abzuwerten oder zu verunsichern: Vorwürfe und Beurteilungen gehören dazu. Dabei wird oft *übertrieben* und *verallgemeinert*: „Du bist immer so rücksichtslos!"
Vor Aussagen dieser Art wird in Kommunikationstrainings gewarnt. Diese sogenannten *Du-Botschaften* stören den Kontakt empfindlich. Wer so spricht, analysiert und bewertet die andere Person, begibt sich damit in eine höhere Position und setzt sie herab. Außerdem sind solche Beschreibungen und Urteile oft ungerecht und sachlich falsch, denn wohl kaum jemand ist *„immer* so ...".

Normalerweise wehren wir uns instinktiv dagegen. Wir verschließen uns, reagieren abwehrend oder mit Gegenangriffen. Jedoch nicht allen gelingt das, besonders Kinder sind dazu oft nicht in der Lage. Manche „ziehen sich den Schuh an" und akzeptieren das Urteil, schämen sich, fühlen sich schlecht oder schuldig. Selbstbewusstsein, Wohlbefinden und Entwicklung können dadurch nachhaltig beeinträchtigt werden.

Selbst gut gemeinte Beschreibungen und Urteile über eine andere Person sind nicht unbedingt förderlich, denn auch sie reduzieren Menschen in ihrer Komplexität und Wandlungsfähigkeit. Vermutlich sind Kinder wie Erwachsene am meisten motiviert, wenn spezifische *Handlungen* gewürdigt werden. Dadurch wächst die Überzeugung, selbst etwas bewirken zu können. Allgemeine Anerkennung (*„Du bist ein guter Mensch!"*) kann sogar verunsichern oder Unbehagen erzeugen, da man darauf wenig Einfluss hat und auch wohl kaum immer „gut" ist. Auch bei Kritik gilt: statt über vermeintliche Charaktereigenschaften zu reden (*„Du bist rücksichtslos"*) ist es sinnvoller, das konkrete Verhalten anzusprechen. (*„Du hast nicht gewartet, bis ich da war."*)

4. Abwertung durch Körpersprache und Tonfall

Signale, die den zwischenmenschlichen Kontakt belasten, sind oft unausgesprochen: Nase rümpfen, Augen verdrehen, laut werden, spöttisch auflachen, keinen Platz machen usw. Sie können auch versteckter sein: kleine Sticheleien, ein anzügliches Grinsen, Andeutungen, ein etwas härterer Tonfall, eine schwer verständliche Wortwahl... Da die Aufmerksamkeit währenddessen vom Inhalt des Gesprächs beansprucht wird, wird das manchmal nur unterbewusst registriert.

Jemand stellt eine sachliche Frage: die unwillkürliche Reaktion ist, darauf zu antworten, auch wenn vielleicht der geringschätzige Tonfall stört. Es ist schwer, auf sachliche *und* zwischenmenschliche Botschaften gleichzeitig zu reagieren, wenn sie nicht übereinstimmen. Auch hier sind Kinder besonders benachteiligt. Ihnen stehen kaum Mittel zur Verfügung, sich bewusst dagegen zu wehren. Wer dagegen diese Signale erkennt, kann kleine Störungen gewollt ignorieren, Gespräche gezielt lenken oder auch den zwischenmenschlichen Aspekt direkt ansprechen, statt auf den Inhalt des Gesagten einzugehen.

5. Rangordnungen

Wenn Menschen miteinander reden, begegnen sie einander entweder auf Augenhöhe oder aber aus einer höheren bzw. niedrigeren Position heraus. Respekt, Höflichkeit oder Freundlichkeit sind, *unabhängig von der jeweiligen Position,* Zeichen dafür, dass Menschen einander schätzen und akzeptieren – und deshalb in jeder Situation wichtig.

Die Position hingegen entscheidet zum Beispiel darüber, wer wem Anweisungen geben kann. Wenn alle Seiten mit den Positionen und Rollen einverstanden sind, die die anderen ihnen durch ihre Beziehungsbotschaften indirekt „zuweisen", läuft alles wunderbar. Der Chef sagt: „Kopieren Sie das bitte möglichst bald!" Der Angestellte akzeptiert das problemlos. Würde aber ein Lehrling ihm auf diese Weise Aufträge erteilen, käme es wahrscheinlich nicht gut an.

Autorität beruht auf der Position, die jemand innehat, und/oder auf persönlichen Fähigkeiten. Idealerweise stimmt beides überein. Fühlt sich jemand in eine Position oder Rolle gedrängt, die als *nicht stimmig* empfunden wird, regt sich Widerstand. So rebellieren nicht nur Jugendliche, wenn sie den Eindruck haben, bevormundet oder belehrt (und damit *von oben herab* behandelt) zu werden, selbst wenn die Ratschläge oder Anordnungen gut gemeint und sinnvoll sind.

6. Mangelnde Anerkennung und Wertschätzung

Auch strafendes Schweigen, Gleichgültigkeit und das Ausbleiben von Anerkennung können verletzen und Menschen in ihrer Entfaltung behindern. Anerkennung kann unterschiedliche Formen annehmen: manchmal findet sie Ausdruck in Worten oder Gesten, manchmal einfach in *Aufmerksamkeit.* Ein verwandter Begriff, der in der Psychologie häufig benutzt wird, lautet *Wertschätzung.* Dabei wird gezeigt, dass man einen anderen Menschen für wertvoll hält und ihn schätzt. In menschlichen Beziehungen ist Wertschätzung wie die Sonne, die für Wärme, Wachstum und Freude sorgt.

Ihre Bedeutung wurde ursprünglich vor allem von dem amerikanischen Psychologen und Therapeuten Carl Rogers untersucht und bekannt gemacht. Leider ist dieses Wissen noch längst nicht bei allen angekommen und wird – besonders in Konflikten – häufig missachtet.

Wir brauchen natürlich nicht immer und überall Anerkennung. An manchen Menschen liegt uns wesentlich mehr als an anderen, von einigen sind wir abhängig, von anderen nicht. Wer in der Familie Anerkennung findet, kann es leichter verkraften, wenn sie am Arbeitsplatz ausbleibt und umgekehrt. Auch ein Freundeskreis oder eine glückliche Liebesbeziehung können Defizite in anderen Bereichen auffangen. Wie groß das Bedürfnis nach Anerkennung ist, ist außerdem individuell verschieden. Eine große Rolle spielt, wie weit jemand in sich selbst ruht, was zum Beispiel durch Yoga gefördert wird. Grundsätzlich jedoch gilt, dass wir Menschen einander auf relativ einfache Weise fördern und erfreuen können, indem wir einander aufmerksamer begegnen und großzügiger Anerkennung schenken.

Warum senden wir einander Signale, die Beziehungen belasten?

Wir fühlen uns wohl und blühen auf, wenn wir uns geschätzt und anerkannt fühlen, wenn wir freundlich behandelt und so angenommen werden, wie wir sind. Wir reagieren mit Stress und Selbstverteidigung, wenn wir uns angegriffen, missachtet oder abgelehnt fühlen. Das wissen wohl alle aus eigener Erfahrung. Auch in den Medien finden sich entsprechende Informationen: so wird in letzter Zeit häufig darauf hingewiesen, wie wichtig Wertschätzung für Mitarbeitende in Unternehmen ist *und* wie selten sie gegeben wird.

Wieso ist das Ganze so ein Problem? Wieso ignorieren, sticheln und drohen wir, wieso kritisieren und verletzen wir einander, wenn wir doch selbst freundlich oder zumindest respektvoll behandelt werden wollen? Wenn wir um die negativen Auswirkungen unfreundlicher Beziehungsbotschaften wissen, warum können wir sie nicht einfach weglassen und alle Kommunikationsprobleme sind Schnee von gestern?

1. Gewohnheit und mangelnde Bewusstheit

Wenn Sie das schon einmal versucht haben, wissen Sie, wie schwer es sein kann! Wir kommunizieren normalerweise so, wie wir es gelernt haben bzw. wie wir es gewöhnt sind. Wir kommen vielleicht gar nicht auf die Idee, dass etwas damit nicht stimmen könnte, wir kennen keine Alternativen. Wir hinterfragen Gewohnheiten und vermeintliche Selbstverständlichkeiten nicht, besonders wenn „alle" es so machen. Negative Beziehungsbotschaften sind weit verbreitet und normal. So neigt, wer als Kind häufig kritisiert wurde, später selbst zu einer kritischen Haltung sich selbst und anderen gegenüber. Auch die Einstellung „*Nicht getadelt ist Lob genug*" ist weit verbreitet. Gute Leistung gilt häufig als selbstverständlich, also nicht der Rede wert, und wird leicht übersehen. Nur wenn etwas nicht klappt, fällt es auf und wird angesprochen.

2. Wie du mir, so ich dir

Wenn wir uns über das ärgern, was andere gemacht haben, wenn sie uns behindern oder schaden, halten wir es oft für richtig oder gar notwendig, sie ebenfalls zu verletzen. Wenn sie angefangen haben – wir also „nur" auf das reagieren, was sie *uns* angetan haben – fühlen wir uns im Recht. Die anderen sind selbst schuld, wenn man sich wehrt: man kann sich ja schließlich nicht alles gefallen lassen! Hinzu kommt die typisch menschliche *Voreingenommenheit in eigener Sache*. Möglicherweise finden wir die eigenen Urteile völlig berechtigt, die eigenen „kleinen" Spitzen lustig, geistreich oder gar nicht so schlimm, reagieren aber äußerst empfindlich auf „Unverschämtheiten" anderer. Psychologischen Erkenntnissen zufolge sind wir im Allgemeinen der Ansicht, bei Streitigkeiten nur auf das Fehlverhalten anderer zu reagieren, also nicht selbst ursächlich dafür verantwortlich zu sein.

3. Ärger

Eine entscheidende Rolle spielt dabei die Art und Weise, wie wir mit unseren *Gefühlen* umgehen. Es ist für einige Menschen üblich, andere ihren Ärger spüren zu lassen, manchmal sogar, wenn die gar nichts damit zu tun haben. Hier rückt bewusst oder unbewusst die *Selbstoffenbarung* auf Kosten der anderen Seiten in den Vordergrund. Man kommuniziert nach dem Motto: Mir geht es schlecht – warum soll ich das nicht zeigen?

Genauso verbreitet ist es, Ärger durch Beziehungsbotschaften auszudrücken. Nicht nur offen ausgedrückter Ärger kann unangenehm sein: auch *unterrückter* Ärger kann verletzenden Bemerkungen zugrunde liegen. Unsicherheit oder Angst gehen oft mit Ärger einher. Wer sich bedroht fühlt, zieht alle Register, um sich zu verteidigen und angeblich ist Angriff ja die beste Verteidigung. Wenn wir bewusst oder unbewusst fürchten, zu kurz zu kommen und uns ruhig nicht durchsetzen können, wenn wir unsere ureigensten Interessen bedroht sehen, greifen wir zu vermeintlich stärkeren Mitteln. Und fühlen uns vollkommen im Recht.

4. Schwaches Selbstwertgefühl

Wie jemand mit anderen Menschen umgeht, hat sehr viel mit dem eigenen Selbstbild und dem Selbstwertgefühl zu tun. Wer sich schwach fühlt, versucht möglicherweise auch ohne speziellen Anlass, andere kleiner zu machen, um Macht zu gewinnen und sich besser zu fühlen.

5. Durchsetzung eigener Interessen

Manchmal werden Menschen auch absichtlich und berechnend eingeschüchtert, belogen und manipuliert, um eigene Interessen durchzusetzen. In einigen Rhetorikschulen gehören unfaire Sprachmittel zum Repertoire, um GesprächspartnerInnen zu verunsichern und zu besiegen.

Wer spricht?

Wie du mit anderen umgehst, sagt viel über dich selbst aus
Wie wir sehen, haben Beziehungsbotschaften sehr viel mit der Person zu tun, die sie sendet. So sind Vorwürfe eine weithin akzeptierte Möglichkeit, dem eigenen Ärger Ausdruck zu verleihen. Was inhaltlich gesagt wird („Das macht man so nicht!" oder: „Du bist rücksichtslos!") mag zutreffen oder auch nicht, in jedem Fall jedoch sagen diese Botschaften indirekt etwas über die Person aus, die sie sendet. Welche Vorstellungen hat sie? Wie fühlt sie sich? Was geht in ihr vor?

Als ZuhörerInnen registrieren wir diese im Vier-Seiten-Modell *Selbstoffenbarung* genannten Informationen, weil wir wissen wollen, mit wem wir es zu tun haben, ob das Gesagte ehrlich gemeint ist, ob die andere Person unseren Erwartungen entspricht. Auch hier liegen Stolpersteine versteckt. Angenommen, Ihr Gesprächspartner macht Ihnen ein recht günstiges Angebot und behandelt Sie korrekt. Wenn er Ihnen aber unsympathisch ist, gehen Sie vielleicht trotzdem nicht darauf ein.

Wir schätzen authentische Menschen
Positive Beziehungsbotschaften sind nur dann wirklich wertvoll, wenn sie aufrichtig gemeint sind. Informationen nützen uns nur dann, wenn sie auch wahr sind. Ob das der Fall ist, erkennen wir daran, wie sich jemand gibt, d.h., was jemand gewollt oder ungewollt von sich selbst zeigt. Wenn alles übereinstimmt, wirkt ein Mensch authentisch. Ist das nicht der Fall, können wir uns auf das Gesagte nicht verlassen. Deshalb haben wir für Widersprüche feine Antennen. Nicht umsonst hielt Carl Rogers *Echtsein* für ebenso wichtig wie Wertschätzung und Einfühlungsvermögen.

Was wir gewollt oder ungewollt von uns zeigen

Was jemand von sich zeigt, ist nur begrenzt bewusst und beabsichtigt, vieles kommt ungewollt zum Vorschein. Angenommen, Sie gehen zu einem Vortrag. Der Redner sieht überraschend jung aus. Als aus dem Publikum eine skeptische Frage kommt, reagiert er blasiert und herablassend: „Ich habe das bereits in allen Einzelheiten erörtert. Aber da Sie mir offensichtlich nicht folgen konnten, erkläre ich es Ihnen gern noch einmal."

Sie bemerken, dass sein Gesicht eine etwas dunklere Farbe annimmt. Die Handbewegungen werden fahrig und die Stimme klingt plötzlich gepresst. Sie haben den Eindruck, dass er ärgerlich, wahrscheinlich auch unsicher ist, obwohl er sich alle Mühe gibt, kompetent, emotionslos und unantastbar zu wirken. Wortwahl, Tonfall und Körpersprache senden andere Signale.

Sollte sich der Redner bewusst sein, was seine Körpersprache verrät, wäre ihm die Situation wahrscheinlich peinlich. Er versucht offensichtlich, etwas zu verbergen. Wahrscheinlich fürchtet er, nicht akzeptiert zu werden, wenn Ärger, Unsicherheit oder mangelndes Wissen zum Vorschein kämen. So etwas entspricht nicht dem Bild, das er präsentieren möchte, den eigenen Ansprüchen oder den (vermeintlichen) Ansprüchen des Publikums. Um jeden Zweifel an seiner Kompetenz zu ersticken, um möglichst überlegen zu wirken, sendet er Beziehungssignale, die andere dumm oder unaufmerksam wirken lassen („Da Sie mir offensichtlich nicht folgen konnten..."). Auf sein Publikum wirkt er dadurch arrogant und macht sich möglicherweise unbeliebt. Außerdem registrieren einige sicherlich seine Unsicherheit.

Doppelbotschaften

Unterschiede zwischen Wortinhalt und Körpersprache zeigen, dass widersprüchliche Absichten und Impulse vorhanden sind, dass bewusst oder unbewusst etwas überspielt werden soll. Was jemand darstellen *will*, stimmt nicht mit der inneren Realität überein. Vielleicht möchte man etwas verbergen oder anderen etwas weismachen, an das man selbst nicht glaubt. Vielleicht drängen Emotionen auf Ausdruck, während gleichzeitig eine bestimmte Wirkung erzielt werden soll, die nicht dazu passt: Die Benimmregeln verlangen Höflichkeit, innen brodelt es. Es wird ein souveräner Redner erwartet, aber man fühlt sich der Lage nicht gewachsen. Man möchte gut dastehen und verteidigt sich vehement, innerlich nagt das schlechte Gewissen.

Nur nicht zu viel verraten

Da wir um die verräterische Körpersprache wissen, besteht eine gewisse Versuchung, den Ausdruck eisern zu kontrollieren, um nichts Unerwünschtes zu offenbaren. Die meisten wissen, dass Augen viel verraten, also macht sich verdächtig, wer dem Blickkontakt ausweicht: der hat was zu verbergen! Um jeden Verdacht zu vermeiden, wird dann beim Lügen oder Vertuschen möglicherweise der Blickkontakt zu lange und starr gehalten. Wer geschult ist, kann das erkennen, andere finden vielleicht „irgendetwas seltsam", ohne sagen zu können, was es ist, viele bemerken auch nichts.

Verbreitet ist die Ansicht, dass es vor allem in kritischen Situationen wichtig ist, ein möglichst neutrales Gesicht zu machen, cool und unberührt zu bleiben, oder zumindest so auszusehen. In der Psychologie heißt es, dass Menschen, die sich ständig bemühen, einem bestimmten Bild zu entsprechen – egal, wie es in ihnen aussieht – sich hinter einer Fassade verstecken. Im Yoga kann es das Ideal des Gleichmuts sein, das jemanden dazu bringt, sich zu beherrschen und keine ausgeprägten Emotionen zuzulassen oder gar zu zeigen, egal, was passiert.

Doch Menschen wirken auf uns sympathischer, wenn Gefühle erkennbar sind. Wir können zu ihnen eine Verbindung herstellen. Ein „Pokerface", das gar nichts verrät, wirkt distanziert und nicht sehr vertrauenswürdig. Auch werden auf Menschen mit wenig eigenem Profil leicht die Ängste und Abneigungen ihrer Mitmenschen projiziert.

Unklarheit oder Transparenz

Wenn Menschen undurchsichtig sind, wird ihnen leicht etwas unterstellt, das gar nicht vorhanden ist. Wir können zwar ein unechtes Lächeln oder versteckte Unsicherheit erkennen, aber wir wissen nicht, was der *Grund* dafür ist. Wir könnten annehmen, ein Mensch, der sich abweisend zeigt, mag uns nicht, aber vielleicht ist er einfach unsicher. Außerdem neigen wir dazu, von uns auf andere zu schließen: wer eher extrovertiert ist, vermutet vielleicht zu Unrecht, Introvertierte, die wenig reden, längere Pausen machen usw., seien Eigenbrötler oder hätten nicht viel zu sagen. Dementsprechend werden Menschen dann auch behandelt.

Es spricht viel dafür, sich authentisch zu verhalten und zu dem zu stehen, was innerlich vorgeht: es lässt sich sowieso nur schwer verheimlichen und Doppelbotschaften schwächen unsere Aussagekraft. Außerdem behindern Verstellung und mangelnde Transparenz Verständigung und Vertrauen. Doch einfach ist das nicht immer. Manchmal ist die „Selbstoffenbarung" eine heikle Angelegenheit. Wie viel Echtheit können wir uns überhaupt leisten?

Wie echt können wir sein?

In Seminaren kommt gelegentlich der Einwand, dass „all das" in der Geschäftswelt nicht funktioniert. Wer hier nicht bluffen kann, hat schon verloren. Keine Schwäche zu zeigen, sich keine Blöße zu geben, perfekt zu funktionieren, wird als unerlässlich für Erfolg gesehen; zu viel Offenheit könnte fatale Folgen haben. Inzwischen werden allerdings die Schattenseiten dieses Perfektionszwanges deutlich. Für die Einzelnen ist es aufreibend, immer ein bestimmtes Image aufrecht zu erhalten. Die Tatsache, dass Fehler und Unwissenheit vielfach nicht zugegeben werden, kann auch in Firmen erheblichen Schaden anrichten. Natürlich: wer *alles* zur Schau stellt, was in ihm oder ihr vorgeht, wird schnell zu einer Belastung für andere und sich selbst. Es ist wichtig, das richtige Maß zwischen Selbstausdruck und Wirkung zu finden.

Ausblick

Es fällt uns leichter, auch in schwierigen Situationen authentisch zu sein und eine gute Beziehung zu anderen herzustellen, wenn wir mit uns selbst „im Reinen" sind. Dazu gehören zum Beispiel ein konstruktiver Umgang mit den eigenen Gefühlen, eine realistische Selbsteinschätzung und Klarheit über die eigenen Absichten. Selbstverständlich sind auch Gelassenheit, Einfühlungsvermögen und Mitgefühl gute Ratgeber. Diese Themen werden in den folgenden Kapiteln aufgegriffen. Sehr wichtig ist weiterhin, dass wir effektive und sozial verträgliche Mittel und Wege kennen, unsere eigenen Anliegen erfolgreich zu vertreten. Ein entscheidender Schritt in diese Richtung wird im nächsten Kapitel vorgestellt.

Praxis: **Die Beziehungsebene bewusst erleben**
In Gesprächen können wir zwischen Sach- und Beziehungsebene unterscheiden. Die Sachebene besteht aus dem Inhalt, also dem, *worüber* gesprochen wird. Die Beziehungsebene bildet die Art und Weise, *wie* man dabei miteinander umgeht, wie man sich aufeinander bezieht.

1. Analysieren Sie Gespräche, die Sie kürzlich geführt haben und andere, die Ihnen besonders in Erinnerung geblieben sind:

Worüber wurde gesprochen?

Welche Beziehungsbotschaften sandten und empfingen Sie?
Auf welche Weise (Körpersprache, Tonfall)?

Wie reagierten alle Beteiligten aufeinander?

Welche Auswirkung hatte die Art des Kontakts auf den Inhalt des Gesprächs und umgekehrt?

2. Können Sie sich an Gespräche erinnern, bei denen die Beziehungsebene eine besonders große Rolle gespielt hat und wie sich das ausgedrückt hat?

3. Lenken Sie Ihre Aufmerksamkeit während einiger Gespräche, die Sie demnächst führen, auf die Beziehungsebene.

Welche *Beziehungsbotschaften* empfangen Sie?
Was lösen Sie in Ihnen aus?

Welche Botschaften senden Sie?
Wie reagiert Ihr Gegenüber darauf?

Wie beeinflussen Sie beide sich gegenseitig?
Wie beeinflusst die Art des Kontakts den Inhalt des Gesprächs und umgekehrt?

4

Klare Sache: miteinander lernen statt Botschaften verkünden

*„Beurteile niemanden, in dessen Mokassins du
nicht einen Tag lang gelaufen bist."*
(Indianisches Sprichwort)

Konfliktgespräche in der Sackgasse

Der frustrierende Streit um Recht und Unrecht

Auch inhaltlich können Gespräche unbefriedigend sein, wenn es
uns nicht gelingt, sachliche Klarheit zu schaffen, uns zu einigen und
unsere Anliegen durchzusetzen. Reden wir möglicherweise über
Dinge, die uns gar nicht weiterbringen können?

Ist etwas schief gelaufen kommt es häufig zu Auseinandersetzungen: Wer hat Schuld an der Misere? Wer hat angefangen? Niemand
will nachgeben. Alle Beteiligten gehen davon aus, dass sie selbst
Recht haben und die anderen für das Problem verantwortlich sind.
So berichtete mir eine Bekannte voller Wut über die Trennung von
ihrem Partner. So wie sie die Sache schilderte, hatte er sich furchtbar verhalten. Wenige Tage später traf ich ihn und hörte die Geschichte von seiner Seite. Unfassbar – aber auch das machte Sinn.
Von seinem Standpunkt betrachtet, war sein Verhalten durchaus
nachvollziehbar.

Bei anderen können wir leichter erkennen, dass beide zu dem Problem beigetragen haben, dass beide aus ihrer Sicht Recht haben, und dass der Streit um Recht und Unrecht, Schuld und Strafe niemandem nutzt. Oft erfahren wir auch, dass alle nachvollziehbare Gründe für ihr Verhalten hatten, dass niemand aus böser Absicht gehandelt hat… Alle sehen das – nur die Betroffenen selbst nicht. Einseitigkeit und Parteilichkeit sind typisch in Konflikten. Unsere Sicht ist eingeschränkt. Wir wollen gar nicht so genau wissen, wie jemand anders die Sache sieht, wir wollen nicht verstehen, sondern uns durchsetzen. Das führt dazu, dass es oft zu keiner Einigung kommt und verletzte Gefühle zurückbleiben.

Wer hat angefangen?
Mit der Frage, wer Recht und wer Schuld hat, wird häufig verbunden, wer angefangen hat. Der fünfjährige Maximilian und seine siebenjährige Schwester Lena streiten erbittert. Als die ersten Schreie zu hören sind, eilt die Mutter herbei und versucht zu schlichten.
„Sie hat angefangen!" klagt Maximilian.
„Nein, überhaupt nicht wahr", widerspricht Lena. „Er hat angefangen!"

Für die Kinder eine durchaus ernste Frage, denn normalerweise gilt: wer anfängt hat Schuld (und wird vielleicht bestraft)! Wer hat Recht? Wenn die Mutter sich darauf einlässt und versucht, das herauszufinden, wird sie es nicht leicht haben. Wir sind im Allgemeinen nämlich überzeugt, nur auf das Verhalten der anderen zu reagieren. Nicht ich habe den Streit ausgelöst, *die andere* hat angefangen. *Der* hat zuerst gehauen! Was aber war der Anfang? Fing der Streit damit an, dass Maximilian sich weigerte, seine Kekse mit Lena zu teilen? Oder damit, dass Lena halb spielerisch, halb ernsthaft versuchte, ihm ein Stück wegzunehmen? Oder erst, als Maxi daraufhin nach ihr schlug? Oder vielleicht schon vorher, als Lena ihre Kekse ganz schnell aufaß, und dann drängte, dass Maxi nun abgeben sollte?

Kindertheater, denken Sie vielleicht. Doch in der Erwachsenenwelt geht es oft nicht anders zu. Herr Körner sagt etwas seiner Meinung nach „völlig Harmloses", das der Nachbar aber als Beleidigung auffasst und mit scharfen Worten (und einer kleinen Spitze auf Körners Vorgarten) zurückweist. Der Wortwechsel schaukelt sich hoch und es kommt zum Streit.

„Er hat mich einfach so angegriffen, natürlich kann ich mir so was nicht gefallen lassen", erklärt Herr Körner.
„Er kommt rüber und beleidigt mich! Wie hätten Sie denn reagiert?" schimpft sein Nachbar.

Bei Streitigkeiten ist es üblich, dass ein Wort das andere gibt. Die Reaktion ist jeweils ein wenig schärfer als das Vorausgegangene. Was ist noch akzeptabel? Ab wann wird es zu viel? Es kann durchaus Ansichtssache sein, wo alles angefangen hat. Manche Psychologen sagen, dass es *den* Anfang gar nicht gibt.

Niemand will verlieren
Die Frage wer Recht und wer Schuld hat, führt in vielen Konflikten nicht weiter. Niemand will unterliegen, zu kurz kommen oder bestraft werden, niemand sich als VersagerIn fühlen – also wird alles getan, um das zu verhindern. Angst vor Gesichtsverlust oder unangenehmen Konsequenzen führt dazu, dass keine Seite einlenkt oder Fehler zugibt. Unter Umständen werden auch völlig absurde Ansichten bis zum bitteren Ende verfochten.

Das Denken in den Kategorien von Recht und Unrecht, Schuld und Strafe, Gewinner und Verlierer erzeugt schon im Vorfeld eines Konfliktgespräches Angst und Anspannung. Außerdem ist es äußerst ineffektiv, wenn es darum geht, Lösungen zu finden.

Wer Botschaften verkündet, schließt die Tür zum Gegenüber
"Jetzt will ich dir mal was sagen und du hörst mir gut zu!"
Was empfinden Sie, wenn jemand diesen Satz in forderndem Tonfall zu Ihnen sagt? Haben Sie Lust zuzuhören? Was erwarten Sie?

Wenn Sie so sind wie die meisten Menschen, machen Sie vorsichtshalber erstmal dicht. Sie spüren eine gewisse Aggressivität, fürchten, dass es unangenehm werden könnte und schützen sich vor Ungemach. Besonders Jugendliche sind bekannt dafür, dass sie auf „Durchzug" schalten. Wenn wir wollen, dass uns jemand zuhört, ist das tatsächlich eine sehr ungeeignete Art zu beginnen. Statt Türen zu öffnen, sorgt so eine Haltung dafür, dass sie noch fester geschlossen werden. Und doch versuchen wir es immer wieder damit.

Die amerikanischen Kommunikationsexperten Douglas Stone, Bruce Patton und Sheila Heen schreiben in ihrem Buch „*Difficult Conversations*" („*Offen gesagt*"), dass wir versuchen, Konflikte zu lösen, indem wir unsere Botschaften verkünden. Wir wollen anderen unsere Meinung sagen, weil wir fest davon überzeugt sind, dass wir im Recht sind. Nur: die anderen wollen es gar nicht hören. Erstens sind sie ebenso überzeugt, ihrerseits Recht zu haben, und zweitens: selbst wenn sie Unrecht hätten, wollen sie das nicht „aufs Butterbrot geschmiert" bekommen. Auf keinen Fall wollen sie in einem Konflikt unterliegen. Wenn wir nun Widerstand spüren, erhöhen wir den Druck. Wir wiederholen uns notfalls unermüdlich, sagen das Gleiche mit immer neuen Worten – aber unsere Einstellung bleibt unverändert: „Ich weiß was Sache ist, und das musst du nur verstehen, damit unsere Probleme gelöst sind." Bleiben wir damit erfolglos, sind wir überzeugt, dass man mit bestimmten Leuten einfach nicht reden kann – manche sind ja dermaßen stur und uneinsichtig!

Wir befinden uns damit in einer Sackgasse; Stress und Kummer sind oft die Folge. Hier hilft nur ein grundlegender Perspektivwechsel, um Konflikte entspannter und für alle Beteiligten gewinnbringend zu lösen.

Unser Wissen ist begrenzt: Vorschläge für einen Perspektivwechsel

Lernbereitschaft ist realistisch und ändert vieles

Wir wissen, wie etwas aus unserer Perspektive aussieht, welche Wirkung das Verhalten anderer auf uns hatte, was unsere eigene Absicht war, was wir selbst fühlen, brauchen und erreichen wollen. Wir wissen nicht, wie die Dinge aus der Perspektive der anderen aussehen oder was unser Verhalten bei ihnen bewirkt hat. Wir wissen nicht, mit welcher Absicht sie gehandelt haben, noch, was sie fühlen, brauchen oder wollen. Um tragfähige Lösungen zu finden, die allen Beteiligten gerecht werden, müssen wir all das aber berücksichtigen: Lernbereitschaft ist unerlässlich. Dabei spielen die folgenden Aspekte eine Rolle.

- **Die Sicht der anderen kennenlernen**

Statt darauf zu beharren, dass allein die eigene Sicht der Dinge vollständig, richtig und wichtig ist, akzeptieren Sie, dass Sie nur einen Teil des Ganzen kennen. Um eine befriedigende Lösung zu finden, ist es erforderlich, dass Sie nicht nur Ihr eigenes Anliegen verständlich machen, sondern ebenso, dass Sie von der anderen Seite hören, was Sie noch *nicht* wissen. Wie sieht die Sache aus deren Perspektive aus? Welche Wirkung hatte *Ihr* Handeln auf sie?

- **War es wirklich böse gemeint? Was war beabsichtigt?**

Wir neigen dazu, von der Wirkung auf die Absicht zu schließen: wenn mich andere verletzen, *wollen* sie mir wehtun oder ich bin ihnen zumindest gleichgültig. In den meisten Fällen handeln Menschen aber nicht, um anderen zu schaden, sondern weil sie ihre eigenen (in ihren Augen legitimen) Interessen verfolgen. Manchmal rechnen sie gar nicht damit, dass sie dabei andere verletzen könnten. Im Gegenteil: vielleicht wollten ihnen sogar etwas Gutes tun. Natürlich gibt es auch Ausnahmen, aber solange Sie nicht darüber gesprochen haben, kennen Sie die Beweggründe nicht mit Sicherheit.

- **Beiträge erforschen statt Schuld zuweisen**
Wenn Sie ein konstruktives Gespräch führen wollen, vergessen Sie Vorwürfe und Schuldzuweisungen.
Versuchen Sie stattdessen, gemeinsam herauszufinden, durch welche konkreten Handlungen die Beteiligten zum Problem *beigetragen* haben. Wenn wir nicht länger davon ausgehen, dass eine Seite Recht hat (natürlich die eigene) und die Schuld bei den anderen liegt, können alle Beteiligten aufatmen und entspannter miteinander reden. Statt alle Energie in die Selbstverteidigung zu lenken, kann nach konstruktiven Lösungen gesucht werden, die a) verhindern, dass ähnliche Probleme wieder auftreten, und die b) den wichtigsten Bedürfnissen aller Beteiligten gerecht werden.

- **Emotionen, Bedürfnisse und Wünsche berücksichtigen und einbeziehen**
Oft ist es sinnvoll oder erforderlich, auch darüber zu sprechen, denn gerade Konflikte werden oft sehr emotional ausgetragen. Auch hier gilt, dass wir nicht mit Sicherheit wissen können, was die anderen fühlen, brauchen oder erreichen wollen. Genauso wenig können andere erraten und berücksichtigen, was in *uns* vorgeht, wenn wir es ihnen nicht mitteilen.

Lernbereitschaft zeigt sich darin, dass Sie Ihren GesprächspartnerInnen Fragen stellen, ihnen zuhören und auf das eingehen, was gesagt wird. Wie sich jemand ausdrückt, hängt immer auch von denjenigen ab, die zuhören. Außerdem können Sie entscheidend dazu beitragen, dass auch Sie selbst verstanden werden. Teilen Sie mit, was Sie erlebt haben, welche Auswirkungen das Verhalten der anderen auf Sie hatte, was Sie beabsichtigen, was in Ihnen vorgeht, was Sie sich wünschen.

Damit alle gewinnen

Diese Haltung und diese Vorgehensweise durchbrechen ein altbekanntes und fest verankertes System, das Kummer, Pleiten und Kriege verursacht. Konfliktparteien ringen traditionell mehr oder weniger verbissen um den Sieg, da nur einer gewinnen kann, und – wie es in einem beliebten Popsong heißt – wer gewinnt, alles nimmt.

Die neue Haltung, in unserer modernen Welt unerlässlich, ist partnerschaftlich: die Beteiligten arbeiten zusammen, um ein *gemeinsames Problem im Interesse aller zu lösen.* In dieser Einstellung wird Satya verwirklicht: das Wohl aller ist Ziel der Gespräche. Dabei ist sie nicht nur konstruktiv, sondern auch realistisch. Die folgenden Überlegungen verdeutlichen, dass der Streit darüber, wer Recht und Unrecht hat, nicht nur sinnlos ist, sondern auch von einem verzerrten Bild der Realität ausgeht. Sowohl unsere Ausdrucksweise als auch unsere Wahrnehmung und Interpretation einer Angelegenheit sind nämlich höchst subjektiv.

Ist meine Realität auch deine?

Ein Wort - eine Welt

Worte entspringen der Innenwelt eines Menschen, einem komplexen Universum aus Erinnerungen, Überzeugungen, Gedanken, Gefühlen, Absichten und Bedürfnissen, die nur teilweise bewusst sind. Aus all dem formen wir Mitteilungen, um uns anderen verständlich zu machen. Unser Gegenüber hört die Worte und entschlüsselt sie in der eigenen Innenwelt. Was alles kann ein einziger, vermeintlich völlig harmloser Satz an Assoziationen, Vermutungen, Ängsten und den damit verbundenen körperlichen Reaktionen auslösen! All das läuft im Innern ab, großenteils unsichtbar für andere. Oftmals entzieht es sich ebenfalls der eigenen bewussten Wahrnehmung. Es ist unter anderem diese Komplexität, die Kommunikation schwierig macht.

Zunächst einmal ist es gar nicht so einfach, zu sagen, was wir wirklich denken oder fühlen. Worte sind „Symbole" für eine wandelbare und vielschichtige Realität. Von all dem, was unsichtbar in unserm Innern vor sich geht, kann nur ein Bruchteil ausgedrückt werden. Manchmal fehlen uns die Worte. Erwartungen können unbewusst, Wünsche und Absichten widersprüchlich sein. Auch Gefühle sind oft nicht eindeutig, mehrere Gefühle können nahezu gleichzeitig vorhanden sein, sich blitzschnell wandeln oder verstecken. Hinzu kommt, dass unser Gegenüber auf eigene Erfahrungen und persönliche Kenntnisse zurückgreifen muss, um zu verstehen, was wir sagen, und es in Bezug auf die *eigenen* Bedürfnisse bewertet.

Durch die persönliche Brille
Was wir sagen und verstehen, setzt sich aus dem zusammen, was wir wissen und erlebt haben. Wir sind umgeben von einer unvorstellbaren Fülle an Informationen. Yogis sagen, wir leben in einem unermesslichen Meer von Schwingungen. Unsere Sinne nehmen nur einen Bruchteil von dem wahr, was in unserer Umgebung vorhanden ist. Von dem allermeisten bekommen wir gar nichts mit: zum Beispiel von sehr hohen Tönen, Radiowellen und selbst dem, was sich hinter unserm Rücken oder der nächsten Hauswand abspielt. Wer weiß, was es noch alles gibt, von dessen Existenz wir noch nicht einmal träumen?

Während wir vieles nicht wissen, weil unsere menschlichen Sinne es nicht wahrnehmen können, hat jeder Mensch außerdem noch eine ganz persönliche Art, Informationen aufzunehmen, einen einzigartigen Blickwinkel, eine *individuelle Brille*. Das erklärt, warum z.B. nach einem Unfall Zeugen den Hergang unterschiedlich schildern.

**Die blinden Männer und der Elefant, oder:
wie wir die Welt wahrnehmen**
Im Yoga gibt es eine Geschichte von vier blinden Männern, die zum ersten Mal einem Elefanten begegnen. Jeder befühlt den Dickhäuter an einer anderen Stelle. Anschließend sollen sie den Elefanten beschreiben.

„Man könnte sagen, er ist wie eine große dicke Säule, die in den Himmel wächst", sinniert der Erste.

„Nein", widerspricht ein anderer. „Das trifft es nicht. Er ist lang und dünn und beweglich wie eine Schlange."

„Das stimmt doch nicht!", ruft nun aufgebracht der Dritte, „es merkt doch wohl jeder, dass er groß und breit ist wie ein dickes Tuch!"

Jetzt protestiert auch Nummer vier: „Alles Quatsch! Seid Ihr so dumm oder tut Ihr nur so? Er ist lang und dünn, aber völlig starr und glatt, von wegen beweglich! Gebt es doch einfach zu!"

Wir sind wie diese Männer, sagen die Yogis. Jedes Individuum nimmt nur einen Bruchteil der Realität wahr, ist aber völlig überzeugt davon, die „Wahrheit" zu kennen. Es liegt an uns, zu akzeptieren, dass unsere Sicht der Welt sehr individuell und eingeschränkt ist. Wir können immer nur einen Teil von dem erkennen, was wirklich geschieht. *Warum sollten wir streiten, wer Recht hat?*

Wie wir Erfahrungen einordnen und bewerten

Stellen wir uns also vor, dass unsere Sinne aus der Fülle der sie umgebenden Schwingungen einige wahrnehmen und entsprechende Signale an das Gehirn weiterleiten. Dort werden sie bewertet, wobei auch die persönliche Geschichte eine Rolle spielt. Die bisher gemachten Erfahrungen haben ein Schema gebildet, nach dem alles beurteilt wird, eine Art Raster, in das alle neu eintreffenden Informationen eingeordnet werden.

Dieser Bewertungsprozess läuft weitgehend unbewusst ab. Viele Signale werden als so unwichtig eingestuft, dass sie nie ins Bewusstsein gelangen. Wenn Menschen ein und dasselbe Erlebnis unterschiedlich beschreiben, liegt es nicht nur daran, dass sie es aus verschiedenen Blickwinkeln wahrnehmen wie die Männer den Elefanten, sondern auch daran, dass sie es nach unterschiedlichen Kriterien bewerten. Diese *Bewertung* erzeugt unsere Reaktion darauf.

Maria und Lisa gehen spazieren, als ihnen eine Frau mit einem Schäferhund entgegen kommt. Der Hund läuft frei und springt auf die Mädchen zu. Während Lisa kreidebleich wird und sich zitternd hinter Maria versteckt, ist Maria, die selbst einen Schäferhund hat, ganz begeistert. Eine Situation, zwei gegensätzliche Reaktionen. Was entscheidet darüber, wie wir ein Ereignis bewerten?

Wann immer wir etwas wahrnehmen, vergleicht unser Gehirn es mit bereits Bekanntem. Wenn Lisa sieht, wie ein Hund auf sie zuspringt, schaltet ihr Gehirn auf Alarm, da sie (Sie ahnen es) einmal von einem Hund gebissen wurde. Wenn ein Hund auf Maria zuspringt, erinnert er sie an ihren eigenen Hund, an dem sie sehr hängt. Sie verbindet *Hund* mit Vertrautem und Erfreulichem. Nach dem Spaziergang berichtet Lisa:
„Es war total doof. Da war dieser riesige blöde Hund, der war richtig gefährlich und ist auf uns losgegangen!"
Maria schüttelt den Kopf:
„Der was überhaupt nicht gefährlich. Der wollte doch nur spielen! Du darfst nur keine Angst haben…"

Innere Programme
Unsere persönlichen Vorlieben, Abneigungen und Verhaltensweisen haben etwas mit unserem Charakter zu tun, werden jedoch nachhaltig durch das beeinflusst, was wir in unserem Leben erfahren haben. In der frühen Kindheit entstehen Verhaltensmuster, die so tief verinnerlicht sind, dass wir uns gar nicht bewusst sind, wie stark sie uns beeinflussen. Erfahrungen, die wir später in unserem Leben machen, vertiefen und verändern diese frühen Prägungen. Sind innere Muster sehr einschränkend und belastend, kann eine Therapie helfen, sie aufzulösen oder zu verändern. Ansonsten können wir uns vieles auch selbst bewusst machen. Das kann entscheidend dazu beitragen, unproduktive Verhaltensweisen zu verändern.

Kommunikation per Autopilot
Wenn wir miteinander reden, fliegen die Worte oft so schnell hin und her wie der Ball beim Pingpong-Spiel. Wir reagieren auf die

Äußerungen unseres Gegenübers ohne lange darüber nachzudenken. Verhaltensmuster sind so eingeschliffen, dass sie wie automatisch erfolgen. Einerseits erleichtert das vieles. Unser Gehirn ist so programmiert, dass es mit minimalem Energieaufwand ein Maximum an Arbeit bewältigen kann. Eine weitere Rolle spielt die Tatsache, dass unmittelbare Reaktionen im Verlauf menschlicher Evolution lebenswichtig waren. Der Nachteil solch „automatischer" Reaktionen liegt auf der Hand. Manches Mal bereuen wir im Nachhinein bitter, was uns in unbedachten Momenten „rausgerutscht" ist. Besonders wenn wir unter Druck geraten, spielt der Verstand oft nicht mehr die entscheidende Rolle.

Kontraproduktives Konfliktverhalten und Stress

Seit einigen Jahrzehnten wird das „Phänomen Stress" intensiv erforscht. Dabei hat sich gezeigt, dass wir in Stresssituationen heute noch ähnlich reagieren wie unsere Vorfahren in grauer Vorzeit. Für unser Kommunikationsverhalten in Konflikten ist das von immenser Bedeutung. Betrachten wir eine typische Stressreaktion.

„Flucht oder Angriff!"
So lautet die Botschaft unserer Instinkte bei einer realen oder vermeintlichen Bedrohung. In der Wildnis, in der sich zahllose Generationen unserer Vorfahren entwickelten, ein höchst effektiver Überlebensmechanismus. Wird eine Gefahr wahrgenommen, mobilisiert der Körper blitzschnell alle Kraftreserven, um weglaufen oder kämpfen zu können. Je bedrohlicher die Situation erscheint, desto heftiger die Reaktion. Ein gewaltiger Adrenalinstoß setzt ungeahnte Kräfte frei.

Das Herz schlägt schneller und stärker, die Atmung beschleunigt sich, die großen Muskeln werden verstärkt durchblutet. Der ganze Körper ist angespannt. Die Hände ballen sich zu Fäusten, die Schultern werden hochgezogen. Die Haare stehen zu Berge. Der

Blick verengt sich auf die Gefahrenquelle, alles Überflüssige wird ausgeschaltet, auch das Nachdenken. Da es in solch einer Situation gefährlichen Zeitverlust bedeuten würde, sorgen bestimmte Abläufe im Gehirn dafür, dass Denken blockiert wird und Instinkte das Verhalten lenken. Wird umgehend reagiert und die Gefahr beseitigt, kehrt danach wieder Ruhe ein. (Auf die Schrecksekunde oder Schockstarre, die bei Stress auftreten können, gehe ich in diesem Zusammenhang nicht weiter ein.) Nach besonderer Anstrengung ist eine entsprechend lange Pause für die Regeneration unerlässlich.

Stress-Emotionen

Vor allem, wenn wir die geballte Energie nicht sofort in körperliche Aktion umsetzen und die Gefahr beseitigen können, werden Emotionen spürbar, die mit Stress einhergehen: Angst und Ärger in unterschiedlichen Variationen. Sie sind Teil der physiologischen Stressreaktion und befeuern ebenfalls unsere Kampf- bzw. Fluchtbereitschaft. Diese Tatsache spielt in Konflikten aller Art eine wichtige Rolle, denn oft liegt es an diesen Emotionen, wenn wir uns – vielleicht sogar wider besseres Wissen – irrational und aggressiv verhalten. Hinzu kommt, dass Stress das Einfühlungsvermögen erheblich beeinträchtigt. Wollen wir lernbereit kommunizieren, müssen wir also Angst und Ärger einkalkulieren und sinnvoll damit umgehen können.

Stressreaktionen

Je größer die Bedrohung erscheint, desto intensiver läuft die Stressreaktion ab. Verläuft sie mild, bemerken wir sie vielleicht gar nicht oder spüren nur, wie das Herz schneller schlägt. Druck kann durchaus belebend wirken und unsere Leistungsfähigkeit steigern, wenn wir eine schwierige Situation als *Herausforderung* erleben, die wir meistern können, vielleicht sogar freiwillig gewählt haben. Fühlen wir uns dagegen überfordert oder hilflos ausgeliefert, sieht die Sache anders aus. Gute Kommunikationsfähigkeit kann also erheblich dazu beitragen, Stress zu mindern.

Wie bedrohlich etwas auf uns wirkt, hängt auch von unseren persönlichen Einstellungen und unserer *Stressbereitschaft* ab. Die ist zum Beispiel erhöht, wenn wir bereits im Vorfeld angespannt waren. Fallen die Ruhephasen wiederholt zu kurz aus, können wir auf eine Stresstreppe geraten, auf der die Anspannung nicht mehr ausreichend abgebaut wird.

Unser Erbe aus der Steinzeit
Die Zeitspanne, in der große Teile der Menschheit in einer hoch technisierten Umgebung leben, nicht mehr täglich ums Überleben kämpfen und ihre Probleme durch Muskelkraft lösen müssen, ist geschichtlich gesehen sehr kurz. Jemand hat das einmal so beschrieben: Wenn der gesamte Zeitraum der menschlichen Evolution vierundzwanzig Stunden betrüge, wäre die Neuzeit lediglich wenige Minuten lang. In dieser relativ kurzen Zeit haben sich wesentliche Erbanlangen noch nicht an die veränderten Umweltbedingungen angepasst. Wir werden in kritischen Situationen auch heute noch von Instinkten gelenkt, die unseren Vorfahren das Überleben ermöglichten. Geraten wir unter starken Druck, reagieren wir ähnlich, als stünde ein angriffslustiger Bär vor uns.

Wenn wir Streit mit einer Freundin haben, erleben wir sie in dem Moment als Bedrohung. Sie bedroht uns zwar nicht körperlich, aber sie bedroht unser Wohlbefinden: sie durchkreuzt unsere Pläne, verhindert, dass sich unsere Bedürfnisse erfüllen. Wir reagieren instinktiv, indem wir zum Gegenangriff übergehen, uns verteidigen oder uns zurückziehen.

Worte statt Fäuste
Dass wir in solchen Situationen nicht zuschlagen oder weglaufen, ist kulturelle Leistung. Denn wie wir unsere Instinkte ausleben, reguliert die Kultur, in der wir leben. Sie hat bewirkt, dass den instinktiven Reaktionen erlernte übergestülpt wurden. Diese Mischung aus Instinkt und frühkindlichen bzw. gesellschaftlichen Prägungen bestimmt weitgehend, wie wir uns im Stress verhalten. Dadurch kommt es zu inneren Konflikten. Wir können unseren Impulsen,

die Stress-Energie in physische Aktion umzusetzen, oft nicht nachgeben. Wir reißen uns zusammen, beißen die Zähne zusammen, machen gute Mine zu bösem Spiel. All das hat seinen Preis. Es führt zu Muskelverspannungen, unterschwelligem Groll, langfristig auch zu gesundheitlichen Schäden.

Gleichzeitig hat sich ein Konfliktverhalten herausgebildet, dass die früher üblichen physischen Kämpfe weitgehend auf die verbale Ebene verlagert. Das Muster – *Flucht oder Angriff* – ist ähnlich geblieben, aber wir versuchen heute, uns mit Worten durchzusetzen, schlimmstenfalls einander „fertig zu machen". Wer hat Recht? Immer noch die Stärkeren?

Weitergehen

Wir sind heute in der Lage, weiterzugehen und neue Verhaltensmöglichkeiten zu erforschen. Es gibt keinen Grund, an alten Gewohnheiten festzuhalten, wenn sie unseren Bedürfnissen nicht mehr gerecht werden. Überzeugungen und Gewohnheiten lassen sich ändern und durch sinnvollere ersetzen. Doch Vernunft allein reicht nicht. Das wissen alle, die jemals versucht haben, „ganz vernünftig" miteinander zu reden, wenn es um heiße Themen ging. Woran scheitert es oft? An der Macht der Gefühle. Werden sie nicht bewusst einbezogen, funken sie unkontrolliert dazwischen und können alle Bemühungen zunichte machen.

5

Rauslassen oder runterschlucken - wohin mit den Gefühlen?

„Ein Wort, im Zorn gesprochen, kann leicht ein ganzes Haus niederbrennen."
(Japanisches Sprichwort)

Ärger in Gesprächen

Die „Stress-Emotionen" Ärger und Angst gehen Hand in Hand und können viele Formen annehmen, von leichter Gereiztheit und Unsicherheit bis zu Wut und Panik. Sie sind oft beteiligt, wenn Kommunikation misslingt, Menschen einander verletzen und plötzlich nur noch an sich selbst denken. Doch obwohl Gefühle unser Leben stark beeinflussen, wird ihnen in unserer Gesellschaft keine große Bedeutung beigemessen. Statt sie zu verstehen oder gar darüber zu sprechen, reden wir über etwas anderes und versuchen, sachlich zu bleiben, egal „wie's da drin aussieht".

Die starke emotionale Energie drückt sich dann indirekt aus und färbt alle Aspekte dessen, was gesagt wird. Auf der Appellseite wird sie zu subtilem Druck oder offener Drohung, der Inhalt wird einseitig dargestellt, die Beziehungsbotschaften verletzen und stören die Verständigung, die Selbstoffenbarung wirkt bedrohlich. Offen oder versteckt, wird die emotionale Energie gegen die andere Person gerichtet. Betrachten wir ein typisches Konfliktgespräch.

Rolf und Sabine diskutieren darüber, wer zum Elternabend geht. Bei Rolf wurde kurzfristig ein wichtiges Geschäftsessen anberaumt, Sabines Freundin feiert Geburtstag und zählt auf ihren Besuch und ihre Hilfe beim Servieren. Während die beiden darüber diskutieren, welcher Termin wichtiger ist, geraten sie immer mehr in Zorn.

Sabine: „Wieso hast du zugesagt? Du wusstest seit Tagen, dass ich zu Michaelas Geburtstag will! Und zum Elternabend muss auch einer von uns. Du hattest das fest zugesagt!"
Rolf: „Ich habe dir jetzt schon hundertmal gesagt, dass ich mir das nicht aussuchen konnte!"
Sabine: „Es ist doch immer das Gleiche! Du denkst immer nur an dich!"
Rolf: „Das ist Quatsch, und das weißt du genau! Für wen arbeite ich denn? Profitierst du etwa nicht davon?"
Sabine: „Ha! Tu bloß nicht wieder so, als ob ich nur zuhause rumsitzen würde!"
So geht es weiter, bis schließlich niemand von beiden zum Elternabend geht. Frustriert und verletzt eilen sie zu ihren jeweiligen Terminen.

Niemand hat ausdrücklich Gefühle angesprochen. Inhaltlich ging es in der Auseinandersetzung darum, welcher Termin wichtiger war und wer mehr für die Familie tat. Doch zweifellos waren starke Gefühle vorhanden. Offensichtlich waren beide ärgerlich. Und dahinter verbarg sich mehr: vielleicht Sorge, die Arbeit nicht zu bewältigen bzw. die Freundin zu enttäuschen, Schmerz, weil beide sich nicht verstanden fühlten und ihre Leistungen nicht anerkannt wurden. Kaum spürbar, aber sicher vorhanden: Liebe und Zuneigung füreinander und die Kinder, Stolz auf die berufliche Leistung.

Verletzende Beziehungssignale

Ärger wird oft durch Schimpfen zum Ausdruck gebracht. Das nimmt üblicherweise die Form verletzender Beziehungsbotschaften an. Hier einige typische Beispiele:

Übertreibung, Beschreibungen und Urteile über die andere Person:
„Du bist rücksichtslos! Du denkst immer nur an dich!"

Ironische oder sarkastische Bemerkungen:
„Na toll! Unser kleines Genie hat mal wieder eine 5 geschrieben!"

Schuldzuweisungen:
„Weil *du* zu spät gekommen bist, habe *ich* den Termin verpasst!"

Verallgemeinerungen, Vergleiche, Beleidigungen, Moralisierungen:
„Nie machst du was richtig!"
„Wenn Sie nur halb so kompetent wären wie Ihr Vorgänger..."
„Wie kann man nur so dumm sein!"

Zur Verständigung und Konfliktlösung tragen solche Aussagen wenig bei. Sie verletzen und belasten das Gespräch auf der Beziehungsebene. Bei den EmpfängerInnen dieser Botschaften kommt der Ärger emotional an, sie werden davon oft unwillkürlich angesteckt. Er löst bei ihnen ebenfalls Ärger aus oder schüchtert sie ein. Die Vorwürfe, Anklagen und Verallgemeinerungen werden als Angriff empfunden, bei dem sie sich instinktiv schützend verschließen, sich verteidigen, zurückziehen oder zum Gegenangriff übergehen.

Wenn dann noch etwas gesagt wird, das faktisch nicht stimmt (niemand macht „*immer alles* falsch"), fühlt man sich auch noch ungerecht behandelt. Wer daraufhin auf der Sachebene diskutiert („Aber letzten Montag *habe* ich was richtig gemacht"), heizt damit den Ärger des Gegenübers nur noch mehr an: „Jetzt werd bloß nicht auch noch frech! Du weißt genau, wie ich das meine!"

Der Gegenangriff (oft ein kleines bisschen härter als das, was ursprünglich gesagt wurde), kann eine Spirale in Gang setzen, in der ein konstruktives Gespräch schwierig, wenn nicht unmöglich wird.

Konsequenzen

Müssen Gefühle „rausgelassen" werden?
Manche Menschen halten es für wichtig, Gefühle nicht zurückzuhalten und fühlen sich im Recht, wenn sie mal richtig wütend werden. Schließlich haben die anderen das nicht besser verdient, wenn sie einen so in Rage bringen: „Und du fragst auch noch, weshalb ich sauer bin? Nach allem, was du mir angetan hast?"

Um sich Luft zu machen und Frust loszuwerden, sind Schimpfen, Tadel und Co. zwar sehr beliebt, doch keineswegs besonders erfolgreich. Im Gegenteil: manchmal steigert man sich damit regelrecht in die Wut hinein. Das kann berauschend sein, weil die Energie stark ist. Doch abgesehen davon, dass die anderen es gar nicht lustig finden, ist der langfristige Effekt meist negativ.

Und: ist es wirklich „gesund", Gefühle so herauszulassen? Wissenschaftliche Untersuchungen deuten im Gegenteil darauf hin, dass Stress keineswegs nachlässt, wenn wir unserm Ärger hemmungslos Ausdruck verleihen, sondern im Gegenteil zunimmt und die Gesundheit schädigen kann. Für Herzpatienten kann starker Ärger sogar lebensgefährlich sein. Auch um authentisch zu sein, ist es nicht erforderlich, Ärger in Form von Angriffen und Anklagen auszudrücken. Doch da konstruktive Alternativen wenig bekannt sind, wird oft ein anderer, ebenso problematischer Weg beschritten.

Wenn Gefühle gar nicht gezeigt werden
Viele Menschen sind sich der Aussichtslosigkeit aggressiver Konfliktgespräche bewusst und versuchen, sie zu umgehen, indem sie lieber gar nichts sagen, was die anderen provozieren könnte. Sie verhalten sich beschwichtigend, bemühen sich angestrengt, sachlich

zu bleiben und alle Gefühle rauszuhalten, oder sie geben einfach nach. Doch die Erfahrung zeigt, dass das besonders auf Dauer keine befriedigende Lösung ist, sondern sehr unangenehme Konsequenzen haben kann.

- **Angespannte Atmosphäre und unkontrollierte Gefühlsausbrüche**

Unterdrückte Gefühle schleichen sich in die Gespräche ein. Nicht ausgesprochener Ärger zeigt sich häufig unbeabsichtigt in der Körpersprache, im Tonfall oder in kleinen Sticheleien, die unbedacht herausrutschen. Dadurch entsteht eine angespannte Atmosphäre, die Verwirrung und Unsicherheit mit sich bringt. Wenn Ärger lange unterdrückt wird, kann es darüber hinaus geschehen, dass er sich ganz unvermittelt Bahn bricht und dann unkontrolliert und unangemessen „Porzellan zerschlagen" wird. Wutausbrüche oder heftige Reaktionen, die eine unbedeutende Ursache zu haben scheinen, die wie ein Blitz aus heiterem Himmel die Umstehenden schocken, sind oft Ergebnis von aufgestautem Ärger.

- **Zuhören fällt schwer, das eigentliche Problem wird ignoriert und bleibt ungelöst**

Für ein gutes Gespräch ist es wichtig, einander zuzuhören. Wer jedoch starke Gefühle hat, ist nicht wirklich offen für andere, denn die eigenen Gefühle beanspruchen die Aufmerksamkeit. Oft sind Gefühle auch keineswegs Nebensache, sondern zentraler Punkt schwieriger Gespräche. Sie sind wichtiger Hinweis auf das, worum es eigentlich geht. Sie auszuklammern, heißt, das eigentliche Problem zu ignorieren. Auf diese Weise kann es nicht gelöst werden, Zeit und Energie werden mit Scheingefechten vergeudet, die Situation ändert sich nicht.

- **Persönliche Beeinträchtigungen**

Gefühle zu unterdrücken kostet Energie. Gefühle generell nicht zu zeigen, heißt, nicht zu sich selbst zu stehen. Auf die Dauer kratzt das am Selbstwertgefühl. Besonders Menschen, die immer wieder nachgeben, leiden darunter, sich selbst aufzugeben, ausgenutzt und nicht ernst genommen zu werden. Werden Gefühle unterdrückt, können sie sich möglicherweise auch nicht schnell wieder auflösen. Sie schwelen lange Zeit weiter und trüben das Wohlbefinden. Anspannung und Stress entstehen, die sich langfristig nachteilig auf die Gesundheit auswirken.

- **Positive Gefühle können sich nicht entfalten**

Ein weiteres Problem: wer unangenehme Gefühle nicht zulässt, kann oft auch die erfreulichen nicht mehr äußern oder spüren. Ärger, der sich aufstaut, untergräbt Lebensfreude, Zuneigung und Mitgefühl. Wenn wir ständig bestrebt sind, ihn in Schach zu halten – ihn leugnen, nicht aussprechen und nach Möglichkeit auch aus dem Bewusstsein verdrängen – halten wir auch unsere anderen Gefühle unter Verschluss. Jemand drückte es so aus: Ärger ist der Wächter, dem wir uns stellen müssen, um zu angenehmeren Gefühlen zu gelangen.

- **Mangelnde Resonanz**

Menschen, die sich angewöhnt haben, Gefühle zu unterdrücken oder nicht zu zeigen, verstecken sich und opfern ihre Lebendigkeit und Echtheit. Wie sollen Nähe und Verbundenheit entstehen? Freude und Zuneigung spielen in Begegnungen eine große Rolle. Wir wollen uns wohlfühlen mit anderen Menschen, lassen uns gern von guter Laune anstecken, oder von Begeisterung mitreißen. Wer uns Zuneigung zeigt, ist uns schneller sympathisch als gleichgültige Zeitgenossen. Nur wer in Kontakt mit den eigenen Gefühlen ist, kann die Gefühle anderer nachempfinden, Resonanz herstellen und einen wirklich „guten Draht" zu ihnen haben.

Praxis: **Wie drückt sich Ärger in Gesprächen aus?**

1. Sehen Sie sich Filme an und achten darauf, wie Ärger ausgedrückt wird:

- Direkt – oder indirekt durch Tonfall, Körpersprache, andere Beziehungsbotschaften?

- Wird Ärger „runtergeschluckt" oder unterdrückt?

- Welche Folgen hat das?

- Entdecken Sie auch Beispiele, wie Ärger so ausgedrückt oder genutzt wird, dass eine Entwicklung stattfindet?

2. Achten Sie auch in Ihren eigenen Gesprächen darauf.

Was ist hier eigentlich los? Gefühle verstehen

Es gibt durchaus Möglichkeiten, Gefühle konstruktiv in Gespräche einzubeziehen. Allerdings setzt das voraus, dass wir *grundsätzlich* anders mit ihnen umgehen. Statt sie impulsiv herauszulassen, sie zu unterdrücken, andere dafür verantwortlich zu machen oder sich selbst dafür zu verurteilen, heißt es, sie für das zu nehmen, was sie sind: Informationen, die unser Unterbewusstsein uns schickt, und Energie, die uns bewegen soll. Da der Umgang mit Emotionen stark von selbstverständlich gewordenen Gewohnheiten und Vorurteilen geprägt ist, brauchen wir sachliche Informationen darüber, die eine realistische und sinnvolle Einstellung unterstützen.

Emotionen sind Lebenskraft

Uns gut zu fühlen, ist für uns von immenser Bedeutung. Wir verbringen viel Zeit damit, Unangenehmes zu vermeiden und Dinge zu tun und zu beschaffen, die uns positive Gefühle vermitteln. Emotionen sind Ausdruck unserer Lebendigkeit. Wenn sie frei strömen können und in unser gesamtes Sein integriert sind, fühlen wir uns wach und voller Energie. Wenn wir Gefühle zulassen und angemessen ausdrücken, wirken wir auch auf andere Menschen lebendig, authentisch und anziehend. Obwohl wir heute meinen, vernünftig zu sein, vom Verstand geleitet, spielen Emotionen nach wie vor eine herausragende Rolle in unserm Leben. Vermutlich haben sie auf unsere Entscheidungen größeren Einfluss als der Verstand.

In Anbetracht dieser Tatsache ist es erstaunlich, wie stiefmütterlich wir mit ihnen umgehen. Die Ursachen für die Schwierigkeiten, Gefühle konstruktiv auszudrücken liegen tief und sind sowohl in persönlichen Erfahrungen als auch in gesellschaftlichen Normen zu suchen.

Emotionales Dilemma

Viele der heutigen Erwachsenen sind mit der Erfahrung aufgewachsen, dass Gefühle nicht wichtig sind. Kinder hatten zu gehorchen, da störten Emotionen nur. Eine Seminarteilnehmerin schilderte ihre Erfahrungen damit so: „Wir hatten uns anzupassen an Regeln und reibungslos zu funktionieren. Auch wenn wir wütend waren, mussten wir nett sein, wenn wir Angst hatten, mutig. Wenn wir traurig waren, hieß es, zumindest für die Jungen, ‚Indianer weinen nicht'. Für uns Mädchen war es besonders verpönt, ärgerlich zu werden. Wir lernten, unerwünschte Gefühle zu ignorieren, sie nicht ernst zu nehmen, sie zu verbergen, möglichst wenig von ihnen zu spüren."

Die Konsequenz solcher und ähnlicher Erfahrungen ist, dass viele Menschen als Erwachsene Probleme haben, überhaupt zu wissen, *dass* und *was* sie fühlen – und erst recht, ihre Gefühle zu nutzen und sinnvoll auszudrücken. Gefühlsunterdrückung war in der ersten Hälfte des 20. Jahrhunderts weit verbreitet. Die antiautoritäre Bewegung der sechziger und siebziger Jahre hob als Reaktion darauf den freien Ausdruck von Emotionen auf ihre Fahnen. Die neue Maxime war, Gefühle möglichst unverfälscht und ohne Rücksicht auf Konventionen und Mitmenschen herauszulassen. Kein Wunder, dass es manchmal zu einem ziemlichen Durcheinander kam.

Eine weitere Schwierigkeit besteht darin, dass Spiritualität aus dem gesellschaftlichen und persönlichen Leben weitgehend ausgeklammert wird. Dadurch fehlt eine wesentliche Quelle der Freude und Liebe, ohne die Angst und Aggression zunehmen.

Gefühle und Yoga

Gleichgewicht

Im Yoga werden Gefühle unterschiedlichen Energiezentren und Bewusstseinsebenen zugeordnet. Es ist wichtig, potentiell destruktive Emotionen wie Ärger frühzeitig zu kontrollieren, ansonsten gewinnen sie stetig an Kraft und sind später möglicherweise schwer zu beherrschen. Yogaübungen helfen, emotionale Energie zu verwandeln und sinnvoll zu nutzen, weil sie den Hormon- und damit auch den Gefühlshaushalt harmonisieren. Dadurch wird eine gute Ausgangslage geschaffen: man wird spürbar gelassener, fühlt sich wohler, kann auch in belastenden Situationen entspannen. Die Stressbereitschaft sinkt und damit auch die Neigung zu Angst und Ärger.

Yoga lehrt, dass Wünsche und Bedürfnisse im Bewusstsein eine Spannung erzeugen, die mit unangenehmen Gefühlen einhergeht (*Dukha* genannt). Bekommt man, was man will, stellt sich angenehme Entspannung ein (*Sukha*) – solange, bis neue Bedürfnisse oder Wünsche erfüllt werden wollen. Das entspricht der psychologischen Sicht, dass die schmerzhaften bzw. unangenehmen Emotionen auf unerfüllte Bedürfnisse hinweisen, Freude auf das Gegenteil.

Freude und Liebe

Allerdings spielt im Yoga eine andere, wesentlich reichere Quelle für angenehme Gefühle eine große Rolle: sie befindet sich im Innern des Bewusstseins und steht allen Menschen jederzeit und unbegrenzt zur Verfügung, unabhängig von äußeren Gegebenheiten. Freude und Liebe sind Eigenschaften der Seele – allerdings sind wir uns dieses inneren Reichtums oft nicht bewusst. Uns damit zu verbinden, ist wesentliches Ziel der Yogapraxis. Die Meditation spielt dabei ein wichtige Rolle, aber auch andere Wege wie Musik und Kunst.

Es heißt: „Wo Liebe ist, kann Angst nicht sein." Wer also mit sich selbst verbunden ist, mit der Freude und Liebe im Innern, kann gelassener bleiben und auch in schwierigen Gesprächen sich selbst und anderen mit Mitgefühl begegnen.

Achtsamkeit und Konzentration

Die Yogapraxis schult die Fähigkeit, aufmerksam wahrzunehmen, was ist, ohne es gleich zu beurteilen, abzulehnen, zu bekämpfen oder umgekehrt, als letzte Wahrheit anzunehmen. Im Umgang mit Gefühlen ist diese Achtsamkeit eine große Befreiung. Sie hilft, Emotionen frühzeitig wahrzunehmen, sie gleichzeitig sowohl intensiver als auch distanzierter zu spüren. Auch die Fähigkeit, Gedanken zu steuern, wird entwickelt. Das ist in belastenden Situationen sehr wertvoll, weil es hilft, abzuschalten und loszulassen.

Gefühle und Fakten

Gefühle haben heute in der Wissenschaft, wo sie lange Zeit ein Schattendasein fristeten, an Aufmerksamkeit und Bedeutung gewonnen. Dadurch werden Vorurteile und Ignoranz allmählich durch fundiertes Wissen ersetzt. Der Amerikaner Daniel Goleman veröffentlichte 1995 einen Bestseller unter dem Titel „*Emotionale Intelligenz*" und brachte die Diskussion um die Bedeutung der Gefühle auch Laien nahe. Die wesentliche Aussage: ein angemessener Umgang mit Gefühlen ist nicht nur für Erfolg, Gesundheit und Beziehungen Einzelner von viel größerer Bedeutung als bislang angenommen, sondern auch für die Gesellschaft insgesamt. Gefühle verdienen Beachtung und der Umgang mit ihnen sollte erlernt und gepflegt werden.

Wie Gefühle entstehen

Was in unserem Innern vorgeht, ist längst nicht alles bekannt. So sind die folgenden Gedanken vor allem als Anregung gedacht, sich komplexe Abläufe bewusst zu machen, um sich selbst und andere besser zu verstehen, und um sinnvoller zu handeln.

Wenn wir etwas wahrnehmen, zum Beispiel etwas sehen, gelangen Reize in unser Gehirn und werden dort bewertet. Vieles wird gleich aussortiert und dringt gar nicht in unser Bewusstsein, denn ansonsten würde uns die Fülle der eintreffenden Informationen überwältigen. Die Kriterien, nach denen wir wahrgenommene Reize beurteilen, sind komplex. Das Grundmuster liegt in der menschlichen Natur, ausgestaltet wird es durch individuelle Erfahrungen. Ein uralter Überlebensmechanismus sorgt dafür, dass bedrohliche Reize normalerweise Priorität bekommen, d.h., gleichzeitig eintreffende, erfreuliche Wahrnehmungen in den Hintergrund drängen. Je nach Intensität der wahrgenommenen Bedrohung gibt es dann mehrere Reaktionsmöglichkeiten.

Instinktive und emotionale Reaktionen

Die erste und schnellste ist *instinktiv*: so zuckt die Hand blitzartig von der heißen Herdplatte zurück. Reaktionen wie diese laufen im Stammhirn ab, dem ältesten Teil unseres Gehirns, der bereits bei „uralten" Lebewesen wie Echsen vorkommt. Etwas langsamer, aber immer noch äußerst schnell, ist die *emotionale* Reaktion. Dafür sind in unserem Gehirn Areale zuständig, die entwicklungsgeschichtlich jünger, aber auch schon bei Säugetieren vorhanden sind.

Stuft unser Gehirn etwas als bedrohlich ein (Stress!), entstehen Emotionen – Angst und Ärger unterschiedlicher Intensität. Sie haben die Aufgabe uns zu bewegen (*E-Motion*: „*Heraus-Bewegung*"). Diese spontane Reaktion läuft ab, bevor unsere Gedanken aktiv werden, sie unterliegt nicht unserer direkten Kontrolle. Sie ist vor allem physiologischer Art: der Körper wird in Alarmbereitschaft versetzt, Emotionen gehören dazu. Deshalb macht es keinen Sinn, sich dafür zu kritisieren. Im Gegenteil: sie erfüllen eine wichtige Funktion als Informations- und als Energiequelle.

Bewusste Wahrnehmung und Verstand

Unmittelbar nach dem Auftreten von Emotionen wird eine Verbindung zur Großhirnrinde hergestellt, dem jüngsten Teil des Gehirns, in dem der bewusste Verstand angesiedelt ist. Wir werden uns der Emotionen bewusst, können sie wahrnehmen und (darüber) nachdenken: „Ich weiß, dass ich fühle, ich *habe* Gefühle". Wir identifizieren uns nicht mehr ganz damit und können durch achtsames Wahrnehmen und durch Gedanken den weiteren Verlauf des Geschehens gezielt beeinflussen.

Gefühlte Emotionen

Der Moment der bewussten Wahrnehmung kann als Schnittstelle zwischen *Emotion* und *Gefühl* betrachtet werden. Emotionen sind spontane, unmittelbar entstehende Reaktionen darauf, wie unser Unterbewusstsein Reize interpretiert. Sie werden im ersten Moment nicht bewusst wahrgenommen. Wenn sie im Bewusstsein registriert, d.h. *gefühlt* (*gespürt*) werden, könnte man von *Gefühlen* sprechen.

Nicht alles, was wir fühlen, sind Emotionen: auch Stoffe, Schmerzen, sowie innere, psychische Wahrnehmungen können gefühlt werden. Wenn wir etwas vermuten, aber nicht sicher sind bzw. es nicht rational begründen oder beweisen können, sagen wir oft: „Ich habe so ein Gefühl, dass..." Dabei sprechen wir nicht von einer *Emotion*. Diese Unterscheidung kann möglicherweise helfen, besser zu verstehen, was in uns vorgeht, konstruktiver damit umzugehen und uns anderen verständlich zu machen. Es existieren allerdings unterschiedliche Definitionen der Begriffe, und häufig werden beide auch gleichbedeutend verwendet.

Lebensgefahr: wenn der Verstand blockiert wird
Das Denken hat Vorteile, braucht aber mehr Zeit als die instinktive oder rein emotional gesteuerte Reaktion. Deshalb wird es automatisch blockiert, wenn eine Gefahr als außerordentlich groß wahrgenommen wird. Menschen können dann ihre Emotionen nicht mehr kontrollieren, sondern werden davon überflutet. Wir kennen den Begriff „blind vor Wut", der solch einen Zustand charakterisiert. Auch Panik führt zu Kontrollverlust. Wer durch schreckliche Erlebnisse traumatisiert wurde, ist besonders anfällig dafür, denn derartige Erfahrungen hinterlassen tiefe Spuren. Alles, was Ähnlichkeit mit dem ursprünglichen Ereignis hat, kann extrem heftige Reaktionen auslösen. Idealerweise jedoch arbeiten Emotion und Verstand zusammen: aus einer Basis-Emotion entwickelt sich eine Vielfalt an Gefühlen in feinsten Schattierungen.

Wie Gefühle vergehen (oder auch nicht)
Wenn wir davon ausgehen, dass Emotionen uns zu sinnvollem Handeln bewegen sollen, können sie sich auflösen, sobald diese Aufgabe erfüllt wurde. Auf eine Stressphase folgt Entspannung, wenn die Schwierigkeit beseitigt wurde oder man der bedrohlichen Situation entkam – bis eine neue Herausforderung auftritt. Solange das ausgewogen bleibt, sind wir „im Fluss".

Wenn wir Emotionen jedoch nicht beachten oder nicht angemessen darauf reagieren – aus welchen Gründen auch immer – können sie unterschwellig weiterwirken. Die hämische Bemerkung einer Kollegin hat eine Büroangestellte bei all der Arbeit vielleicht gleich weggesteckt oder gar nicht richtig wahrgenommen. Später bemerkt sie, dass sie irgendwie nicht ganz glücklich ist, kümmert sich aber nicht darum. Möglicherweise kommt ihr die Sache dann zuhause wieder in den Sinn, wenn sie zur Ruhe kommt.

Auch Gedanken lösen Emotionen aus

Wie wir wissen, können auch Gedanken Emotionen auslösen. Reize, die unser Nervensystem aktivieren, können aus der Umgebung, dem Körper (Verletzungen etc.), oder aus dem Geist kommen. Denken Sie an den Berg von Arbeit, der kaum zu bewältigen ist, erinnern Sie sich an eine erlebte Beleidigung oder Ungerechtigkeit, träumen Sie von Ihrer großen Liebe oder malen Sie sich den ersehnten Urlaub aus – wahrscheinlich tauchen sofort entsprechende Gefühle auf, auch wenn Sie währenddessen allein in Ihrer Küche sitzen.

Unter Umständen kann es zu einem Kreislauf kommen, in dem Gefühle und Gedanken einander immer weiter verstärken, denn die Emotionen ihrerseits können zu ihnen passende Gedanken hervorrufen. Wer traurig und ärgerlich ist, nachdem bei der Beförderung ein Kollege vorgezogen wurde, dem fallen wahrscheinlich auch noch andere betrübliche Vorkommnisse ein. Das kann ein Ausmaß annehmen, das in keinem vernünftigen Verhältnis mehr zu dem eigentlichen Anlass steht.

Besonders groß ist die Gefahr, wenn wir Dauerstress ausgesetzt sind oder wenn ein Problem immer wieder auftritt, ohne dass wir etwas unternehmen. Dann können wir aus nichtigem Anlass aus der Haut der fahren. Die Anspannung ist chronisch geworden und bereits so hoch, dass ein kleiner Funke genügt, Wut aufflackern zu lassen und uns Dinge sagen lässt, die wir später bereuen.

Auch wenn wir es als Kinder nicht gelernt haben sollten, können wir zu einem spontanen und fließenden Umgang mit Gefühlen finden, der dazu führt, dass sie unser Leben und unsere Kommunikation bereichern statt belasten. Akzeptieren wir alle Emotionen als sinnvolle innere Reaktionen, können wir sie gelassen und bewusst wahrnehmen, und entscheiden, wie wir weiter mit ihnen umgehen. Diese Erkenntnis schenkt uns innere Freiheit und bietet die Chance, von Gefühlen zu lernen, sie zu verwandeln und konstruktiv auszudrücken.

Zusammengefasst: Emotionen und Gefühle

- Emotionen sind authentische Reaktionen darauf, wie wir etwas wahrnehmen und (meist unterbewusst) *bewerten*. Sie sind berechtigt, natürlich und wichtig. Da das Aufsteigen von Emotionen davon abhängt, wie das Unterbewusstsein Situationen *einschätzt*, spielen individuelle Lebenserfahrungen und Überzeugungen dabei eine große Rolle.

- Angst und Ärger in unterschiedlicher Intensität und Ausprägung gehören zur physiologischen Stressreaktion, die einsetzt, wenn wir uns unter Druck fühlen. Sie drängen auf Flucht oder Angriff. Dieses Verhalten ist heute oft nicht angemessen, da die Gefahr selten körperlicher Natur ist. Achtsames Wahrnehmen der Emotionen erlaubt, anders mit ihnen umzugehen.

- Emotionen entstehen unwillkürlich, doch sobald wir sie *fühlen*, sie wahrnehmen, beeinflussen wir sie durch unser Denken. Wir können steuern, wie sie sich entwickeln und wie wir uns verhalten.

- Wir können Emotionen als Signale betrachten, die uns mitteilen, ob Bedürfnisse, Wünsche oder Erwartungen erfüllt werden bzw. Erfüllung in Aussicht gestellt wird. Sie helfen uns, Situationen richtig einzuschätzen und angemessen zu handeln.

- Gefühle sind vielschichtig und veränderlich. Sie können sich verstecken und blitzschnell wandeln, einander überlagern und in Widerspruch zueinander stehen.

- Gefühle haben mehr mit uns selbst als mit anderen zu tun. Äußere Ereignisse können Gefühle *auslösen*, es bringt jedoch nichts, andere dafür verantwortlich zu machen. Wer selbst für die eigenen Gefühle Verantwortung übernimmt, kann sie auch selbst gestalten und entlastet Beziehungen.

- Es ist OK alles zu fühlen – es ist *nicht* OK, die eigenen Gefühle anderen aufzuzwingen.

- Wir selbst haben großen Einfluss auf unsere allgemeine Gefühlslage. So fördern Tiefenentspannung, Asanas und Meditation sehr wirkungsvoll Gelassenheit, inneres Gleichgewicht und Lebensfreude. Sie harmonisieren den Hormon- und damit den Gefühlshaushalt, unterstützen achtsame Wahrnehmung und verbinden mit der unerschöpflichen Quelle von Freude und Liebe im Innern.

Praxis: **Was bedeuten Gefühle für mich?**
Nehmen Sie sich einige Augenblicke Zeit, sich bewusst zu machen, welche Bedeutung Gefühle für Sie haben und wie Sie mit Ihnen umgehen.

Inwieweit stimmen Sie den genannten Punkten zu?
Sehen Sie etwas anders?
Wie ist Ihre persönliche Erfahrung?
Was davon könnte nützlich für Sie sein?

Teil 2

Fühlen, denken, meditieren
Innere Kommunikation

Innere Kommunikation bezeichnet den Informationsaustausch, der im Innern eines Menschen abläuft, und zwar auf körperlicher, emotionaler, gedanklicher und geistiger Ebene. Es gibt gute Gründe, sich diese Seite der Kommunikation genauer anzusehen, denn sie hat entscheidenden Einfluss auf unser Wohlbefinden und auf den Austausch mit anderen. Außerdem ist sie manchmal das Einzige, das zu ändern in unserer Macht steht. Zunächst mag das nicht nach sehr viel aussehen, doch unsere Lebensqualität hängt weniger von äußeren Umständen ab, als oft angenommen wird. Stressforscher behaupten, dass Stress zu einem beträchtlichen Teil „selbstgemacht" ist, denn es sind oft nicht die Ereignisse *an sich*, die uns belasten, sondern die Art und Weise, wie wir sie, meist unbewusst, interpretieren und bewerten.

Unsere Gehirn- und Nervenzellen tauschen ständig Informationen aus und reagieren aufeinander. Unterschiedliche Areale im Gehirn sind zuständig für Wahrnehmungen, Instinkte, Kontrolle vitaler Funktionen, Emotionen und Denken. Diese Regionen sind vernetzt und stehen in ständigem Kontakt. Wir empfangen einen steten Fluss von Signalen aus der Umgebung und dem Körper. Aus dem Unterbewusstsein steigen Bilder, Emotionen, Gedanken auf.

Wir interpretieren, was wir wahrnehmen und erleben, denken nach, erkennen und verändern unsere Gefühle. In unseren Träumen erschaffen wir komplexe innere Bilder und Vorgänge. In Gedanken reden wir innerlich mit uns selbst. Der im Wachzustand fast ununterbrochen dahinströmende Gedankenfluss formt die persönliche Wirklichkeit. Manchmal sind wir so darin verloren, dass wir die Außenwelt kaum noch wahrnehmen. Und oft fließen die Gedanken und Gefühle auf scheinbar unkontrollierbare Weise. Die innere Kommunikation kann uns beglücken, sie kann aber auch entgleisen.

Wie können wir dieses große emotionale, geistige und intuitive Potenzial entfalten und sinnvoll nutzen? In diesem und den beiden folgenden Kapiteln erhalten Sie dazu Informationen, Anregungen und Übungen aus Yoga und Psychologie. Obwohl Gefühle, Gedanken und Intuition eine Einheit bilden, habe ich sie der Übersichtlichkeit halber in drei Kapiteln mit unterschiedlichen Schwerpunkten behandelt.

6

Hab sie – oder sie haben dich: Gefühle zu Freunden machen

> *„Das Leben stagniert nicht. Es ist eine Quelle, aus der unermüdlich klares, frisches Wasser sprudelt." (aus Indien)*

Wenige Kommunikationsratgeber gehen so ausführlich auf die innere Kommunikation ein wie dieses Buch. Das hat auch damit zu tun, dass dem Innenleben im Yoga große Bedeutung zukommt. Effektive Kommunikation mit anderen setzt gute Kommunikation mit sich selbst voraus, vor allem auch mit den Emotionen, den Botschaftern des Unterbewusstseins.

Nur wer sich mit den eigenen Emotionen wohlfühlt, sie versteht und im Einklang mit ihnen lebt, kann sie auch in Gesprächen konstruktiv ausdrücken und mit den Gefühlen anderer unbefangen und einfühlsam umgehen. In diesem Kapitel finden Sie Anregungen zu folgenden Schritten:

1. Emotionen annehmen, zulassen und bewusst wahrnehmen
2. Gefühle kontrollieren
3. Ausgeglichenheit und Lebensfreude stärken
4. Von Gefühlen lernen
5. Gefühle verwandeln

Achtsamkeit: Emotionen zulassen und spüren

Wer gelernt hat, dass Emotionen unwichtig oder inakzeptabel sind, hat sich wahrscheinlich angewöhnt, sie unter Verschluss zu halten. Sie werden nicht mehr gespürt. Freude bleibt dezent, provozieren lässt man sich grundsätzlich nicht, und Angst? Kenne ich nicht! Wenige haben sich *so* „gut" im Griff, doch es ist ein weit verbreitetes Ideal, besonders in der Berufswelt.

Inwieweit das im Einzelnen zutrifft, ist natürlich sehr unterschiedlich. Wir entwickeln unseren individuellen „emotionalen Fußabdruck". Wir unterteilen Gefühle in gut und schlecht, und wollen die schlechten nicht wahrhaben. Unter Umständen besteht also die erste Aufgabe darin, die eigenen Gefühle wieder aufzuspüren und zu erleben.

Zu diesem Thema gibt es zahlreiche Bücher und Seminare. Ist die Auseinandersetzung damit allein zu schwierig, ist es besser, sich Unterstützung zu suchen. Oft reicht aber schon die einfache Entscheidung, Gefühle ernst zu nehmen, ihnen Aufmerksamkeit zu schenken, und diesen Entschluss in kleinen, unspektakulären Schritten umzusetzen. In der Yogapraxis wird gelernt, achtsam und bewusst zu sein – zunächst während der Körperübungen, Tiefenentspannung und Meditation, schließlich immer mehr auch im Alltag. Das kann den Umgang mit Emotionen sehr erleichtern und bereichern.

Vielleicht befürchten Sie, negative Gefühle zu verstärken, wenn Sie ihnen Beachtung schenken. Das ist ein wichtiger Punkt. Meines Erachtens gilt es hier, das richtige Maß zu finden. Nicht jedes Gefühl, jede Stimmung muss erkundet werden. Manches verschwindet von allein. Die Kunst ist vielleicht, sie solange bewusst zuzulassen und von ihnen zu lernen, dass sie sich wandeln und auflösen können.

Praxis: **Gefühle in den Alltag einbeziehen**
Nehmen Sie sich im Laufe des Tages hin und wieder
einige Augenblicke Zeit, in denen Sie innehalten, ihren
Körper spüren und sich fragen: „Was fühle ich gerade?"

Vielleicht finden Sie einen Namen dafür, vielleicht auch
nicht. Meist fühlen Sie vermutlich „nichts Besonderes".
Was auch immer Sie wahrnehmen, ist in dem Moment
völlig in Ordnung. Sie brauchen nichts zu beurteilen
oder zu verändern, es gibt nichts zu tun. Es geht nur
um Wahrnehmung.

Auch wenn Sie manchmal den Eindruck haben, dass Sie
gar nichts fühlen, schaffen Sie durch Ihre Aufmerksamkeit einen *Raum*, der Gefühle einlädt und ermutigt. Sollte etwas anstehen, merken Sie es frühzeitig. Gerade
wenn Sie oft den Eindruck haben, über Ihre Grenzen
zu gehen, kann das ein sehr nützliches Feedback sein.
Wenn Sie regelmäßig einige Momente zum Hinspüren
nutzen, werden Sie seltener unversehens überrascht.
(Zum Beispiel dann, wenn Sie eigentlich schlafen wollen...)

Zugang zu „verlorenen" Gefühlen wiederfinden
Manche Gefühle können regelrecht verschüttet sein und es braucht
etwas mehr Aufmerksamkeit, um sie wieder hervorzuholen. Oft
wissen wir nicht genau, was wir eigentlich fühlen, oder ob wir überhaupt etwas fühlen. Manche Stimmungen erscheinen so vage und
seltsam, dass wir sie eher nicht als „Gefühl" identifizieren, weil wir
darunter starke Emotionen verstehen. Hinter hartnäckigen trüben
Stimmungen oder schlechter Laune können sich unbeachtete Emotionen verbergen. Wenn sie hervorgeholt und bereinigt werden,
bessert sich die Laune und die Lebensgeister werden wieder ge-

weckt. Die folgenden Vorschläge können helfen, Emotionen zu entdecken und freizusetzen.

1. Reflektieren und erforschen

Der Vorschlag, über den Verstand Gefühlen näher zu kommen, erscheint vielleicht im ersten Moment seltsam. Doch wenn man bedenkt, dass Gedanken und Gefühle eine Einheit bilden und sich ständig gegenseitig beeinflussen, wird der Sinn dieses Vorgehens klar. Der Verstand kann uns dabei helfen, unseren Umgang mit Gefühlen bewusst zu machen und zu ergründen.

Praxis: **Mein emotionaler Fußabdruck**

Erkunden Sie Ihren persönlichen emotionalen Fußabdruck, indem Sie zwischen meditativer Stille, Nachdenken und Spüren hin- und herwechseln. Sie können Ihre Gedanken auch aussprechen, aufschreiben, aufzeichnen oder durch Bewegung begleiten.

Mit welchen Emotionen fühlen Sie sich wohl?
Welche sind Ihnen vertraut, welche fremd?
Wie drücken Sie Gefühle wie Ärger, Freude, Trauer aus?

Was haben Sie in Ihrer Kindheit über Gefühle gelernt?
Wie ging Ihre Familie damit um?

Welche Gefühle können Sie leicht ausdrücken und zeigen, welche nicht? Welche vermeiden Sie in der Kommunikation mit anderen?

Welches Gefühl wartet vielleicht unter der Oberfläche auf eine Gelegenheit, sich zu zeigen?

2. Kunst

Wir können uns durch Kunstwerke anrühren lassen oder selbst auf künstlerischem Weg Gefühle erkunden und ausdrücken – durch Stimme, Musik, Filme, Theater, Tanz, Bilder, usw.
Hier ein Beispiel:

Praxis: **Gefühle im Tanz erleben**
Wählen Sie emotionale Musik, die Sie im Moment anspricht, zu Ihrer Stimmung passt. Es kann auch Musik sein, die zu einer Emotion passt, die sie erleben *wollen*. Sie können sich dabei von Ihrem persönlichen Musikgeschmack leiten lassen oder auch Musikstücke auswählen, die sie normalerweise nicht hören.

Hören Sie zu und lassen Sie sich von der Musik bewegen. Lassen Sie die Bewegungen wie von selbst entstehen. Nehmen Sie die Gefühle wahr, die dabei auftauchen und verleihen ihnen Ausdruck durch Bewegung, Mimik und/oder Stimme. Vergessen Sie, was Sie über Tanz wissen oder nicht – verkörpern Sie die Emotion.

Setzen oder legen Sie sich danach ruhig hin und spüren die Energie in Ihrem Körper.

Wach sein: Gefühle kontrollieren

Den entscheidenden Moment erkennen und nutzen

Heftige Emotionen entstehen manchmal blitzschnell und verleiten zu impulsivem Handeln. Wenn Ärger aufflammt, vielleicht, weil wir uns durch eine Äußerung verletzt fühlen, verhalten wir uns meist *automatisch* so, wie wir es gewöhnt sind: wer jähzornig ist, schreit los, wer ängstlich ist, duckt sich, und manch eine tut so, als wäre nichts passiert. Oft sind die automatisierten Verhaltensmuster geradezu Teil unserer Persönlichkeit geworden – auch wenn sie uns eher stören als helfen.

Hier ist Achtsamkeit besonders wichtig. Wir können uns angewöhnen, den Ärger frühzeitig wahrzunehmen, wenn er noch relativ klein ist, und innezuhalten, bevor wir handeln. Damit legen wir neue Bahnen im Gehirn und trainieren ein konstruktiveres Verhalten. Schon die aufmerksame Wahrnehmung verändert etwas. Wir werden frei zu entscheiden, wie wir mit der Situation umgehen. Wenn wir Ärger wahrnehmen und gleich angemessen darauf reagieren, können wir ihn entschärfen, bevor er sich aufstaut oder immer mehr zunimmt. Oft sind es Kleinigkeiten, die Groll erzeugen, aber so unwichtig erscheinen, dass man kein Wort darüber verlieren möchte. Vielleicht akzeptiert man nicht mal die eigene Reaktion, sondern überspielt sie sofort. Wenn jedoch eine Kleinigkeit zur anderen kommt, kann ein Berg daraus werden und enorme Spannung entstehen.

Praxis: **Stress frühzeitig bemerken und die Ruhe behalten**

1. Lernen Sie Ihre Stressauslöser kennen – allgemeine und Ihre ganz persönlichen. Was nervt Sie, wann werden Sie ungeduldig oder ärgerlich?

2. Achten Sie auf Anzeichen, mit denen sich eine Stressreaktion ankündigt, zum Beispiel aufsteigenden Ärger. Nehmen Sie die Signale möglichst frühzeitig wahr.

3. Wenn Sie Anzeichen bemerken, nutzen Sie den alten Tipp: erstmal tief Luft holen. Noch besser: Sie atmen vor allem auch tief aus und entspannen dabei Schultern und Gesicht. Erinnern Sie sich dabei etwas, dass Ihnen hilft, in Ihrer Mitte zu bleiben – zum Beispiel einen Satz wie:

„In der Ruhe liegt die Kraft."

Stress abbauen und Energie umwandeln

Ärger drängt auf heftige körperliche Aktion. Deshalb ist Bewegung ein erprobtes Mitteln, um Stress abzubauen. Es ist nicht nötig, die Energie dabei *gegen* irgendjemanden oder irgendetwas zu richten. Laufen beispielsweise kann sehr gut tun, besonders wenn die Aufmerksamkeit dabei auf die Bewegung, den Atem und die unmittelbare Umgebung gerichtet wird.

Eine Alternative zum Laufen ist schnelles oder achtsames Gehen. Eine kraftvolle yogische Variante, genannt *breathwalk* hat Yogi Bhajan im Westen bekannt gemacht. Hier wird schnelles Gehen mit rhythmischem Atem kombiniert. *(Siehe Literaturhinweise, Seite 264).*

Tanzen ist eine andere Möglichkeit, starke Emotionen auszudrücken, Energie freizusetzen und umzuwandeln. Hier ist eine Variante der *Praxis* auf Seite 105.

Praxis: **Kali-Tanz**

Finden Sie einen Raum, in dem sie ungestört sind und suchen Sie sich Musik, die Ihrer Stimmung entspricht (zum Beispiel afrikanische Trommeln oder wilde Rockmusik, wenn Sie aufgebracht sind). Tanzen Sie dazu.

Lassen Sie sich von der Musik bewegen und erlauben Sie der Energie, sich durch Ihren Körper auszudrücken. Vergessen Sie, welchen Namen Sie ihr gegeben haben, und alles, was Sie darüber gedacht haben. Lassen Sie den Körper sprechen. Sie kreieren ein Kunstwerk, das aufblüht und verfällt, und setzen die Energie auf schöpferische Weise frei. Nehmen Sie wahr, was geschieht und erleben Sie bewusst, wie sie sich verwandelt.

Wenn Sie den Eindruck haben, dass es an der Zeit ist, wechseln Sie zu sanfter Musik, entspannen sich und spüren, wie die verwandelte Energie in Ihrem Körper pulsiert und Sie belebt.

Ausgeglichenheit und Lebensfreude stärken

Hormonelles Gleichgewicht durch Asanas

Großen Einfluss auf die Gefühlslage hat die Körperchemie, die wiederum von mehreren Faktoren abhängt. Eine herausragende Rolle dabei spielen die Hormone. Schon winzige Mengen haben eine erstaunliche Wirkung; von ihrem harmonischen Zusammenspiel hängt unsere körperliche, geistige und emotionale Gesundheit ab. Man denke nur an die vielfältigen Auswirkungen, die eine Über- oder Unterfunktion der Schilddrüse haben kann.

Eine der Hauptaufgaben der Asanas, der Körperübungen des Yoga, besteht darin, die Drüsenfunktion auszugleichen. Dadurch beeinflussen sie maßgeblich die Stimmung. Wer Yoga kennt, hat erfahren, wie wunderbar man sich oft nach den Übungen fühlt, wie leicht man entspannen kann und wie viel Energie man gleichzeitig hat. Asanas wirken allgemein *und* spezifisch. Menschen, die sehr schnell wütend werden, können z.b. ergänzend zu einem Basisprogramm spezielle Asanas für das dritte Energiezentrum üben. Es liegt etwa auf Magenhöhe in der Körpermitte und kontrolliert diese Emotion. Außerdem ist es wichtig für Ausstrahlung und persönliche Stärke.

Auf dieser Basis ist es viel leichter, positive Gefühle zu erleben, negative Stimmungen zu vermeiden sowie Angst und Ärger zu kontrollieren. Viele Menschen gehen einmal in der Woche zum Yoga-Unterricht. Eine gute Alternative besteht darin, bestimmte Übungen, die auf die individuelle Verfassung abgestimmt sind, regelmäßig zuhause durchzuführen. Für den Erfolg der Yogapraxis ist Regelmäßigkeit entscheidend. (Siehe auch Seite 205 ff.)

Achtsamkeit, Gelassenheit und Lebensfreude
Typisch für Yoga ist, dass die Übungen sehr bewusst durchgeführt werden. Dadurch werden Achtsamkeit, Sensibilität und Gelassenheit gefördert. Das hilft unter anderem dabei, Emotionen frühzeitig wahrzunehmen und sowohl intensiver zu erleben als auch distanzierter zu beobachten. Es wird leichter, sie zu akzeptieren, wieder loszulassen und ihre Energie umzuwandeln.

Von besonderer Bedeutung sind natürlich auch die Tiefenentspannung und die Meditation. Ihre heilsame Wirkung ist in zahlreichen Untersuchungen festgestellt worden. Sie fördern innere Ruhe und Harmonie, Mitgefühl und Liebe. Mehr darüber, sowie Anleitungen zu Meditation und Tiefenentspannung, finden Sie in Kapitel 8.

Essen für Körper, Geist und Seele

Die meisten Yogaschulen empfehlen außerdem eine vitalstoffreiche vegetarische Ernährung. Sie hat zahlreiche Vorzüge (nicht nur für die Tierwelt) und wirkt sich auch auf die Gefühlslage positiv aus.

Freude und Dankbarkeit

Inzwischen ist bekannt, dass Freude in ihren unterschiedlichen Variationen nicht nur angenehm, sondern auch gut fürs Immunsystem und damit für die Gesundheit ist. In den Schulen setzt sich die Erkenntnis durch, dass Kinder besser lernen, wenn sie es gern tun. Angenehme Gefühle haben offensichtlich eine wichtige Funktion – auch für die Gesellschaft, denn glückliche Menschen sind gesünder, verträglicher, leistungsfähiger und inspirierend. Wir verstärken solche Gefühle, indem wir sie bewusst wahrnehmen, auskosten und feiern. Nicht umsonst ist es uralte Tradition, große Ereignisse zu feiern, mit Familie, Freunden und Bekannten, dem ganzen Dorf, der religiösen Gemeinschaft oder gar der ganzen Welt. Ein bekanntes Sprichwort sagt: „Geteilte Freude ist doppelte Freude."

Auch Dankbarkeit fördert das Glück. Wenn uns Gutes widerfährt, und wir uns freuen, sind wir (hoffentlich) dankbar. Und Dankbarkeit ihrerseits erzeugt und verstärkt die Freude, auch unabhängig davon, wie gut das Gegebene objektiv gesehen sein mag.

Tipp: Wer mehr Lebensfreude und eine positivere Haltung zum Leben entwickeln möchte, kann über einige Wochen oder Monate hin ein Tagebuch führen, in das jeden Abend einige erfreuliche Erlebnisse des Tages notiert werden. In Untersuchungen hat sich die Wirksamkeit dieser Praxis gezeigt.

Was willst du mir sagen? Von Gefühlen lernen

Emotionen hinter schlechter Stimmung und Vorwürfen

Erinnern wir uns: Gefühle stören wie Alarmlämpchen, die beunruhigend blinken, wenn etwas nicht in Ordnung ist. Beachten wir sie nicht, kann es sein, dass sie unterschwellig weiterwirken und unsere Stimmung trüben. Angenommen, Sie spüren ein vages Unbehagen – zunächst ohne erkennbare Ursache. Schließlich halten Sie inne und spüren nach, was eigentlich los ist. Sie entdecken Ärger und verfolgen ihn zurück, bis Sie zu einer Bemerkung kommen, die Stunden zuvor gefallen ist, und die sie zu der Zeit nicht weiter beachtet haben. Jetzt stellen Sie fest, dass diese Bemerkung Sie verletzt hat. Gleichzeitig erkennen Sie möglicherweise, dass die Sache unbedeutend war, sodass diese einfache Erkenntnis ausreicht, um das kleine Unbehagen aufzulösen.

Auch wenn Sie (innerlich) nicht davon ablassen können, jemandem *Vorwürfe* zu machen, können Sie sicher sein, dass ungeklärte Gefühle vorhanden sind. Der Wunsch anzuklagen verschwindet oft, wenn die Gefühle gespürt worden sind und ihre Botschaft abliefern konnten.

Praxis: Gefühle bewusst machen und Auslöser finden

Wenn Sie ein unbestimmtes Unbehagen spüren oder schlechter Stimmung sind, halten Sie inne und fühlen genau hin.

- *Was spüren Sie?*
- *Können Sie einen oder mehrere Auslöser für diese Empfindung entdecken?*

Möglicherweise fühlen Sie sich erleichtert, sobald das erkannt wurde, und die Sache ist damit schon erledigt. Wenn störende Gefühle stark sind und sich auch danach noch hartnäckig halten, kann es nötig sein, ihnen mehr Zeit zu widmen.

Gefühle wollen uns etwas mitteilen

Oft informieren Gefühle uns schneller und aufrichtiger als der Verstand es könnte (oder wollte). Schenken wir ihnen Aufmerksamkeit, können sie uns helfen, uns selbst besser zu verstehen und Erfüllung im Leben zu finden. Nicht immer zeigt sich auf Anhieb, was hinter einem Gefühl steckt, nicht immer löst es sich spontan auf und nicht immer ist es ratsam, einem Gefühl direkt zu folgen. Manchmal lohnt es sich, mehr Zeit zu investieren und aufmerksamer hinzuschauen, um zu verstehen, welche Botschaft sich dahinter verbirgt.

Freude kann hinweisen auf das, was wir brauchen, um gut zu leben und uns zu entfalten. Unangenehmen Gefühlen liegen häufig enttäuschte Erwartungen oder unerfüllte Wünsche und Bedürfnisse zugrunde. Wenn wir etwas wollen, erwarten oder brauchen, und es tritt nicht ein, empfinden wir Ärger, Trauer oder Angst in ihren zahlreichen Schattierungen.

Statt andere Personen dafür verantwortlich zu machen, können wir uns fragen, was genau die Emotionen ausgelöst hat und was dahinter steht. Dieser Schritt gibt dem Geschehen Sinn und unserem Denken eine konstruktive Richtung. Wenn wir entdecken, was wir brauchen, fühlen wir uns oft schon erleichtert. Außerdem können wir geeignete Schritte unternehmen, um darauf einzugehen.

Wünsche, Erwartungen oder Bedürfnisse?

Angenommen, wir erforschen ein bedrückendes Gefühl und stellen dabei fest, dass ein Wunsch, der uns lieb und teuer ist, nicht erfüllt wurde bzw. nicht erfüllt wird. Und dann? Was, wenn dieser Wunsch nie erfüllt werden kann? Hier kann es weiterhelfen, zwischen Wünschen, Erwartungen und Bedürfnissen zu unterscheiden.

Wünsche und Erwartungen beziehen sich oft auf spezielle Dinge und Ereignisse, sind vielleicht von bestimmten Menschen abhängig und werden (wie wir nur zu gut wissen) längst nicht immer erfüllt. Hinter den *konkreten* Wünschen und Hoffnungen stehen jedoch grundlegende Bedürfnisse, die *allgemein* menschlicher Natur sind. Sie haben oft mit dem zu tun, was wir für unser Überleben und unsere Entfaltung brauchen. Diese Bedürfnisse zu beachten und nach Möglichkeit zu erfüllen, ist weder egoistisch noch hinderlich noch überflüssig. Auch hängt die Erfüllung meist *nicht* von bestimmten Personen oder Ereignissen ab.

Was wir wirklich brauchen:
Erkenntnisse aus Yoga und Psychologie
Ein Modell aus dem Yoga nennt drei Kategorien menschlicher Bedürfnisse. *Asti* umfasst alles, was wir zum Überleben brauchen: Nahrung, Kleidung, Unterkunft (Schutz), medizinische Versorgung, Bildung. Spätestens wenn all das gegeben ist, werden andere Bedürfnisse wach: wir wollen wachsen, uns entfalten und ausdehnen. Das wird als *Bhati* bezeichnet. Wird dieses Bedürfnis in einer materialistischen Kultur auf Konsum und Anhäufen materieller Reichtümer gerichtet, führt das zu maßloser Besitz- und Profitgier. Seinem Wesen nach ist unser Verlangen nach „mehr" nämlich grenzenlos. Dahinter steht die Sehnsucht nach Unendlichkeit – nach Einssein, universeller Liebe und nie endender Freude, im Sanskrit *Anandam* genannt.

Auch Psychologen wie Abraham Maslow und Marshall B. Rosenberg haben die Bedeutung der Bedürfnisse hervorgehoben. Maslow ordnete sie in einer *Bedürfnispyramide*, die große Beachtung fand. Eine Liste der Bedürfnisse findet sich auch in Rosenbergs Buch *Gewaltfreie Kommunikation*. Eine Beschäftigung mit den unterschiedlichen Modellen kann dazu beitragen, sich selbst und andere besser zu verstehen und mit den eigenen wesentlichen Anliegen in Kontakt zu sein.

Bedürfnisse motivieren Gespräche
Auch was wir von anderen Menschen wollen, steht direkt oder indirekt damit in Zusammenhang. Wenn also im Zusammenhang mit einem Gespräch unangenehme Gefühle auftauchen, können sie uns darauf hinweisen, welche Wünsche frustriert wurden und wel-

che Bedürfnisse dahinter stehen. Wenn es uns gelingt, mithilfe der Gefühle hinter konkreten Wünschen und Erwartungen die wesentlichen Bedürfnisse aufzuspüren, kann das sehr befreiend sein. Die Botschaft wurde verstanden. Das Gefühl selbst kann gehen – es löst sich oft einfach auf.

Im Einklang mit wesentlichen Bedürfnissen handeln
Natürlich ist es sinnvoll, auch entsprechend zu handeln. Wenn ich zum Beispiel erkannt habe, dass ich ständig gereizt bin, weil mir die Arbeit zu viel wird und ich unbedingt Ruhe brauche, macht es wenig Sinn, einfach weiterzumachen wie bisher. Manchmal handeln wir spontan richtig, wenn wir herausgefunden haben, was wir brauchen. Manchmal müssen wir auch erst nachdenken oder planen.

Doch selbst wenn die Bedürfnisse in dem Moment unerfüllbar sind: allein die Tatsache, mit sich selbst verbunden zu sein, ist bereits eine Wohltat und ein entscheidender erster Schritt. Oft jedoch gibt es auch eine Möglichkeit, dieses Bedürfnis wenigstens mit einem kleinen Schritt anzuerkennen oder ihm gerecht zu werden.

Wenn wir auf diese Weise mit Gefühlen umgehen, können wir uns mit ihrer Hilfe weiterentwickeln. Sie erhalten einen Sinn und wir geben ihrer Energie eine konstruktive Richtung. Die Bedeutung für die Kommunikation ist enorm: wir brauchen niemanden mehr für unsere Gefühle verantwortlich zu machen und anzuklagen. Damit entfällt der Stachel, der für immer neue Verletzungen sorgt. Außerdem wird es wesentlich leichter, die eigenen Gefühle in Gesprächen konstruktiv zum Ausdruck zu bringen und mit den Emotionen anderer gelassener umzugehen.

Die folgende Praxis kann Sie dabei unterstützen, stärker mit Ihren Gefühlen und Bedürfnissen verbunden zu sein und im Einklang damit zu handeln, besonders, wenn sie regelmäßig oder relativ häufig durchgeführt wird. Sie ist angelehnt an die vier Schritte der Gewaltfreien Kommunikation (Siehe Seite 202). Anfangs sieht sie vielleicht kompliziert aus, aber der Kontakt stellt sich immer schneller und spontaner ein. In Verbindung mit den eigenen Gefühlen und Bedürfnissen zu handeln wird immer natürlicher.

Praxis: **Im Einklang mit Gefühlen und Bedürfnissen (GABBI)**

Spüren Sie nach und reflektieren:

G *wie Gefühl:* Was fühle ich gerade?

A *wie Auslöser:* Was hat das Gefühl ausgelöst?
(Ereignisse / körperliche Vorgänge / Gedanken)

B *wie Bedürfnis:* Was steht dahinter?
(Wünsche / Erwartungen / tieferes Bedürfnis)

Bi *wie Bitte:* Was kann ich jetzt konkret tun,
um dem wesentlichen Bedürfnis gerecht zu werden?

(Manchmal sind mehrere Gefühle vorhanden, oder sie verändern sich, wenn man sie betrachtet. Ihnen können auch unterschiedliche Bedürfnisse zugrunde liegen.)

Tiefergehen
In schwierigen Situationen, kann es sinnvoll sein, sich mehr Zeit zu nehmen, um Emotionen auf den Grund zu gehen. Die folgende *Praxis* kann dazu beitragen, von Gefühlen zu lernen, Energie freizusetzen, die in Gefühlen gefangen ist, und positive Impulse für das weitere Handeln zu bekommen.

Praxis: **Die Botschaft eines Gefühls erkunden**

Die Fragen sind als Anregung für die innere Kommunikation mit Gedanken, Gefühlen und Intuition gedacht. Wechseln Sie zwischen Hinspüren, Nachdenken und meditativer Stille. Vielleicht gehen Sie die Fragen auch mehrere Male durch, bis Sie spüren, dass eine Wandlung eintritt. Manchmal zeigen sich weitere Emotionen, wenn etwas geklärt wurde – hinter Ärger kann sich beispielsweise Trauer verbergen. Wenn ein Gefühl verstanden wurde, registrieren wir oft erleichtert, dass es sich auflöst und Energie frei wird.

- Was fühle ich? *Wie* fühlt es sich an?

- Was hat dieses Gefühl ausgelöst?
  (Ereignisse / körperliche Vorgänge / Gedanken)

- Was „sagt" das Gefühl? Macht es mich aufmerksam auf ein Problem, das ich beachten und angehen muss?

- Welche Wünsche oder Erwartungen wurden enttäuscht?

- Welche tieferen Bedürfnisse und Werte stehen dahinter? Was brauche ich?

- Was kann ich jetzt konkret tun? Was später?

Entscheiden Sie, wie Sie mit den gewonnenen Informationen weiter umgehen. Vielleicht reicht es aus, dass Ihnen etwas bewusst geworden ist. Manchmal ist aber auch Handeln angesagt. Ihnen wird möglicherweise klar, dass Sie eine Angelegenheit ansprechen sollten oder aber, dass *andere* Schritte besser sind. Im nächsten Kapitel finden Sie Vorschläge, wie systematisch nach Lösungen für Probleme gesucht und Grübelei beendet werden kann.

Mit Gefühlen verhandeln

Während es wichtig ist, alle Gefühle zuzulassen und zu akzeptieren, ist es nicht sinnvoll, alles auch direkt *auszudrücken*. Ich kann von jedem Gefühl lernen: über mich selbst – aber nicht unbedingt über die äußere Realität oder andere Leute. Das gilt besonders in Konflikten, bei starkem Ärger, oder wenn viel auf dem Spiel steht. Da Gefühle nicht auf eine objektive Realität reagieren, sondern auf das, was ich dafür *halte*, können sie in die Irre führen.

Gefühle sagen die Wahrheit – aber nicht „über die Welt an sich"

Eine Geschichte aus dem Yoga erzählt von einem Mann, der vor Angst und Schreck an Herzversagen starb, weil er in seinem dunklen Garten plötzlich einen „drohenden" Schatten sah. Der vermeintliche Unhold an sich war völlig harmlos: Es handelte sich lediglich um einen großen Busch, der am Vortage gepflanzt worden war.

Geschichten wie diese erinnern daran, dass wir emotionale Reaktionen und Gefühle zwar schätzen, aber nicht als absolute Wahrheit nehmen sollten. Bei der folgenden Übung lässt sich erleben, wie sehr Emotionen auf das reagieren, was wir denken und für richtig halten. Der Verstand übernimmt in der inneren Kommunikation eine zentrale Funktion. Er kann helfen, Zugang zu Gefühlen zu finden, sie anzunehmen und zu erfahren, von ihnen zu lernen, sie zu verändern und konstruktiv auszudrücken.

Praxis: **Die drei Geschichten**

Diese Übung hilft dabei, in Konflikten oder schwierigen Situationen die eigene Wahrnehmung zu objektivieren. Sie eignet sich gut, wenn heftige Emotionen vorhanden sind, besonders auch vor wichtigen Gesprächen oder Entscheidungen.

1. *Die erste Geschichte:* Schildern Sie für sich selbst (in Gedanken, ausgesprochen oder schriftlich) das Ereignis, das starke Emotionen auslöst, und zwar vorbehaltlos so, wie *Sie* es sehen.

2. *Die zweite Geschichte:* Schildern Sie die Vorkommnisse aus Sicht eines *neutralen Beobachters.* Sie können sich auch vorstellen, was eine Videokamera aufgezeichnet hätte.

3. *Die dritte Geschichte:* Schildern Sie die Sache aus Sicht *der anderen Betroffenen* (der Gegenseite). Möglicherweise fällt Ihnen das schwer. Vielleicht mögen Sie sich nicht in deren Lage versetzen, weil Ihre Emotionen dagegen sprechen. Tun Sie es trotzdem. Natürlich wissen Sie nicht genau, wie die andere Person die Sache erlebt hat, aber allein die Anerkennung, dass es andere Perspektiven gibt und die Bereitschaft, sie zuzulassen und zu verstehen, kann eine erstaunliche Wirkung haben.

Beobachten Sie Ihre Gefühle währenddessen. Lassen Sie zu, dass sie sich verändern.

7

Gedankenkraft

Das Denken ist schöpferisch und rastlos.
Gibt ihm eine sinnvolle Aufgabe, oder es
findet Probleme.

Wie du denkst, so wirst du
Wir sind uns selten bewusst, dass unser Denken die Wirklichkeit
aktiv erschafft. Gedanken verschwinden nicht einfach, nachdem sie
gedacht wurden, auch wenn es uns so vorkommt. Sie bleiben als
Spuren, als *Gedachtes* in unserem Bewusstsein. (Kein Zufall die Ver-
wandtschaft mit dem Wort *Gedächtnis*...) Yogis weisen auf die Macht
der Gedanken hin und lehren, sich nicht von ihnen fortreißen zu
lassen, sondern sie bewusst zu lenken. Auch wenn dieses Wissen im
Yoga besonders ausgeprägt ist, spielt es natürlich auch in der Psychologie eine große Rolle.

Gedanken, die häufig in ähnlicher Form wiederholt werden, formen unsere Überzeugungen. Sie werden zu inneren Realitäten, die
wir oft für objektiv wahr und unveränderlich halten. Sie bilden
Muster, die uns prägen und aus denen (ihnen entsprechende) neue
Gedanken und Gefühle hervorgehen. Diesen folgen Worte und
schließlich Taten. Was wir heute denken und tun, ist zum großen
Teil Ergebnis dessen, was wir gestern gedacht und was andere uns
beigebracht haben. Was wir heute denken, prägt unsere Zukunft.

Den Spielraum nutzen

In der Gegenwart gibt es einen Spielraum – Freiheit und Kreativität. Ich bin nicht gezwungen, zu denken, was mein Unterbewusstsein mir anbietet bzw. aufdrängt. Es ist zwar da, ich kann es nicht einfach ignorieren, es beeinflusst mich. Doch wenn ich mir meiner Gedanken bewusst bin und etwas Übung habe, kann ich selbst entscheiden, welche Gedanken ich festhalte, nähre und weiter verstärke. Ich kann verstehen, wie mein Verstand funktioniert, und wählen, womit ich mich beschäftige und worüber ich nachdenke. In Yoga und Meditation lernt man, sich nicht mit den Gedanken zu identifizieren, sondern über sie hinauszugehen und sie zu beobachten, statt ihnen zu viel Macht einzuräumen. Zunächst jedoch mehr darüber, wie wir unseren Verstand konstruktiv einsetzen können.

Denken, was entspannt und gut tut

Endlich wieder richtig schlafen

Viele Menschen fühlen sich ihren Gedanken und Gefühlen hilflos ausgeliefert. Sie leiden zum Beispiel darunter, dass sie sich nicht konzentrieren können, dass sie ihre Wutausbrüche nicht in den Griff bekommen, oder dass sie grübeln müssen und deshalb nicht schlafen können.

Ich unterrichte gelegentlich auch Autogenes Training. Häufig werden diese Kurse von Menschen besucht, die nicht einschlafen können und die deshalb lernen wollen abzuschalten. Meist gelingt es ihnen nach einigen Wochen regelmäßiger Übung, ihr rastloses Denken auszuknipsen wie die Nachttischlampe und sich innerhalb weniger Minuten tief zu entspannen. Einschlafen ist dann meist kein Problem mehr. Für manche bedeutet das nach jahrelangen Schlafstörungen eine ungeheure Erleichterung und kommt ihnen fast wie ein Wunder vor. Was genau ist geschehen?

Wenn jemand trotz großer Müdigkeit nachts nicht einschlafen kann, liegt das häufig an innerer Unruhe. Das Autogene Training beruht darauf, dass körperliche Reaktionen dem Denken folgen. Die Aufmerksamkeit wird konsequent auf den Körper und die Wahrnehmung von Entspannung gelenkt, während gleichzeitig sehr beruhigende, einfache Gedanken wiederholt werden. Der Verstand, der denken möchte, wird keineswegs zur Ruhe gezwungen, sondern bekommt die sinnvolle Aufgabe, auf den Körper positiv einzuwirken.

Entspannungstraining

Eine der tiefgehendsten Methoden der Gedankenkontrolle, die über reine Entspannung hinausgeht, bietet die Yogapraxis, auf die ich im nächsten Kapitel weiter eingehe. Dort finden Sie auch eine Anleitung für die Tiefenentspannung. Das Beherrschen einer Entspannungsmethode gehört meines Erachtens zu den Grundkenntnissen, die schon Kindern vermittelt werden sollten, um in einer hektischen Welt gesund zu bleiben. Es hilft, insgesamt gelassener zu leben, in speziellen Situationen Ruhe zu finden, und die Gedanken zu kontrollieren.

Die täglichen Selbstgespräche

Da unser Körper und unsere Gefühle so stark auf die Gedanken reagieren, sollten wir auch auf unsere alltäglichen inneren Selbstgespräche achten. Vor Prüfungen sehen sie oft so aus: „O je, ich habe eigentlich gar keine Chance, diese Prüfung ist so irre schwer! Bestimmt klappt es wieder nicht. Ich bin halt ein Pechvogel. Die letzte Prüfung hab ich auch schon vermasselt."

Wie viele Menschen denken auf ähnliche Weise, wenn sie im Stress sind oder sich einer großen Herausforderung gegenübersehen? Vielleicht kennen Sie aber auch Optimisten, die sich sagen: „Das wird schon! Ich bin super gut vorbereitet."

Auch wenn solche Sätze oberflächlich sind: die erste Variante verstärkt Unsicherheit und Stress, die zweite reduziert sie. Und die meisten Hürden lassen sich erwiesenermaßen mit Zuversicht und Ruhe besser nehmen. Ermutigende Selbstgespräche allein reichen natürlich nicht, um die Prüfung zu bestehen, wenn man nicht gelernt hat. Sie können jedoch, neben gründlicher Vorbereitung, zum Erfolg beitragen (*und* die Zeit davor erheblich angenehmer machen).

Denken *tut* etwas
Unser Denken suggeriert uns, dass es uns lediglich mitteilt, was Sache ist. Sie meinen vielleicht: „Aber es stimmt doch! Ich *bin* total nervös. Die Prüfung *ist* sehr schwer. Ich bin beim letzten Mal durchgefallen. Ich will mir doch nichts vormachen!"

Stimmt vielleicht alles. Aber trifft es nicht genauso zu, dass Sie gut gelernt haben? Dass Sie in der Lage sind, die Prüfung zu schaffen? Dass Sie schon viele Herausforderungen gemeistert haben? Ihr Denken sagt Ihnen nicht „die Wahrheit". Sie bevorzugen unbewusst eine von vielen möglichen Perspektiven. Sie denken so, wie Sie es gewohnt sind. Aber: Ihr Denken *tut* etwas – zum Beispiel kann es Stress erzeugen. Stress geht einher mit Angst und weiteren verzweifelten Gedanken, die vollkommen „logisch" erscheinen. Es entsteht ein Teufelskreis, in dem Gedanken und physiologische Stressreaktion (Adrenalin!) sich gegenseitig hochschaukeln. Deshalb ist es wichtig, sich der inneren Selbstgespräche bewusst zu werden. *Was sage ich mir eigentlich den ganzen Tag über? Was bewirkt dieses Denken?*

Praxis: **Selbstgespräche**
Werden Sie sich Ihrer Gedanken bewusst. Fragen Sie sich mehrmals am Tag (zum Beispiel bei einer eher monotonen Tätigkeit, aber auch in Stresssituationen):

Was denke ich gerade? Was sage ich mir gerade selbst?
Welche Stimmung erzeugen die Gedanken?
Wozu führen sie, was verstärken sie?

Neue Denkgewohnheiten schaffen

Ein weiteres Beispiel: Viele von uns kennen die lähmende und destruktive Gewohnheit, sich selbst oder andere innerlich heftig zu kritisieren und abzuwerten – ein Überbleibsel einer Erziehung, in der Kritik und Strafe üblich waren. Solche Gedanken können uns und anderen schaden. Fragen Sie sich:

> *Was will ich?*
> *Was will ich durch mein Denken erschaffen und verstärken?*
> *Wem nützt es?*

Wenn wir erkannt haben, dass beispielsweise häufiges Kritisieren zu einer Gewohnheit geworden ist, die wir ändern wollen, können wir den Gedankenfluss bewusst stoppen, wann immer wir uns dabei ertappen. Wichtig ist es, dann an etwas zu denken, das wir an die Stelle des Alten setzen wollen. Auf diese Weise werden neue Gewohnheiten geschaffen, die die alten im Laufe der Zeit ersetzen. Wird das über einige Zeit beharrlich durchgehalten, trägt es zu einer anderen Grundhaltung bei.

Eine große Rolle spielen dabei auch die Ideen anderer, die Sie aufnehmen – durch Gespräche, die Medien und auch Ihre physische Umgebung. Die Frage „*Was will ich?*" kann Ihnen ebenfalls helfen, zu entscheiden, welche Informationen Sie an sich heranlassen.

Futter für den Geist: Welche Anregungen nehmen Sie auf?

Im Yoga wird empfohlen, täglich etwas Inspirierendes zu lesen oder zu hören. Ich stelle immer wieder fest, wie meine Stimmung von dem beeinflusst wird, was ich höre, sehe und lese. Ich meine nicht, dass man auf alle negativen Informationen verzichten sollte, aber vielleicht zumindest auf die, die gleichzeitig überflüssig sind? Auch Informationen, die Sie von außen aufnehmen, werden zu einem *Teil von Ihnen selbst*, zu Ihren eigenen Gedanken, ihrem Unterbewusstsein.

Viele Menschen legen sich ermutigende Bücher, CDs oder Ähnliches zu und füttern ihren Geist mit nahrhaften, heilenden und inspirierenden Worten. Auch das kann wesentlich zu konstruktiven Denkgewohnheiten beitragen. Es sind zahlreiche scheinbar kleine Schritte, die zu immer größerer Bewusstheit und innerer Freiheit führen. Im Yoga heißt es: wenn du willst, dass etwas wächst, schenk ihm Beachtung. Wenn du eine schlechte Gewohnheit aufgeben willst, beachte sie möglichst wenig und pflanz daneben eine neue, erwünschte, die du reichlich und regelmäßig mit dem Wasser deiner Aufmerksamkeit gießt. Sie wird die alte allmählich verdrängen.

Innere Muster
Manchmal erzeugen auch konkrete oder anhaltende unterschwellige Probleme bedrückende Gedanken und Gefühle. Dann kann es helfen, die Sache genau anzuschauen und zu analysieren. Wir können unsere Fähigkeit, konstruktiv zu denken, weiterentwickeln. Es gibt zahlreiche Bücher, Seminare und Therapien, die helfen, psychologische Muster zu verändern und aufzulösen. Es kann sinnvoll sein, sich damit zu befassen oder sich professionelle Hilfe zu holen. Darauf einzugehen, würde den Rahmen dieses Buches allerdings sprengen.

Den Verstand in schwierigen Situationen sinnvoll nutzen

Was will ich?
Aufbauende Gedanken zu bevorzugen, heißt nicht, dass Angst ignoriert oder gar verdrängt werden sollte. Wie bereits erläutert, kann sie uns auf etwas Wichtiges hinweisen. Die *Botschaft* der Angst muss verstanden werden. Das bedeutet, dass Sie auch unangenehme Fakten beachten (wie schwierige Prüfungsfragen), sowie ggf. nach Alternativen und Lösungen suchen. Wenn das geschehen ist, ist weiteres Grübeln, und damit ein Verstärken der bedrückenden Empfindungen, schädlich. Die Frage „*Was will ich?*" weist in die Zukunft.

Klarheit über das Ziel ist entscheidend, wenn das Denken sinnvoll eingesetzt werden soll. Was will ich durch mein Denken aufbauen?

Wenn Sie zielgerichtet denken, geben sie Ihren Gedanken eine bestimmte sinnvolle Aufgabe. Sie setzen sich ein Ziel und verfolgen es systematisch. Wahrscheinlich tun Sie das bereits oft, zum Beispiel wenn Sie berufliche Aufgaben oder Ihren Urlaub planen. In Konflikten oder bei anderen hartnäckigen Problemen, wenn Lösungen scheinbar nicht zu finden sind, verfallen wir jedoch leicht ins Grübeln über Vergangenes oder vermeiden es ganz, uns mit der Sache auseinanderzusetzen.

Die Vergangenheit können wir nicht ändern, die Gegenwart schon

Als ich das erste Mal bewusst erlebte, wie sehr sich meine Stimmung und Energie veränderten, als ich meine Denkrichtung wechselte, war ich verblüfft. Wenn wir Probleme haben, denken wir oft vorwurfsvoll oder verzweifelt darüber nach, warum etwas passiert ist, was schief gegangen ist, was wir hätten sagen sollen... Damit drehen wir uns im Kreis. Wir fühlen uns hilflos, denn die Vergangenheit können wir nicht ändern. Hilflosigkeit jedoch ist *der* Stressfaktor schlechthin. Nichts erzeugt soviel Stress wie das Gefühl, einem Unheil hilflos ausgeliefert zu sein.

In dem Moment, in dem Sie sich fragen: „Was fühle ich? Was wünsche ich mir? Was brauche ich jetzt? Was will ich?" wenden Sie sich der Gegenwart zu. In der Gegenwart sind Sie nicht mehr hilflos. Sie sind mit sich selbst in Kontakt, Sie haben sich der Quelle Ihrer Kraft zugewandt. Die Gegenwart zeigt Ihnen, was Sie brauchen, was Sie wollen, und welche Ziele Sie sich setzen können. Sie hilft Ihnen, sich von der Vergangenheit zu lösen und sich dem zuzuwenden, was jetzt für Sie wichtig ist. Sie können konstruktiv, systematisch und zielgerichtet über die Situation nachdenken.

Konstruktiv nachdenken

Wenn wir konstruktiv nachdenken, setzen wir unseren Verstand ein, um *Ergebnisse zu erzielen*. Er hilft uns, Bedürfnisse zu erfüllen, Werte auszudrücken oder Lösungen für anstehende Herausforderungen zu finden. Denken kann befreien und glücklich machen, wenn es zu Erkenntnissen und Aha-Momenten führt, und zu einem erfüllten und sinnvollen Leben beiträgt.

In Konfliktsituationen können wir Gefühle und Bedürfnisse ergründen, Ziele und Absichten klären, sowie Lösungsansätze entwickeln, statt zu grübeln, zu schimpfen oder Rachepläne zu schmieden. Wir können darüber nachdenken, ob es sinnvoll ist, ein bestimmtes Thema anzusprechen, oder ob eher andere Aktionen angesagt sind.

Dadurch gewinnen wir innere Klarheit, von denen die Gespräche mit anderen wesentlich profitieren. Wer sich der eigenen Werte, Gefühle, Bedürfnisse und Absichten bewusst ist, findet im Gespräch leichter die richtigen Worte. Sich selbst zu kennen und mit sich selbst im Reinen zu sein stärkt auch das Selbstwertgefühl (Selbst-bewusst-sein). Auf der folgenden Seite finden Sie einen Leitfaden, der vom unproduktiven Grübeln zum sinnvollen Handeln führt.

Nachdem Sie ein Problem auf diese Weise durchdacht haben, fällt es Ihnen vermutlich wesentlich leichter, abzuschalten. Gleichzeitig vermeiden Sie die Gefahr, ein möglicherweise ernstes Problem zu ignorieren, das Ihrer Aufmerksamkeit bedarf. Anschließend kann ein „Grübelstopp" Ihnen helfen, nicht wieder zu dem belastenden Gedankenkreislauf zurückzukehren.

Praxis: **Eine schwierige Situation konstruktiv durchdenken**

Es ist empfehlenswert, sich die eigenen Gedanken zu den Fragen zu notieren.

• Was ist los? Was genau ist geschehen?

• Wie fühle ich mich?

• Welche Wünsche, Erwartungen und Bedürfnisse wurden, bzw. werden, frustriert?

• Was wünsche ich mir *jetzt?* Was brauche ich?

• Was ist mein Ziel?

• Welche Möglichkeiten sehe ich, dieses Ziel zu erreichen?

• Kann ich konkret etwas tun oder meine Einstellung ändern?
(Siehe Seite 118 und Seite 128 ff.)

• Was scheint am sinnvollsten?

• Was werde ich wann tun? *(Der erste Schritt sollte möglichst einfach sein und bald erfolgen.)*

Tipp: Ausführliche Anleitungen zum strategische Planen von Zielen finden sich zum Beispiel im *Neurolinguistischen Programmieren* (NLP).

Praxis: **Grübeln? STOPP**

Wenn alles gedacht, gefühlt, eventuell auch aufgeschrieben ist, verbieten Sie sich, weiter über die Angelegenheit nachzudenken. Sagen Sie innerlich: „*Stopp!*" und wenden sich dann anderen Dingen zu. Erfahrungen mit Yoga oder Autogenem Training helfen sehr bei der Umsetzung, denn das bewusste Steuern der Gedanken wird dort intensiv praktiziert.

Nach dem innerlichen *Stopp* widmen Sie sich ganz dem, was Sie tun – praktizieren Sie Achtsamkeit. Sollte es Ihnen damit nicht gelingen, das Grübeln zu unterlassen, lenken Sie sich ab und beschäftigen Sie Ihren Verstand. Vor dem Einschlafen sind die Yoga-Tiefenentspannung oder Autogenes Training dafür wunderbar geeignet.

Es ist wichtig, dass Sie konsequent bleiben. Wenn Sie das jedes Mal durchführen, sobald die Gedanken wieder zum alten Thema zurückkehren, wird es mit der Zeit immer leichter, bis die Neigung zum Grübeln verschwindet.

Konstruktive Einstellungen

Grundlage erfolgreicher Kommunikation

Bevor wir ein schwieriges Gespräch führen, haben wir uns oft vorher schon in Gedanken damit auseinandergesetzt. Auch während eines Gesprächs wird viel mehr gedacht als ausgesprochen. Wir unterschätzen die Wirkung, die diese Gedanken auf uns selbst, das Gespräch und andere haben. Oft liegt hier sogar der Schlüssel für Erfolg und Misserfolg. Wesentlich dabei ist die Einstellung, mit der wir in ein Gespräch gehen, und die wir durch unser Denken immer wieder bestätigen.

Die innere Einstellung und der Fluss der Gedanken erzeugen eine Ausstrahlung, die andere sehr wohl wahrnehmen und die sich unter Umständen auf sie überträgt. Außerdem verrät sich die Einstellung, auch wenn sie nicht direkt ausgesprochen wird, leicht durch Körpersprache, Ausdrucksweise oder kleine Versprecher. Wenn Ihre GesprächpartnerInnen spüren, dass sie abgelehnt werden, belastet das die Atmosphäre erheblich. Deshalb ist es sinnvoll, sich auf wichtige Gespräche nicht nur inhaltlich gut vorzubereiten, sondern sich bewusst positiv darauf einzustellen.

Was „normal" ist, muss nicht sinnvoll sein

Viele Einstellungen und Überzeugungen, die unserem Verhalten zugrunde liegen, haben ihren Ursprung in der Vergangenheit, ohne dass wir uns dessen bewusst sind. Was wir für normal, für richtig und für falsch halten, ist zum großen Teil das Ergebnis gesellschaftlicher Normen, unserer Erziehung und alter Erfahrungen. Wenn wir einmal zu einer bestimmten Überzeugung gekommen sind, neigen wir dazu, bevorzugt auf das zu achten, was sie bestätigt und zu ignorieren, was dagegen spricht.

Es lohnt sich jedoch, gelegentlich darüber nachzudenken und alte Einstellungen zu überprüfen. Entsprechen sie noch meinem heutigen Wissen und vor allem: meinen Absichten? Wenn ich weitergehen und beispielsweise bewusst zu einer Gesellschaft beitragen will, die Leben, Entfaltung und Glück fördert, sind alte Einstellungen vielleicht nicht mehr passend, weil sie diese Werte nicht spiegeln.

Welche Einstellungen in Konflikten üblicherweise vorherrschen, wurde bereits angesprochen: die Überzeugung, kämpfen und gewinnen oder aber nachgeben und verlieren zu müssen, außerdem die Sicherheit, im Recht zu sein, während die anderen Unrecht haben.

Überzeugungen werden in diesem Buch oft angesprochen. Hier sind zusammengefasst einige *alternative Einstellungen*, die über Trennung und Feindschaft hinausgehen und eine gute Basis für Verständigung und Kooperation schaffen. Wichtig ist, sich bewusst zu machen, dass es immer *mehrere* Möglichkeiten gibt, Menschen und Situationen zu sehen, und sich die Freiheit zu nehmen, andere Perspektiven offen in Erwägung zu ziehen. Danach kann man bewusst entscheiden, welche Haltung man für sinnvoll hält und einnehmen will.

1. Lernbereitschaft

In Konflikten bedeutet Lernbereitschaft, von und mit den anderen zu lernen, um die Angelegenheit wirklich zu verstehen und möglichst konstruktiv zu bereinigen. Machen Sie sich bewusst, ob Sie das Bedürfnis haben, „Botschaften zu verkünden" und denken Sie über die Vorzüge der Lernbereitschaft nach. (Kapitel 4)

Es kann bedeuten, den anderen in Gedanken (und im Gespräch ggf. auch laut) zu sagen: „Ich kenne meine Seite der Sache. Ich möchte sie dir mitteilen und auch deine kennenlernen. Ich möchte gemeinsam mit dir herausfinden, was getan werden kann, um die Situation zu bereinigen. Ich möchte eine Lösung finden, die uns beiden nutzt und gerecht wird."

Wenn ich mit so einer Einstellung in ein Konfliktgespräch gehe, befreit es mich selbst von dem Stress, mir keine Fehler und keine Schwäche leisten zu können, mich unbedingt durchsetzen zu müssen. Mein Gegenüber braucht sich nicht gegen Schuldzuweisung und Anklagen zu verteidigen.

Es gibt noch einen weiteren Aspekt. Einige von Ihnen kennen vielleicht aus dem Yoga die Vorstellung, dass wir leben, um uns weiterzuentwickeln. In diesem Rahmen ist jede Erfahrung eine Chance zu lernen und zu wachsen – unabhängig davon, ob sie angenehm oder unangenehm ist. Probleme sind dann Herausforderungen und Chancen.

2. Empathie

Besonders in festgefahrenen Situationen macht es oftmals Sinn, sich von der intellektuellen Ebene auf die emotionale zu begeben. Sehen Sie Ihr Gegenüber als einen Menschen, der Gefühle und Bedürfnissen hat, genau wie Sie. Versuchen Sie, seine Gefühle zu erkennen und zu verstehen. Fragen Sie sich, welche Bedürfnisse wohl dahinter stehen mögen. Erinnern Sie sich daran, dass jeder Mensch leben, sich entfalten und glücklich sein möchte. Sie können auch an etwas denken, das Sie an diesem Menschen schätzen und mögen, oder an gute Erfahrungen, die Sie in der Vergangenheit mit ihm gemacht haben.

3. Neo-Humanismus

Der indische Philosoph P. R. Sarkar, Begründer der auf der Weltsicht des Yoga basierenden neo-humanistischen Philosophie, verglich die Menschheit mit einer großen Familie, die sich gemeinsam auf der Reise der Evolution befindet. Den Entwicklungsstand einer Gesellschaft kann man ihm zufolge daran erkennen, wie sie mit ihren schwächsten Mitgliedern umgeht. Wie andere sozial eingestellte Menschen betonte auch er: „Lasst niemanden zurück!"

Jemanden äußerlich oder innerlich abzuschreiben, passt nicht zu dieser zutiefst menschlichen Einstellung. Jedes Gespräch ist eine Chance, jemanden zu unterstützen und damit zu einer lebensfreundlicheren Welt beizutragen.

4. Die spirituelle Einstellung

Das Weltbild des Yoga sieht die gesamte Schöpfung als Ausdruck des einen unendlichen Bewusstseins. Das Christentum betrachtet alle Menschen als Kinder Gottes. Wenn wir mit dieser Sicht übereinstimmen, sehen wir Verbindendes auch in unseren größten Konflikten.

In Indien grüßen Menschen einander mit den Worten „*Namaskar*" oder „*Namasté*", was in etwa bedeutet: „*Ich grüße das Licht in dir.*"

Wird dieser Gruß mit innerer Achtsamkeit ausgesprochen, erinnert er an das Wesentliche, das alle Menschen auch bei äußeren Differenzen verbindet.

Praxis: **Einstellung erforschen und ändern**

Nutzen Sie einen eventuell gerade anstehenden Konflikt, um die Bedeutung der Einstellung zu erforschen.

- Wie denken Sie über die Angelegenheit, sich selbst, die anderen Beteiligten?

- Was ändert sich, wenn Sie einen der oben vorgestellten Standpunkte einnehmen? Wie fühlen Sie sich dann?

- Wie würden Sie aus dieser Perspektive über die Sache, sich selbst, die anderen denken?

- Wie würde das Ihr Verhalten möglicherweise ändern?

Wenn es eine neue Einstellung gibt, die Sie hilfreich finden, geben Sie ihr Raum in Ihren Gedanken: Erinnern Sie sich daran, denken Sie darüber nach und lassen Sie die Gedanken einsinken. Lesen Sie etwas darüber.

Gespräche vorbereiten und reflektieren

Viele Gespräche leiden darunter, dass die Beteiligten mit sich selbst nicht im Reinen sind. Das zeigt sich in unklaren oder widersprüchlichen Aussagen, sowie der Unfähigkeit, aufmerksam zuzuhören. Natürlich kann ein Gespräch auch dazu beitragen, innere Klarheit zu *gewinnen*, doch wenn das beabsichtigt ist, sollte es gesagt werden. Konfliktgespräche sind normalerweise nicht dafür geeignet, weil die andere Person selbst betroffen ist und nicht genügend Abstand hat.

Absichten und Ziele klären
Besonders die schwierigen Gespräche sind häufig von gemischten Gefühlen und Absichten begleitet, derer wir uns selbst nur teilweise bewusst sind. Wir sind vielleicht wütend auf jemanden, gleichzeitig tut er uns leid. *Zeigen* wollen wir aber nichts davon, weil wir lieber souverän und gelassen wirken wollen und Angst vor möglichen Folgen haben.

Oft stehen Gefühl und Verstand im Widerspruch, oder das Bedürfnis nach Selbstausdruck mit dem Wunsch, eine bestimmte Wirkung zu erzielen. Dann sagt der Verstand, dass man mit Sachlichkeit und Ruhe am weitesten kommt, die Gefühle aber drängen auf starken impulsiven Ausdruck. Auch unsere Erwartungen sind möglicherweise diffus und unrealistisch. Wir fühlen uns schlecht und gehen davon aus, dass es durch das Gespräch besser wird, weil es „irgendwie" mit der anderen Person zu tun hat. Was wir genau von ihr wollen, überlegen wir uns nicht.

Im vorangegangenen Kapitel habe ich Möglichkeiten vorgestellt, wie Sie Situationen, Gefühle, Wünsche und Bedürfnisse klären können. Manchmal ist es sinnvoll oder nötig, sich mit diesen Punkten zu befassen, um klare Ziele für ein zukünftiges Gespräch zu finden. Wir machen es anderen wesentlich leichter, mit uns zu kooperieren, wenn wir uns selbst überlegen, was genau wir gerne hätten und was wir realistischerweise von ihnen erwarten und erbitten können.

Praxis: **Klarheit über Wünsche und Ziele gewinnen**

Fragen Sie sich:

- Was will ich mit dem Gespräch erreichen, worum geht es mir?

- Was wünsche ich mir? Worauf will ich auf keinen Fall verzichten?

- Was kann die andere Person *konkret* tun?

- Wie kann ich das klar, nachvollziehbar und respektvoll formulieren?

Aus Gesprächen lernen
Jedes „missglückte" Gespräch ist eine Möglichkeit, zu lernen und das eigene Kommunikationsverhalten zu trainieren. Sich gezielt damit auseinanderzusetzen ist sinnvoller, als über eigene Missgeschicke und Fehler nachzugrübeln und sich Vorwürfe zu machen. Die Fragen auf der nächsten Seite können helfen, Situationen zu verarbeiten und dann loszulassen, um bereichert und mit positivem Ausblick weiterzugehen.

Gehen Sie die Fragen ggf. auch mehrfach durch, bis die Situation für Sie bereinigt ist. Oft ergeben sich praktische Schritte viel leichter, sobald das geschehen ist.

Praxis: **Aus unangenehmen Gesprächen lernen**
Wenn nach einem Gespräch ungute Gefühle zurückbleiben, nehmen Sie sich Zeit, um sich mit den folgenden Fragen zu befassen. Es kann sinnvoll sein, Notizen zu machen, auch als Gedächtnisstütze für die Zukunft.

- Was ist *geschehen*? Was habe ich gesagt, wie habe ich reagiert?

  Wie *fühle* ich mich damit?

  Was *genau* an dieser Situation macht mich unzufrieden?

- Ist mein *Selbstbild* betroffen, habe ich Seiten von mir erlebt oder gezeigt, die ich nicht mag?
  Ist es möglich, diese Seiten als Teil von mir zu akzeptieren? Vielleicht gibt es gute Gründe dafür.

- Welche *Wünsche oder Bedürfnisse* hatte ich, die nicht erfüllt wurden? Wurden meine *Werte* verletzt?
  Was wünsche ich mir jetzt / was brauche ich jetzt?

- Wie hätte ich reagiert, wenn ich bewusst und sicher kommuniziert hätte?

- Was kann ich aus dieser Situation für weitere Gespräche lernen? Welche Alternativen stehen mir zur Verfügung? Worauf will ich achten, was will ich ggf. üben?

Positiver Ausblick: Meine Fähigkeit, mit Gefühlen umzugehen und schwierige Situationen gelassen und konstruktiv zu meistern, wächst mit jeder bewusst erlebten Erfahrung, aus der ich lerne.

8

Die Stille jenseits des Denkens

„Endlos wie der Raum weit draußen
ist der Raum des Herzens."
(aus den Upanischaden)

In der Gegenwart ankommen

Wenn wir mit Gefühlen und Verstand gut umgehen, bereichern sie unser Leben und helfen, es sinnvoll zu gestalten. Doch das ist nicht alles. Yoga weist daraufhin, dass unser Innenleben wesentlich reicher ist, unser Bewusstsein weit über Denken und Fühlen hinausgeht. Aufmerksamkeit spielt eine wichtige Rolle, wenn wir die tiefen Bereiche unseres Seins zu erfahren und ihre Kraftquellen erschließen wollen.

Das *bewusste Wahrnehmen und Erleben des Augenblicks* ist im Yoga (und zum Beispiel auch im Buddhismus) ein zentrales Element. Es ist ein Schlüssel zur Ganzheit, ein Tor zu Intuition und Kreativität, Freude und Liebe. Es erlaubt, für eine Weile aus dem Gedanken-Karussell auszusteigen und tiefen inneren Frieden zu erleben.

Sei jetzt hier

Aufmerken und achtsam sein

Aufmerksamkeit ist kostbar

Im Alltag lassen wir unsere Aufmerksamkeit häufig kapern. Die Werbung macht sich zunutze, dass wir auf bestimmte Reize unwillkürlich anspringen, um uns auf ihre Produkte aufmerksam zu machen, bevor wir überhaupt eine Wahl haben. Leuchtende Farben springen ins Auge, laute Töne, rasche Bewegungen lassen uns unwillkürlich aufmerken. Aufmerksamkeit ist häufig zerstreut: sie schweift hierhin und dorthin, oder springt umher, wenn wir versuchen, mehrere Dinge gleichzeitig zu tun. Die Hektik der heutigen Gesellschaft und die Informationsflut tragen erheblich dazu bei. Viele Dinge wollen gleichzeitig beachtet werden, und wir können uns oft nicht in Ruhe einer Sache widmen.

Auch Menschen wollen Beachtung, manche versuchen sogar, um jeden Preis aufzufallen. In Gesprächen wird oft um Aufmerksamkeit gekämpft: Viele reden laut, um sich durchzusetzen, oder klagen, dass andere nicht richtig zuhören. Im Notfall wird vielleicht lieber Unfreundlichkeit in Kauf genommen, als ignoriert zu werden. Einem anderen Menschen voller Aufmerksamkeit zu begegnen, was sich vor allem durch echtes Zuhören ausdrückt, ist ein großes Geschenk.

Die Kraft der Sammlung

Yogis wissen, dass Aufmerksamkeit ein großes Potential darstellt und sehr kostbar ist. Was Aufmerksamkeit bekommt, wird wachsen – im Guten wie im Schlechten. Wenn uns das bewusst ist, gehen wir sorgfältig damit um. Ein altes Beispiel aus Indien vergleicht Aufmerksamkeit mit dem Sonnenlicht: ein Blatt Papier liegt unbeschadet in der Sonne, bis jemand eine Lupe darauf richtet, die die Sonnenstrahlen bündelt. Nach wenigen Augenblicken geht das Papier in Flammen auf. Auf die gleiche Weise können herumliegende Glasscherben in heißen, trockenen Sommern einen Waldbrand verursachen.

So ist die Kraft der Aufmerksamkeit: im Normalzustand der meisten Menschen zerstreut und damit relativ wirkungsarm. Wenn sie gebündelt wird, kann sie Erstaunliches bewirken. In der Meditation wird diese Kraft gesammelt, um das Dauerrauschen der unerlässlichen Gedanken und begrenzenden Vorstellungen zu durchdringen und die dahinter liegende Wirklichkeit zu erkennen.

Konzentration, Intuition und Flow

Wenn ich etwas tue und gleichzeitig (innerlich) mit anderen Sachen beschäftigt bin, fühle ich mich zerrissen und angespannt, wenn auch manchmal nur subtil. Außerdem ist meine Kraft zersplittert. Bin ich dagegen konzentriert, ist die Aufmerksamkeit ganz auf *eine* Sache gerichtet. Ist die Konzentration intensiv (und die Aufgabe den Fähigkeiten angemessen), kann es sein, dass sie nach einiger Zeit mühelos wird und in einen Zustand übergeht, der als *Flow* bezeichnet wird. Dabei bleibt die Aufmerksamkeit gesammelt und auf ein Thema oder eine Arbeit gerichtet, aber jetzt ganz „von allein", mühelos. Ich gehe selbstvergessen in der Tätigkeit auf, werde Teil eines Flusses, der trägt. Kreativität und Intuition können sich entfalten.

Ähnliches kann auch in der Meditation geschehen. Solche Erfahrungen erlauben uns, über das normale Alltagsdenken ein Stück weit hinauszugehen und uns vollständiger zu fühlen. Sie können von Freude begleitet werden oder uns im Nachhinein zufrieden und beglückt zurücklassen. So lautet denn auch der Untertitel eines Standardwerkes über *Flow* von Mihaly Csikszentmihalyi (in der deutschen Übersetzung): „*Das Geheimnis des Glücks*".

Achtsamkeit in kleinen Dingen

Doch das Gefühl ruhiger Sammlung und ist keineswegs auf besondere Aktivitäten beschränkt, es ist auch nicht abhängig von der Konzentration auf ein bestimmtes Thema. Im Gegenteil: „*Ganzheit ist nur einen Atemzug entfernt*" (Joan Borysenko). Als Achtsamkeit wird normalerweise das bewusste Wahrnehmen und Erleben jedes einzelnen Moments bezeichnet. Es ist also das Gegenteil von *Acht-*

losigkeit, von achtlos hingeworfenen Worten, achtlos getroffenen Entscheidungen, achtlos geführten Gesprächen. „Achtlos" hat den Beigeschmack von „lieblos". Tatsächlich bedeutet Aufmerksamkeit ja auch Zuwendung.

Achtsam zu sein heißt, sich dem zuzuwenden, was gerade geschieht oder was gerade *ist*. Wenn ich achtsam ein Gespräch führe, bin ich wach und aufmerksam für das, was dabei stattfindet. Ich versuche, wirklich da zu sein, nicht in Gedanken ganz woanders. Es bedeutet vor allem auch, wahrzunehmen ohne zu *bewerten*. Sehr gut erleben und üben lässt sich das in der Tiefenentspannung des Yoga.

Heilsame Aufmerksamkeit – die tiefe Entspannung des Yoga

Die klassische Yoga-Übung zur Entspannung, die in jeder Asana-Reihe ihren Platz hat, wird auch *Yoga-Nidra* genannt. Sie hat sehr positive Wirkungen und das Lenken der Aufmerksamkeit lässt sich dabei gut üben. Die Wahrnehmung wandert langsam von einem Körperteil zum anderen – das ist alles.

Allein durch diese ungeteilte Aufmerksamkeit schmilzt alle Anspannung dahin, tiefe Ruhe und Erholung breiten sich aus. Die heilsame Wirkung zeigt sich auch bei stressbedingten Problemen und Herz-Kreislauf-Erkrankungen.

Praxis: **Yoga-Tiefenentspannung**

Die Übung kann zwischen drei Minuten und einer Stunde dauern. Üblich sind meist zehn bis zwanzig Minuten.

Am besten liegen Sie an einem ungestörten Platz entspannt in der Rückenlage, die Arme in einem Winkel von etwa 30 Grad neben dem Körper, die Füße hüftbreit auseinander. Sollte diese Lage unbequem sein, legen Sie ein kleines Kissen unter den Kopf, eine Rolle unter die Knie, oder probieren Sie es in einer anderen Position.

Schließen Sie die Augen. Spüren Sie, wie Ihr Körper auf der Unterlage liegt. Atmen Sie einige Male tief aus und ein, danach lassen Sie den Atem natürlich fließen und beobachten ihn einige Augenblicke lang. Nehmen Sie wahr, was Ihnen gerade durch den Sinn geht und wie Sie sich fühlen, ohne irgendetwas daran ändern zu wollen. Es geht während der ganzen Übung nur um Wahrnehmung. Was auch immer sie wahrnehmen oder nicht, ist vollkommen in Ordnung.

Nun lassen Sie die Aufmerksamkeit durch den Körper wandern. Beginnen Sie bei den Füßen, gehen dann weiter zu den Waden, den Knien usw. bis Sie zum Kopf gelangen. Auch die einzelnen Teile des Gesichts bekommen nacheinander ungeteilte und nicht wertende Aufmerksamkeit.

Es ist völlig normal, dass Gedanken auftauchen und Sie ablenken. Entscheidend ist, dass Sie nicht daran festhalten. Wenn Sie merken, dass Sie gerade an etwas anderes gedacht haben, bringen Sie die Aufmerksamkeit zum Körper zurück. Auch wenn es Überwindung kosten sollte (*mancher Gedanke ist ja so interessanter als Füße oder Knie...*), auch wenn es immer wieder und wieder vorkommt. Je öfter Sie üben,

desto tiefer und konstanter können Sie bei der Sache bleiben und entspannen.

Um die Übung zu beenden, bewegen Sie Hände und Füße
etwas und atmen tief durch und öffnen die Augen. Danach recken und strecken Sie sich ausgiebig und lassen die
Entspannung langsam ausklingen. Setzen Sie sich schließlich langsam wieder hin, indem Sie entweder zunächst das
rechte Bein anziehen oder aber auf die rechte Seite rollen.

Anmerkung: Natürlich ist es leichter, die Entspannung im
Unterricht zu lernen. Auch eine CD kann Sie dabei unterstützen.

Achtsam leben

Im Alltag bieten sich viele Gelegenheiten, Dinge bewusst und achtsam zu tun. Auch wenn man beschäftigt ist, führt das zu Gelassenheit und innerem Frieden. Etwas, das uns jederzeit wieder in die
Gegenwart zurückbringen kann, weil es uns immer begleitet, ist der
Atem. Wenn wir uns daran gewöhnt haben, ihn bewusst wahrzunehmen und dabei zur Ruhe zu kommen, kann das auch in schwierigen Gesprächen eine große Hilfe sein.

Praxis: **Bewusst atmen**

Spüren Sie Ihren Atem, ohne ihn zu beeinflussen. Nehmen Sie ihn einfach bewusst wahr – vielleicht, wie er kühl durch die Nase einströmt, wärmer wieder ausströmt... Sie können auch die Bewegung des Atems im Körper spüren.

Wenn Sie das öfter machen, sich daran gewöhnen, dass die Wahrnehmung des Atem Sie in die Gegenwart bringt und beruhigt, kann das in jeder Situation helfen, in der Sie sich sammeln wollen.

Praxis: **Aufmerksamkeit im Alltag:**
achtsames Handeln

Achtsamkeit lässt sich gut bei praktischen Tätigkeiten üben, zum Beispiel bei der Hausarbeit oder beim Spazierengehen. Lenken Sie die Aufmerksamkeit ganz auf das, was Sie tun. Spüren Sie Bewegungen, Berührungen, den Fluss des Atems. Nehmen Sie bewusst wahr, was sie sehen, hören, riechen.

Falls Ihnen das anfangs schwer fällt, weil die Gedanken Sie zu sehr ablenken, beschäftigen Sie sich gedanklich mit dem, was Sie wahrnehmen oder tun. Beim Spaziergang schildern Sie zum Beispiel in Gedanken, was am Wegrand wächst, benennen Sie Pflanzen und Tiere. Beschreiben Sie Farbe, Struktur und Bewegung der Wolken...

Praxis: **Aufmerksamkeit im Gespräch:**
achtsame Kommunikation
Aufmerksamkeit wünschen wir uns auch von unseren Gesprächspartnern. Am ehesten können wir das beeinflussen, indem wir diese Qualität selbst in unsere Gespräche einbringen. Dabei ist es hilfreich, aufmerksam zuzuhören, vielleicht etwas langsamer zu reden und zwischendurch kleine Pausen zu machen, um in die Stille zugehen und Worte aus der Tiefe kommen zu lassen.

Begegnen Sie Ihrem Gegenüber offen, aufmerksam und unvoreingenommen, statt das Geschehen durch die Linse alter Erfahrungen und Erwartungen zu betrachten.
Bleiben Sie entspannt und wach bei dem, was geschieht.

Praxis: **Schweigezeit**
Eine alte Yogapraxis, auch in vielen anderen Traditionen verbreitet, ist das Schweigen. Es bedeutet, für eine bestimmte Zeit, zum Beispiel während der Hausarbeit, auf Sprechen zu verzichten und auch die innere Kommunikation zu beruhigen. Der Ausdruck *„sich in Schweigen hüllen"* zeigt, dass Schweigen ein durchaus aktiver Vorgang sein kann, mehr als lediglich Abwesenheit von Worten. Er deutet die schützenden und heilenden Qualitäten an, die Stille haben kann. Schweigen hilft dabei, während unterschiedlicher Tätigkeiten achtsam zu bleiben. Nach einer Zeit des Schweigens erleben wir außerdem viel bewusster, welche Wirkung unsere Alltagsgespräche haben.

„Schweigen hält deine Stimme geborgen wie
das Nest die schlummernden Vögel."
(Rabindranath Tagore)

Meditation: kommunizieren mit der inneren Stille

Die Tiefenentspannung gibt uns einen Eindruck davon, wie friedlich und glücklich wir sein können, wenn wir „einfach nur da sind". Wenn die Gedanken ganz still werden, bekommen wir eine Ahnung von den seelischen Bereichen unseres Bewusstseins. In der Meditation können sie weiter erforscht und der innere Frieden noch tiefer erlebt werden. Im Unterschied zur Entspannung wird Meditation meist im Sitzen mit aufrechter Wirbelsäule geübt, denn es ist wichtig, dabei ganz wach zu bleiben.

Es gibt zahlreiche unterschiedliche Meditationsmethoden. Gemeinsam ist den meisten, dass die Aufmerksamkeit gesammelt wird, zum Beispiel auf einen Punkt, ein Wort, den Atem. Die Gedanken werden immer ruhiger, die Pausen zwischen ihnen länger, bis die Aufmerksamkeit schließlich ruhig und mühelos dahinströmt. Wach sein ohne zu denken – das ist ein Zustand, den wir selten erleben. Doch er zeigt uns nicht nur wesentliche Bereiche unserer selbst, sondern ist zutiefst wohltuend und befreiend.

Ruhe, Konzentration und innere Weite der Meditation können auch die Kommunikation in vielfacher Hinsicht bereichern. Meditation heilt in der Stille manche Wunde und löst verkrustete Denkstrukturen. Wenn Gefühl und Verstand nicht weiterkommen, kann die Intuition eine große Unterstützung sein. Regelmäßige Meditationspraxis fördert Konzentrationsfähigkeit, innere Klarheit und die Fähigkeit, Probleme mit Abstand zu betrachten. Sie stärkt Liebesfähigkeit, Selbstwertgefühl und Einfühlungsvermögen, Gelassenheit und Intuition.

Die folgende Übung eignet sich als Einstieg und kann auch ohne weitere Anleitung praktiziert werden. Sie besteht darin, die Aufmerksamkeit auf den Atem zu richten, um ganz im gegenwärtigen Moment anzukommen. Es ist normal, dass immer wieder ablenkende Gedanken auftauchen. Statt sich dagegen zu wehren oder aber sie festzuhalten und ihnen nachzuhängen, lässt man sie kommen und gehen. Die Methode ist einfach, aber gesammelt zu bleiben erfordert Übung. Deshalb ist es sinnvoll, über einige Wochen hinweg regelmäßig zu meditieren. Sie können mit wenigen Minuten beginnen, und wenn Sie wollen, die Zeitdauer allmählich ausdehnen.

Praxis: **Meditation auf den Atem**
Setzen Sie sich bequem und aufrecht hin und schließen Sie die Augen. Nehmen Sie einige Augenblicke lang bewusst wahr, wie Sie sitzen, wie Sie sich im Moment fühlen, was Sie beschäftigt.

Dann lenken Sie Ihre Aufmerksamkeit auf den Atem. Wie auch immer Sie gerade atmen, ist vollkommen in Ordnung. Sie brauchen den Atem in keiner Weise zu beeinflussen oder zu verändern, die Weisheit Ihres Körpers steuert ihn von ganz allein. Sie brauchen ihn nur zu beobachten.

Spüren Sie, wie die Luft in die Nase und den übrigen Körper einströmt und ihn wieder verlässt. Spüren Sie die feine Bewegung, die dabei entsteht, und die Berührung der Luft in der Nase.

Dann lassen sie die Aufmerksamkeit bei der Bewegung des Atems im Körper – an einer Stelle im Bauch oder im Brustraum. Bringen Sie sie sanft dorthin zurück, wenn Sie merken, dass Sie in Gedanken abgeschweift sind, gleichgültig wie oft das auch geschehen mag.

Es ist vollkommen natürlich, dass die Gedanken immer wieder abschweifen. Entscheidend ist die Disziplin, sie wieder auf dem Atem zu lenken, sobald Sie es *bemerken*. Mit der Zeit wird die Sammlung länger andauern die Ruhelosigkeit nachlassen.

Meditation und Worte

Das Wissen um die Bedeutung des Klangs, auf dem viele Yoga-Meditationen beruhen, ist umfassend und tiefgründig. Es wurde über zahllose Generationen erworben und im direkten persönlichen Kontakt weitergegeben.

Ein allgemein zugänglicher Aspekt davon ist das Wiederholen eines Wortes oder Satzes. Es kann beruhigen, die Aufmerksamkeit bündeln und Achtsamkeit unterstützen, auch wenn sich dabei um ein ganz normales Wort aus einer beliebigen Sprache handelt. So kann zum Beispiel das Wort *Ruhe* im Atemrhythmus wiederholt werden. Von dem vietnamesischen Mönch Thich Nhat Hanh sind viele einfache Sätze bekannt, die zu innerer Ruhe und Weite führen können, wenn man sie wiederholt und in Gedanken aufnimmt – zum Beispiel diese:

> *„Ich atme ein und lächle. Ich atme aus und lasse los. "*

Praxis: **Meditation mit Worten**
Die Meditation auf der vorangegangenen Seite können Sie abwandeln, indem Sie nicht nur den Atem achtsam wahrnehmen, sondern dabei Silben oder ein Wort denken oder innerlich hören. Wählen Sie ein Wort, mit dem Sie sich wohlfühlen. Hier zwei Beispiele:

a) mit jedem Ausatmen: *Ruhe*
b) mit jedem Einatmen *Shan-,* und jedem Ausatmen *-ti.*
(Das Sanskritwort *Shanti* bedeutet *tiefer Friede.*)

Eine weitere Möglichkeit ist das Zählen der Atemzüge. Nach einer bestimmen Anzahl, zum Beispiel vier oder zehn, wird wieder von vorn begonnen.

Worte aus der Stille

Die Verbundenheit mit der inneren Weite und Ruhe kann auch im Alltag und in Gesprächen aufrechterhalten werden, zum Beispiel durch kurze Meditationen oder Pausen vorher und zwischendurch.

Die Amerikanerin Christina Baldwin hat eine Methode für Besprechungen und Treffen entwickelt, genannt *Peer-Spirit Circle*, die Achtsamkeit gezielt unterstützt. Die Mitglieder der Runde sitzen im Kreis, dessen Mitte so gestaltet wird, dass sie an die *innere* Mitte erinnert und dazu anregt, sich zu sammeln und fokussiert zu bleiben. Außerdem werden zu Anfang, zum Abschluss und zwischendurch Momente der Ruhe geschaffen, in denen alle wieder in der Gegenwart ankommen und sich auf das gemeinsame Anliegen besinnen. (Siehe Seite 255 f.)

Hier sind einige Möglichkeiten, sich bewusst von der inneren Weisheit und Intuition führen zu lassen.

Praxis: **Sich von der inneren Weisheit führen lassen**
Intuition und Weisheit lassen sich in die Kommunikation einbeziehen, indem um innere Führung gebeten wird. Das kann überall und jederzeit geschehen: vor oder während schwieriger Gespräche, im Zusammenhang mit einem Problem oder auch als tägliche Praxis, um eingestimmt zu bleiben. Antworten können auf sehr unterschiedlichen Wegen „geschehen": als Eingebung und intuitives Wissen, als innere Ruhe und Klarheit, als Fügung von Ereignissen oder als spontanes Handeln.

Praxis: **Geistesblitze einladen**

Innere Weisheit zeigt sich oft, wenn man sich intensiv mit einem bestimmten Thema auseinandergesetzt hat und es dann komplett loslässt. Zusammenhänge oder Lösungen tauchen manchmal ganz plötzlich auf, wenn man nicht mehr danach sucht. Bekannt sind die berühmten Geistesblitze unter der Dusche. Doch sie tauchen häufig auch während der Meditation, der Entspannung oder nach dem Schlafen auf.

Praxis: **Schreibmeditation**

Für Menschen, die gern schreiben, ist das *Meditative Schreiben* eine Möglichkeit, tieferes Wissen in Worten Ausdruck finden zu lassen. Dabei wechseln Phasen der Meditation und Phasen des Schreibens miteinander ab.

Legen Sie Papier und Stift bereit und meditieren Sie einige Augenblicke oder auch länger. Danach öffnen Sie die Augen und beginnen zu schreiben. Vielleicht gelingt es Ihnen, in einem meditativen Zustand zu bleiben. Wenn nicht, schreiben Sie, was Ihnen in den Sinn kommt und kehren danach zur Meditation zurück.

Diesen Wechsel zwischen Stille und Schreiben können Sie im eigenen Tempo fortführen. Experimentieren Sie, welcher Rhythmus Ihnen am besten entspricht.

Praxis: **Sammlung und Ruhe im Gespräch**

Augenblicke der Ruhe, in denen die Aufmerksamkeit nach innen gelenkt wird, helfen selbst in stressigen Situationen, fokussiert und im Gleichgewicht zu bleiben. Auch während der Vorbereitung auf wichtige Gespräche sind sie sinnvoll.

Liebe und Mitgefühl

Mit dem Herzen

Zu den seelischen Qualitäten gehören Liebe und Mitgefühl, die von vielen Menschen mit dem Herzen in Verbindung gebracht werden. Der Yoga-Philosophie zufolge befindet sich ein energetisches Zentrum, das sogenannte *Herz-Chakra*, auf Höhe des physischen Herzens in der Mitte der Brust. Das Herz reagiert äußerst sensibel auf Emotionen. Wenn Sie Ihr Herz nähren und ihm Gutes tun wollen, schenken Sie ihm Aufmerksamkeit, Entspannung und liebevolle Gedanken. Der amerikanische Herzspezialist Dr. Ornish gehört zu denjenigen, die diese Zusammenhänge erforscht haben. Sein Therapiekonzept, in das er dieses Wissen einbezogen hat, wird weltweit erfolgreich angewendet.

Einige Therapeuten behaupten, dass ein Großteil der neurotischen Erkrankungen auf einen Mangel an Liebe zurückzuführen ist. Liebe steht im Mittelpunkt zahlloser Lieder und Filme, viele Menschen wollen von ihren PartnerInnen vor allem eins: geliebt werden. Die Psychologie bestätigt, was viele von uns intuitiv wissen: dass Kinder Liebe erleben müssen, um später selbst lieben zu können. Doch was kann man tun, wenn man diese Erfahrung nur ungenügend machen konnte? Gibt es zu wenig Liebe auf der Welt?

In der Weltsicht des Yoga ist Liebe eine Eigenschaft der Seele. Deshalb ist sie in jedem Menschen im Überfluss vorhanden, auch wenn das vielleicht nicht immer spürbar ist. Statt darauf zu warten, dass andere uns die Liebe geben, die wir brauchen, können wir sie in uns selbst entdecken und ihr Raum geben. Paramahansa Yogananda, der vielen Westlern Yoga nahe brachte, bemerkte einmal, dass man gütig zu anderen sein solle, um zu lernen, auch mit sich selbst liebevoll umzugehen. Das ist eine interessante Ergänzung zu der heute oft gehörten Aufforderung, sich selbst zu lieben, um andere lieben zu können.

Liebe kann sich auf vielfältige Weise ausdrücken und es ist schwer, sie in Worte zu fassen. In unserer Sprache werden auch sehr unterschiedliche Erfahrungen *Liebe* genannt. Im Yoga gibt es mehrere Bezeichnungen für ihre verschiedenen Ausdrucksformen. Große Bedeutung kommt beispielsweise *Karuna* zu, dem Mitgefühl. Moderne YogalehrerInnen weisen oft darauf hin, dass Mitgefühl nicht nur anderen, sondern auch sich *selbst* gegenüber wichtig ist. Tatsächlich verschwindet in der Liebe der Unterschied zwischen Liebenden und Geliebten, denn sie verbindet und vereint.

Liebe kann die Form freundlicher und bedingungsloser Aufmerksamkeit annehmen, hinter der nichts steht als Wohlwollen, Freude und der Wunsch, den Geliebten möge es gut gehen. Sie energetisiert, heilt und beglückt. Alles, was von ihr berührt wird, blüht auf. Wir können diese Erfahrung auch unserem eigenen Herzen zukommen lassen, indem wir ihm liebevolle Aufmerksamkeit schenken.

Auf der folgenden Seite finden Sie eine Meditation, die Sie regelmäßig durchführen können oder auch jederzeit für einige Augenblicke zwischendurch, wenn Sie Wärme und Ruhe brauchen.

Hell aber verborgen wohnt das Selbst im Herzen.
Es ist die Quelle der Liebe.

(Aus der Munduka-Upanischade)

Praxis: **Herzmeditation**

Setzen Sie sich an einen ruhigen Ort, an dem Sie ungestört sind und sich wohlfühlen. Nehmen Sie sich Zeit, umzuschalten und ganz dort anzukommen. Schließen Sie die Augen und nehmen Sie Ihren Körper bewusst wahr. Lassen Sie alle Anspannung los. Fühlen Sie, wie die Muskeln weich werden und wie der Atem fließt. Spüren Sie, wie Sie zur Ruhe kommen.

Lenken Sie dann Ihre Aufmerksamkeit auf das Herz-Chakra hinter dem Brustbein, in der Mitte des Brustkorbs. Spüren Sie, wie der Atem sanft ein- und ausströmt, ohne ihn zu beeinflussen. Wenn Sie wollen, stellen Sie sich vor, dass Sie diesem Bereich Ihres Körpers innerlich zulächeln. Möglicherweise spüren Sie, wie Ihr Brustkorb warm und weit wird, vielleicht stellt sich ein Gefühl von Frieden ein, vielleicht nehmen Sie auch nichts Besonderes wahr.

Spüren Sie weiter den Atem und bleiben Sie entspannt in Verbindung mit Ihrem Herzen. Halten Sie die Aufmerksamkeit aufrecht, solange Sie möchten.

Von innen heraus: wie die innere Kommunikation Gespräche bereichern kann

Sie können vor, während und nach einem Gespräch durch bewusste Kommunikation mit sich selbst die Verständigung mit anderen positiv beeinflussen. Hier eine Zusammenfassung verschiedener Anregungen aus Teil 2.

Grundsätzlich: Lernen Sie sich selbst besser kennen, kommunizieren Sie bewusst mit sich selbst. Entwickeln und stärken Sie eine wohlwollende und konstruktive Einstellung dem Leben, sich selbst und anderen gegenüber. Geeignet dafür sind zum Beispiel:

- Meditation und andere Yoga-Praktiken
- Beschäftigung mit ermutigender Literatur/Filmen
- inspirierende Gespräche mit Gleichgesinnten
- Nachdenken und Kontemplation
- achtsamer Umgang mit den eigenen Gefühlen
- Gedanken dazu aufschreiben und künstlerisch
- ausdrücken

Ein wichtiges Gespräch gezielt vorbereiten: Werden Sie sich darüber klar, was geschehen ist, was Sie fühlen, brauchen und mit dem Gespräch erreichen wollen. Bedenken Sie das Geschehen auch aus Sicht der anderen und berücksichtigen Sie deren mögliche Gefühle und Bedürfnisse. Stellen Sie sich positiv auf das Gespräch ein, und bereiten Sie sich auch inhaltlich/sachlich sorgfältig vor.

Während eines Gesprächs klar und gesammelt bleiben: Besinnen Sie sich vorher und zwischendurch immer wieder auf Ihre Absicht. Machen Sie eventuell kleine Pausen, um sich zu sammeln, besonders wenn Sie merken, dass Emotionen überhand nehmen.

Nach einem Gespräch: Reflektieren Sie Ihre Erfahrungen und lernen daraus.

Teil 3

Zuhören und sich ausdrücken

9

Die sanfte Macht des Zuhörens

„Sei wirklich ganz und alle Dinge
werden zu dir kommen." (Laotse)

Vom Hören und Zuhören

Als ich Anfang zwanzig war, fiel mir in einer Tageszeitung eine ungewöhnliche Annonce auf. Unter der Überschrift *„Zuhören ist meine Stärke"* bot eine Frau an, gegen Bezahlung zuzuhören. Ich war fasziniert und fragte mich erstaunt, wieso jemand für „Nichtstun" Geld bekommen sollte. Außerdem: wie konnte Zuhören eine Stärke sein? *Hörten nicht alle zu,* und das jeden Tag, auch ohne besondere Fähigkeit oder Ausbildung? Was am Zuhören sollte so wertvoll sein, dass Menschen Geld dafür bezahlen würden?

Die Antwort erhielt ich kurze Zeit später. Ich arbeitete damals mit jungen Leuten aus verschiedenen Ländern in einem Sozialprojekt zusammen, als es in unserem Team zu schwerwiegenden Meinungsverschiedenheiten kam. Mit einer der Kolleginnen, Rosa aus den Philippinen, schien ein vernünftiges Gespräch unmöglich: kaum fielen die ersten Worte, kam es zu erbittertem Streit.

Ich erinnerte mich schließlich, dass ich einige Zeit vorher zufällig von einer Gesprächsmethode gelesen hatte, die in Konflikten helfen sollte. Dabei wechseln sich zwei Personen ab: für eine verabredete Zeitspanne spricht die eine, während die andere schweigend zuhört, danach werden die Rollen getauscht. Ich schlug Rosa vor, es auszuprobieren. Zu meiner Überraschung stimmte sie sofort zu. Wir setzen uns zusammen und fünfzehn Minuten lang redete sie voller Zorn, während ich zuhörte.

Anfangs lief bei mir der wohlbekannte innere Film ab. Alles was sie sagte, erzeugte sofort Reaktionen wie: „So ein Quatsch! Das stimmt doch gar nicht!" Aber da ich nichts sagen „durfte", wurden die inneren Kommentare allmählich leiser, und das, was Rosa erzählte, begann meine Aufmerksamkeit auf sich zu ziehen. Ich war überrascht, zu erfahren, wie verletzt sie sich fühlte, wie tief ihre Betroffenheit war und wie echt ihre Überzeugung, das Richtige zu tun. Offensichtlich tat es ihr gut, sich alles vom Herzen zu reden, denn danach war sie vergleichsweise entspannt und hörte sich ruhig an, was ich zu sagen hatte. Nachdem ich geendet hatte, sagte sie: „Mensch! Wenn das so ist, dann bist du ja gar nicht gegen mich. Und ich hab das die ganze Zeit gedacht!"

Ich registrierte überrascht und erleichtert die veränderte Stimmung zwischen uns. Wir hatten erfahren, wie einseitig und unzutreffend das Bild war, das wir uns vorher voneinander gemacht hatten, und wie vieles uns verband. Unsere Beziehung entspannte sich spürbar und die gemeinsame Arbeit wurde angenehmer und produktiver. Hatte ich Rosa denn vorher nie zugehört? Sicher hatte ich das – aber anders. Es hatte rasche Wortwechsel gegeben, da ich immer unbedingt etwas zu dem sagen wollte, was ich hörte. Ich war der Ansicht gewesen, unser Konflikt ließe sich dadurch lösen, dass ich sie *von meiner Sicht der Dinge überzeugte*. Ich verstand nicht, warum sie meine vernünftigen Argumente nicht akzeptierte. Dass es etwas mit dem Zuhören zu tun haben könnte – auf die Idee war ich nicht gekommen.

„Hör mir doch endlich mal zu!"

Vermutlich sind Ihnen Wortwechsel wie der folgende nicht ganz unbekannt.

Sie: „Du hörst mir überhaupt nicht zu! Du hörst mir *nie* zu!"

Er: „Natürlich höre ich dir zu! Was regst du dich denn so auf?"

Sicher hören wir einander zu, viele Male, jeden Tag. Wir brauchen Informationen, wollen uns austauschen oder unterhalten werden. Trotzdem leiden viele Menschen darunter, dass sie sich nicht gehört und schon gar nicht verstanden fühlen. Gesagtes kommt anders an, als es gemeint war, Anweisungen werden falsch ausgeführt, Menschen reden aneinander vorbei.

Zuhören gilt in unserer Gesellschaft irrtümlicherweise als etwas Simples, bei dem man passiv ist, für das man nichts „können" muss. Entsprechend wird erwartet, dass andere zuhören, wenn man ihnen etwas sagen will. Wenn wir aber bedenken, was gutes Zuhören ausmacht, zeigt sich, dass es alles andere als anspruchslos ist.

Es braucht Zeit und Aufmerksamkeit; das, was die Zuhörenden selbst beschäftigt, muss für den Moment zurückgestellt werden. Oft gehört auch noch dazu, auf das Gehörte angemessen zu reagieren. Diese Fähigkeiten müssen erst entwickelt werden, sie sind nicht selbstverständlich. Man kann nicht davon ausgehen, dass Menschen jederzeit zuhören *können*. Doch all das wird wenig beachtet. Halbherziges Zuhören ist oft die Folge.

„Ja, ja, sprich nur weiter..."

Viele Menschen sind der Ansicht, sie hören zu, wenn sie schweigen und sich nicht allzu offensichtlich – oder „nur nebenbei" – mit anderen Dingen beschäftigen. Was in ihrem Kopf vorgeht, bekommt schließlich niemand mit (denken sie). Tatsächlich verstehen sie auch einiges von dem, was gesagt wird, doch besonders die Zwischentöne gehen meist unter.

Wahrscheinlich hören wir alle gelegentlich so zu, zum Beispiel, wenn wir unter Zeitdruck stehen, gelangweilt sind oder uns zum Zuhören verpflichtet fühlen, obwohl es uns eigentlich gerade gar nicht passt. Es sind widersprüchliche Bedürfnisse vorhanden: Man möchte oder kann sich zu dem Zeitpunkt nicht ganz auf die Person oder das, was sie sagt, einlassen. Man mag sie aber auch nicht unterbrechen.

Die Körpersprache kann auf Desinteresse oder Ablenkung hindeuten: Möglicherweise ist der Blick abwesend oder streift umher. Vielleicht gibt es auch deutliche Anzeichen für Langeweile oder Ungeduld: wer zuhört, gähnt, trommelt mit den Fingern auf die Tischplatte oder beschäftigt sich gleichzeitig mit dem Computer...

Die Person, die spricht, bekommt Doppelbotschaften. Woran soll sie sich halten? Vielleicht tut sie so, als sei alles OK und spricht weiter, vielleicht verstummt sie irritiert oder beschwert sich. Besonders wenn es häufig vorkommt, fühlt sie sich wahrscheinlich unbehaglich und hat den Eindruck, nicht wirklich wahrgenommen bzw. geschätzt zu werden. So zuzuhören, kann verletzen und verunsichern. Deshalb wird es teilweise bewusst zu diesem Zweck eingesetzt.

„Ping-Pong-Gespräche" und vorschnelle Kommentare
Üblich ist es auch, kurz zuzuhören, aber das Gegenüber nicht wirklich aussprechen zu lassen. Sobald eine kleine Lücke entsteht, wird ein Stichwort herausgepickt, um das Thema zu wechseln und selbst zu reden.

Susanne: „Ich hatte heute morgen solche Kopfschmerzen..."
Sabine: „Ach du Ärmste! Ich weiß genau, wie Du Dich fühlst. Ich hatte gestern auch Kopfschmerzen, frag nicht wie! Ich hatte wieder dieses Pochen, weißt Du noch, dass ich schon mal davon erzählt hatte?"

Manchmal gehen wir auf das ein, was die andere Person sagt, beschäftigen uns aber mit *unseren eigenen Reaktionen* darauf. Wir bilden uns ein Urteil, bevor wir alles gehört haben, ziehen Schlüsse, fragen uns, was das Gesagte für uns selbst zu bedeuten hat. Wir geben ungefragt Ratschläge und wohlwollende oder kritische Kommentare: „Das ist gut! Das finde ich aber nicht richtig. Ach du liebe Zeit! Wie konntest du so was tun? Du solltest schnellstens Konsequenzen ziehen. Ich wusste schon immer, dass sie so eine ist..."

Wenn etwas gesagt wurde, das uns persönlich betroffen macht, entsteht der Impuls, zu unterbrechen und uns zu verteidigen. Zumindest können wir nicht mehr in Ruhe zuhören. Wir sind mit unserer inneren Kommunikation beschäftigt und unsere Aufmerksamkeit ist nicht mehr bei dem, was weiter gesagt wird.

Was heißt „gut zuhören"?

Jemandem etwas zu sagen oder zu erzählen, kann sehr frustrierend sein, wenn dessen Aufmerksamkeit woanders ist, besonders, wenn es offenkundig an Interesse oder Respekt mangelt. Vermutlich haben die meisten von uns solche Situationen bereits erlebt. Meist sind wir uns dessen stärker bewusst, wenn *wir* diejenigen sind, die sprechen und andere *uns* zuhören (sollen). Wenn Sie sich bewusst sind, was gutes Zuhören ausmacht, können Sie es nicht nur selbst üben und gezielt einsetzen, sondern auch andere darin unterstützen, *Ihnen* zuzuhören.

Praxis: **Worauf kommt es mir an?**
Was zeichnet Ihrer Meinung und Erfahrung nach gutes Zuhören aus?
Was wünschen Sie sich: wie soll man Ihnen zuhören?
Wann ist es Ihnen besonders wichtig?
Können Sie sich an Situationen erinnern, in denen Zuhören eine besondere Rolle gespielt hat?

Warum Zuhören sich lohnt

Zuhören ist also nicht immer einfach, sondern verlangt im Gegenteil manchmal bewussten Einsatz und das Zurückstellen eigener Anliegen. Doch das kann sich lohnen. Eine der schönsten Schilderungen dessen, was Zuhören bewirken kann, finden wir in Michael Endes Kinderbuch-Klassiker „*Momo*". Es klingt märchenhaft, was dieses kleine Mädchen mit den großen Augen, das die Kunst des Zuhörens so meisterhaft beherrscht, bei anderen Menschen auslöst – sie finden Lösungen für Probleme, sind getröstet oder plötzlich gutgelaunt. Und doch trifft es den Kern der Sache: Zuhören kann tatsächlich erstaunlich wirksam sein.

Verständigung, Sachlichkeit und Effizienz: Gutes Zuhören fördert den effektiven Informationsfluss, die Weiterentwicklung von Gedanken und Projekten, Zusammenarbeit und eigenverantwortliches Ausführen von Anordnungen, Wahrheitsfindung und richtige Entscheidungen.

Selbstausdruck und Selbsterkenntnis: Beachtenswert sind auch die Wirkungen auf der menschlichen Ebene. Wir haben ein elementares Bedürfnis, uns auszudrücken und dabei gesehen, gehört und so angenommen zu werden, wie wir sind. Doch oft können wir nicht ungehindert zeigen, was wir fühlen, oder sagen, was wir denken. Wie belastend das sein kann, zeigen Formulierungen wie: „*Da bleibt mir das Wort im Halse stecken.*" Zurückgehaltener Ausdruck blockiert den Energiefluss, schadet Wohlbefinden und Gesundheit.

Gute ZuhörerInnen dagegen schaffen einen Raum, in dem wir uns frei fühlen und uns so zeigen können, wie wir sind. Sie schenken Aufmerksamkeit und damit Energie. Sie helfen uns, Vertrauen aufzubauen, halbgare Ideen auszuformen, uns selbst besser kennenzulernen, zu überraschenden Erkenntnissen zu gelangen. Wenn wir Vorträge halten, beflügelt uns ein begeistertes Publikum. Und viele von uns haben erfahren, wie erleichternd es sein kann, sich etwas „von der Seele zu reden", wenn jemand da ist und zuhört.

Abbau von Konflikt- und Gewaltpotential: Aufrichtiges Zuhören baut Wut und Aggressionen ab – sowohl bei denjenigen, die sprechen, als auch bei denen, die zuhören. Es kann wohltuend sein, einfach nur zuzuhören, ohne sich zu verteidigen, ohne überzeugen, widerlegen oder Lösungen anbieten zu müssen. Man begibt sich gewissermaßen in einen zeitweiligen ruhigen Schwebezustand, in dem die eigene Meinung nicht verteidigt werden muss, in dem sein darf, was ist, ohne bewertet zu werden. Gerade in Konflikten gilt häufig: nur wer zuhört, kann umgekehrt auch andere mit den eigenen Worten erreichen. Sich gehört zu fühlen, hilft den GesprächspartnerInnen, sich zu entspannen. Gewalt ist oft Ausdruck tiefer Verzweiflung und Frustration, und wird gefördert durch die Unfähigkeit, sich verständigen zu können. Menschen, die sich wirklich gehört fühlen, sind eher bereit und in der Lage, auch ihrerseits zuzuhören. Konflikte lassen sich leichter lösen.

Mitgefühl, Verbundenheit, Gemeinschaft: Zwischen Menschen, die einander aufrichtig zuhören, können Vertrauen, Nähe und tiefe Beziehungen entstehen. Vorurteile und Missverständnisse werden abgebaut. Zuhören baut Brücken und verbindet. In manchen Situationen, z.B. mit extrem aufgebrachten Personen, ist Zuhören sogar die einzige Möglichkeit, Kontakt herzustellen. Wenn Sie zuhören, können Sie Überraschendes erfahren und Neues entdecken. Sie erleben die Freude, dass jemand Ihnen Vertrauen schenkt und Sie helfen können.

Übung in Achtsamkeit: Durch die Yoga-Praxis lernen wir, uns nicht mit unseren Gedanken zu identifizieren, sondern ganz in der Gegenwart zu leben und wahrzunehmen, was gerade geschieht – ohne etwas zu bewerten, abzuwehren oder zu erzwingen. Präsenz und Achtsamkeit müssen sich jedoch nicht auf spezielle Übungen beschränken, sondern können mehr und mehr zu ständigen Begleitern werden, auch in der Kommunikation. Wenn wir *reden*, verstricken wir uns leicht in unsere eigene Gedankenwelt. Beim Zuhören fällt es leichter, achtsam zu bleiben, Wohlwollen und inneren Frieden aufrecht zu halten.

Praxis: **Intensiver zuhören im Alltag**

Sie können ganz normale Alltagsgespräche nutzen, um sich im Zuhören zu üben. Die einfachste Variante besteht darin, bewusster zuzuhören, wenn jemand mit Ihnen spricht.

Bleiben Sie aufmerksam und halten Sie Kommentare, ungeduldige oder drängende Fragen, kritische oder skeptische Mimik und Gestik zurück. Sollten Sie ungeduldig werden, erinnern Sie sich an Ihre Absicht und die Vorteile des Zuhörens.

Versuchen Sie zu verstehen, was Ihr Gegenüber ausdrücken möchte.

Praxis: **Bewusst zuhören**

Die Gesprächsstruktur, mit der ich damals so positive Erfahrungen machte, ist einfach und kann ohne große Vorbereitung durchgeführt werden. Wenn Sie diese Übung zum ersten Mal ausprobieren, wählen Sie am besten ein einfaches und erfreuliches Thema, über das Sie gern sprechen. (Vielleicht Ihre Erfahrungen mit Kommunikation oder Yoga?) Sie können die Struktur natürlich auch als Unterstützung in schwierigen Situationen nutzen.

- Setzen Sie sich zu zweit zusammen, wenn Sie mindestens 15 Minuten oder länger zur Verfügung haben. (Im obigen Beispiel – bei meinem Gespräch mit Rosa – hatten wir etwa 45 Minuten Zeit.)

- Entscheiden Sie, wie lange Sie jeweils sprechen und zuhören wollen. Angenommen, Sie setzen 15 Minuten für das Gespräch insgesamt an: dann haben beide jeweils 5 Minuten Gelegenheit zum Sprechen bzw. Zuhören.

Anschließend bleiben noch 5 Minuten, um sich über Ihre Erfahrungen mit dieser Übung auszutauschen oder das Gespräch ausklingen zu lassen. Als Einstieg sind kurze Phasen geeignet. Ansonsten kann es sinnvoll sein, die einzelnen Phasen auf zum Beispiel 15 Minuten auszudehnen. Das scheint eine gute Zeitspanne zu sein, wenn sich jemand „etwas von der Seele reden" möchte.

Es ist praktisch, wenn beide eine Uhr im Blick haben, um ein Gefühl für die Zeit zu bekommen und selbst darauf achten zu können.

- Wenn Sie sprechen, haben Sie die Freiheit, im eigenen Tempo zu sagen, was Sie möchten. Sie können auch jederzeit Pausen machen und schweigen. Sie müssen nicht besonders interessant sein, brauchen niemanden zu unterhalten.

- Wer zuhört, bleibt aufmerksam und entspannt. Was immer gesagt wird: jetzt ist nicht der Moment, darauf zu reagieren. Es ist auch nicht Teil der Übung, durch Fragen oder Ähnliches zum Sprechen zu ermutigen. Durch Nicken, Blickkontakt, eine zugewandte Haltung und gelegentliche bestätigende Äußerungen können Sie signalisieren, dass Sie zuhören. Versuchen Sie zu verstehen und bleiben Sie auch in Kontakt mit sich selbst.

- Nachdem beide gesprochen haben, können Sie sich über die Erfahrung austauschen: Wie war es, auf diese Weise zuzuhören bzw. zu sprechen? War etwas daran besonders angenehm oder auch schwierig? In welcher Rolle haben Sie sich wohler gefühlt? Haben Sie etwas gelernt, das für Sie (auch im Alltag) nützlich kann?

10

Stille Wasser, die sind tief:
Zuhören mit Herz und Verstand

„Mögen deine Augen vor Freundlichkeit
leuchten wie Wegeslichter in der Nacht."
(aus einem irischer Segensspruch)

Miteinander aufblühen

Authentisch, wertschätzend, empathisch

Als der der amerikanische Psychologe und Therapeut Carl Rogers
Mitte des letzten Jahrhunderts untersuchte, welche Psychothera-
pien besonders erfolgreich waren, stellte er überraschenderweise
fest, dass die *Haltung* der TherapeutInnen wichtiger war als die an-
gewandte Technik. Am erfolgreichsten waren diejenigen, die sich
authentisch, wertschätzend und einfühlsam verhielten. In solch
einer Atmosphäre konnten Menschen aufblühen und sich weiterentwickeln. Inzwischen hat sich gezeigt, dass dies für alle Bereiche
gilt, in denen die menschliche Entwicklung im Mittelpunkt steht.
Und natürlich dienen nicht nur Therapie, Pädagogik und Yoga der
Entfaltung des menschlichen Potentials – auch Beziehungen und
Gespräche können dazu beitragen.

In diesem Buch werden viele Anregungen gegeben, wie das in der
Praxis aussehen kann. Um anderen wohlwollend, aufrichtig und
einfühlsam begegnen zu können, ist es erforderlich, mit den eigenen Gefühlen achtsam umzugehen und sich der eigenen Bedürfnis-

se, Werte und Überzeugungen bewusst zu sein. Auch zu einer respektvollen und wohlwollenden Einstellung kann man selbst entscheidend beitragen. Eine zuverlässige Vertrauensbasis entsteht durch Ahimsa, die Selbstverpflichtung, auf alles zu verzichten, was andere schädigt und verletzt, zum Beispiel auf geringschätzige Kommentare oder nachträgliches Ausnützen der gewonnen Informationen.

Doch während wir zuhören, kann unsere konstruktive und grundsätzlich wohlwollende Haltung auf eine harte Probe gestellt werden. Können (und sollten) wir sie auch dann noch aufrecht erhalten und im Gespräch bleiben, wenn wir gar keine Lust haben zuzuhören, wenn uns langweilt oder aufregt, was wir hören? Ist es da nicht erforderlich, zu unterbrechen oder gar abzubrechen, um authentisch zu bleiben?

Wenn das Zuhören schwerfällt

Der Zeitfaktor: Wenn wir etwas Dringendes erledigen wollen oder aus anderen Gründen nicht bereit sind zuzuhören, kann es am besten sein, das (freundlich) zu sagen und das Gespräch zu verschieben. Besonders die schwierigen Gespräche brauchen einen passenden Rahmen und müssen manchmal vorbereitet werden. Das sollten wir umgekehrt auch berücksichtigen, wenn wir wollen, dass andere *uns* zuhören.

In einigen Situationen kann auch eine zeitliche Begrenzung helfen, sich ganz auf jemanden einzulassen. Schon zehn Minuten ungeteilter Aufmerksamkeit können manchmal viel bewirken und lassen sich vielleicht problemlos einschalten. Zeitabsprachen können auch nützlich sein, wenn wir mit Menschen reden, die sehr lange und weitschweifig erzählen. Es kann ihnen helfen, sich auf das Wesentliche zu konzentrieren, und es leichter machen, ihnen volle Aufmerksamkeit zu schenken. In manchen Besprechungen werden Redezeiten vereinbart, damit in der vorgesehenen Zeit alle zu Wort kommen können, nicht nur diejenigen, die am schnellsten und ausführlichsten reden. Im nächsten Kapitel werden außerdem Vorschläge gemacht, wie Sie durch aktives Zuhören (zum Beispiel durch Zusammenfassen) Gespräche lenken können.

Emotionen: Auch eigene starke Gefühle können ruhiges Zuhören unmöglich machen. Sie verlangen Aufmerksamkeit und lenken ab von dem, was gesagt wird. Manchmal ist es deshalb notwendig, erst selbst etwas auszusprechen, bevor man (weiter) zuhören kann.

Grenzen: Da es als unhöflich gilt, jemanden zu unterbrechen oder mitten im Gespräch wegzugehen, hören wir möglicherweise zu, obwohl wir es eigentlich gar nicht wollen, oder widersprechen nicht, obwohl uns missfällt, was gesagt wird. Manchmal ist es aber besser, *nicht* länger zuzuhören. Besonders bei rassistischen und anderen menschenverachtenden Äußerungen sollten wir uns bewusst sein, dass wir ihnen durch schweigende Aufmerksamkeit Gewicht verleihen. Zuhören wird oft als Interesse oder Zustimmung ausgelegt, ermutigt zum Weiterreden und schafft eine Plattform, auf der sich lebensfeindliche Gedanken ausbreiten können.

Achtsam zuhören bei Meinungsverschiedenheiten

„Das stimmt nicht!"
Das heißt aber keineswegs, dass wir generell nicht mehr zuhören sollten, wenn etwas gesagt wird, das uns nicht passt. Im Gegenteil: In der Regel sind es nicht grobe Beleidigungen und menschenverachtende Äußerungen, die uns aufregen. Es reicht manchmal schon, dass jemand eine „unmögliche" Ansicht vertritt, und wir wollen nichts mehr hören. Entweder protestieren wir umgehend oder sagen nichts und verschließen uns innerlich.

Ob sich das Gesagte gegen uns persönlich oder gegen unsere *Ansichten* richtet, ist dabei zweitrangig, denn mit unseren tiefsten Überzeugungen identifizieren wir uns. Sie sind zu einem Teil von uns geworden. Die Grundannahmen unseres Lebens stellen wir selten infrage: unsere politischen Überzeugungen, unsere Weltanschauung, unser Selbstbild. Obwohl sie sich ursprünglich durch das entwickelten, was wir seit unserer Geburt *von anderen hörten,* was wir gedacht haben und wie wir uns selbst unsere Erfahrungen erklärten, neigen wir zu der Überzeugung, unsere Sicht der Dinge sei eine allgemeingültige Wahrheit. Wir gehen davon aus, dass *wahr* ist, wovon wir überzeugt sind.

Werden diese grundlegenden Überzeugungen angegriffen, fühlen wir uns persönlich attackiert und instinktive Verteidigungsmechanismen werden aktiviert. Deshalb werden Überzeugungen unter Umständen auch dann noch aufrechterhalten und vehement verteidigt, wenn Erfahrungen sie längst widerlegen.

Können wir überhaupt wirklich unvoreingenommen zuhören? Wir nehmen immer nur einen Ausschnitt der Wirklichkeit wahr, und wir interpretieren, was wir wahrnehmen – daran lässt sich wohl nichts ändern, auch wenn wir unseren Horizont erheblich erweitern können. Um die Welt scharf zu sehen, brauchen wir gewissermaßen eine „Brille", die je nach Persönlichkeit, Verfassung und kulturellem Hintergrund, rot, blau oder grün getönt ist. Um denken und reden zu können, brauchen wir (notwendigerweise begrenzte) Begriffe. Das Entscheidende ist vielleicht, dass wir uns dessen *bewusst* sind.

Dieses Wissen kann uns helfen, weiter achtsam zuzuhören. Wir können akzeptieren, dass andere Menschen aufgrund ihrer Erziehung und Erfahrung zwangsläufig anders wahrnehmen, werten und interpretieren als wir. Und wenn wir weiter zuhören, gewinnen wir vielleicht Verständnis und neue Perspektiven. Gerade an dieser Stelle, wo so viele Gespräche scheitern, kann etwas Neues entstehen.

Dialoge

Der Physiker *David Bohm* gehörte zu denen, die erkannten, wie wichtig es für unsere Entwicklung und unser Überleben auf diesem Planeten ist, dass gerade auch Menschen unterschiedlicher Weltanschauungen und Überzeugungen miteinander sprechen, sich austauschen, einander akzeptieren und verstehen lernen.

Er initiierte *Dialoggruppen*, um solche Begegnungen zu fördern: Die Gruppenmitglieder legen bei den Treffen (die normalerweise kein weiteres Ziel haben) ihre persönlichen Ansichten dar, die durchaus sehr kontrovers sein können. Was sie sagen, wird von den anderen nicht analysiert oder beurteilt, sondern gemeinsam betrachtet und erforscht. Man versucht zu verstehen: Wie ist diese Meinung entstanden? Aufgrund welcher Erfahrungen, Informationen und Gedankengänge? Idealerweise entsteht ein gemeinsamer Raum, in dem alles Platz hat, in dem Gegensätze und Widersprüche *sein* dürfen, weil sie ganz selbstverständlich dazu gehören.

Die Beteiligten werden sich der tieferen Überzeugungen bewusst, die ihrem Denken und dem der anderen zugrunde liegen. Dadurch wird es leichter, andere Menschen und gegensätzliche Meinungen zu akzeptieren. Wenn es den Gruppenmitgliedern gelingt, über den eigenen Schatten zu springen, kann eine angstfreie, kreative Atmosphäre entstehen, in der sich Überzeugungen wandeln und neue Perspektiven auftun können. (Siehe auch Seite 254)

Zuhören bedeutet nicht, den Worten zuzustimmen
Die Angst, dass in persönlichen Konflikten „das Schlechte" zunimmt, wenn wir nicht sofort dagegen kämpfen, beruht u. a. darauf, dass wir oft nur unerfreuliche Alternativen kennen, nämlich die, klein beizugeben oder den Kopf in den Sand zu stecken. Wenn wir einen dritten Weg wählen, wenn wir unsere Meinung und unsere Impulse in der Schwebe halten und weiter achtsam zuhören, zeigen wir nicht nur Respekt. Unser eigenes Handeln wird außerdem der Situation viel besser gerecht, weil wir verstehen, was los ist. Die Chancen, dass tragfähige Lösungen gefunden werden, wachsen. Auch die Möglichkeit, dass Menschen sich ändern, wird wesentlich größer, wenn sie spüren, dass wir sie akzeptieren und verstehen wollen.

Gefühle und Bedürfnisse erkennen und verstehen

Einfühlsames Zuhören kann entscheidend dazu beitragen, andere Menschen zu verstehen und zu akzeptieren, unabhängig davon, welche Ansichten sie vertreten. Auf emotionaler Ebene verstehen wir einander oft unmittelbar, weil unsere grundlegenden Bedürfnisse so ähnlich sind. Ich kann mich darüber aufregen, dass ein Freund seinen Fehler nicht zugibt oder beharrlich seine Ansicht vertritt, obwohl alles dagegen spricht. Wenn ich aber sehe, dass er Angst hat, weil sein elementares Bedürfnis nach Sicherheit bedroht ist, kann ich sein Verhalten möglicherweise gut nachvollziehen.

Wichtige Informationen liefert uns die Körpersprache. Angenommen, jemand ist so stark berührt, dass es ihm peinlich ist. Also rettet er sich mit kühlen, überheblichen Erklärungen, doch der Klang der Stimme verrät, dass es innerlich ganz anders aussieht. Wenn ich das bewusst wahrnehme, werde ich die Worte anders verstehen. Ich gewinne gewissermaßen eine Dimension hinzu. Ich habe die Chance, auch die Emotionen wahrzunehmen, ein Stück weit mitzufühlen und vielleicht die Bedürfnisse zu erkennen, die dahinter liegen.

Wie war das noch mit den Spiegelneuronen?

Selbst wenn die Veränderungen so winzig sind, dass wir sie bewusst kaum wahrnehmen, reagieren wir darauf, manchmal sogar stärker und schneller, als uns lieb ist. Was andere fühlen, können wir unter Umständen an dem erkennen, was sie in uns selbst auslösen. „Gefühle sind ansteckender als Schnupfen", so heißt es.

Vor einigen Jahren wurden sogenannte *Spiegelneurone* entdeckt, bestimmte Gehirnzellen, die der Wissenschaft möglicherweise eine materielle Basis für die Erforschung der Empathie bieten können. Es wurde beobachtet, dass in Gehirnen von Affen bestimmte Zellen „feuern", wenn die Tiere andere beobachten. Die Zellen „spiegeln" das, was andere erleben, und lösen in den Versuchobjekten ähnliche Impulse aus, als wären diese selbst beteiligt.

Ähnliche Vorgänge könnten sich auch bei Menschen abspielen. So sieht zum Beispiel eine Kinobesucherin auf der Leinwand, wie die Heldin des Films einen Abhang hinunterrast. Ohne sich dessen bewusst zu sein, hält sich die Zuschauerin krampfhaft an ihrer Sessellehne fest. Diese Reaktion wird physiologisch auf das Werk der Spiegelneurone zurückgeführt: sie reagiert (mehr oder weniger ausgeprägt), als wäre sie selbst auf dieser halsbrecherischen Fahrt. Die Freundin, die neben ihr sitzt, beobachtet sie und lacht: „Meine Güte, Vanessa, das ist doch nur ein Film!" Das zeigt, dass wir selbst durchaus Einfluss darauf haben, wie weit wir uns beeinflussen lassen. Beim Zuhören ist es wichtig, das richtige Maß zu finden.

Balance halten

Eigene Reaktionen und Gefühle wahrnehmen und akzeptieren

Es ist natürlich nicht sinnvoll, sich mit den Gefühlen der anderen zu identifizieren und möglicherweise darunter zu leiden. Damit wäre niemandem gedient. Deshalb ist es wichtig, nicht den Kontakt zu sich selbst zu verlieren, sondern auch auf das eigene Befinden zu achten. Achtsamkeit ist der Schlüssel: bleiben Sie aufmerksam für das, was in Ihnen vorgeht. Akzeptieren Sie Ihre eigenen Gefühle und Gedanken genauso wie das, was Sie hören. Sie hören zu, um zu verstehen – die anderen und sich selbst. Wenn Sie achtsam sind, bemerken Sie zum Beispiel Unmut oder den Anflug von Ärger, wenn etwas gesagt wird, das Ihnen nicht gefällt.

Spannung und Widersprüche zulassen

Wenn die andere Person noch nicht ausgeredet hat, hören Sie einfach weiter zu. Sie brauchen in diesem Moment Ihre Ansicht nicht zu verteidigen, brauchen niemanden zu überzeugen. Halten Sie die Schwebe aus, lassen Sie Widersprüche zu und halten sich mit dem Urteil zurück. Versuchen Sie weiter zu verstehen: *Was will die Person sagen? Was mag sie fühlen? Was braucht sie?*

Wie bereits erwähnt: Werden Ihre eigenen Emotionen zu stark, ist Ihre Aufmerksamkeit nicht mehr frei für andere. Sollten Sie feststellen, dass Sie nicht mehr in der Lage sind, weiter offen zuzuhören, unterbrechen Sie das Gespräch, bevor Ihre innere Anspannung zu groß wird. Vielleicht brauchen Sie eine Pause oder wollen zunächst selbst etwas sagen, um dann weiter zuzuhören. Manchmal ist es auch sinnvoller, das Gespräch zu vertagen.

Bei sich selbst bleiben und mitempfinden

Bei sich selbst bleiben, den eigenen Kurs halten, ist eine wichtige Fähigkeit. Dem gegenüber steht die Begabung, sich ganz auf andere einzulassen, mitzuempfinden und mitzugehen. Obwohl in allen

Menschen beides vorhanden ist, tendieren viele verstärkt zu einer dieser Seiten. Wichtig ist es, eine Balance zwischen beiden Polen herzustellen. Man kann es auch mit dem Autofahren auf einer belebten Straße vergleichen. Es ist erforderlich, auf der eigenen Spur zu bleiben, sich nicht vom Gegenverkehr irritieren zu lassen – ihn gleichzeitig aber auch nicht zu ignorieren, sondern beim Fahren zu berücksichtigen und flexibel darauf zu reagieren.

In der Praxis sieht es oft so aus, dass wir zwischen den Positionen wechseln: Beim Zuhören können wir das intensive Eingehen auf eine andere Person ausgleichen, indem wir Pausen machen, uns wieder an unsere Absicht erinnern, uns sammeln, gelassen bleiben und darauf achten, dass wir auch selbst Gelegenheit bekommen, uns auszudrücken.

Sonne- oder Mond-Typ?

„**Sonne-Menschen**" sind stärker auf sich selbst fixiert. Sie können sich gut abgrenzen und den eigenen Kurs halten. Möglicherweise mangelt es ihnen dagegen an Einfühlungsvermögen und Rücksichtnahme. Diese Qualitäten können durch *bewusstes und längeres Zuhören* gut entwickelt werden.

„**Mond-Menschen**" vertreten den Gegenpol – sie können sich intensiv einfühlen und auf andere einstellen, haben aber Mühe, sich nicht zu sehr damit zu identifizieren und dabei vom eigenen Weg abzukommen. *Bewusste innere Kommunikation und Stärken der Ausdruckskraft* können ihnen helfen, sich besser abzugrenzen und eigene Ziele intensiver zu verfolgen. Auch *analytisches* Zuhören (*siehe unten*) trägt dazu bei.

Inneres Gleichgewicht durch Yoga

Auch die Yogapraxis kann helfen, beide Seiten ins Gleichgewicht zu bringen. In der Meditation werden die Grenzen des persönlichen Bewusstseins erweitert und durchlässiger. Gleichzeitig wird geübt, äußere Einflüsse auszuschalten und sich nicht mit der Welt zu identifizieren. Auch die Asanas lassen die Wahrnehmung schärfer und subtiler werden, während sie gleichzeitig kräftigen und erden. Und nicht zuletzt vertieft die Yogapraxis das Mitgefühl.

Mitgefühl

„Man hört nur mit dem Herzen gut": diese kleine Abwandlung des vielzitierten Satzes aus dem Buch *„Der kleine Prinz"* von Antoine de Saint-Exupéry bringt die Kunst des Zuhörens auf den Punkt. Aus Empathie – dem Nachvollziehen der Gefühle anderer – kann tiefes Mitgefühl entstehen, das dazu führt, wohlwollend und liebevoll zu reagieren.

Mit dem Herzen dabei zu sein ist das entscheidende Element, besonders wenn (Zwischen)menschliches im Vordergrund steht. Die Fähigkeit, „mit dem Herzen zu lauschen", hat in allen spirituellen Traditionen große Bedeutung. Mitgefühl, Güte, Liebe sind für Menschen überall auf der Welt hoch geachtete Werte, und einfühlsames, wohlwollendes Zuhören ist ein einfacher und wirkungsvoller Weg, diese Qualitäten praktisch umzusetzen. Viele Yoga-Übungen tragen dazu bei, das Mitgefühl zu vertiefen, sowie Liebe und tiefe Verbundenheit direkt zu erfahren.

Praxis: **Aufmerksam und empathisch zuhören**

Sie können Ihre Aufmerksamkeit beim Zuhören schulen, indem Sie zunächst in verschiedenen Gesprächen auf die unterschiedlichen Aspekte einzeln achten, um schließlich achtsamer für alle Ebenen gleichzeitig zu sein.

- Hören Sie genau zu und versuchen Sie zu verstehen, was jemand *meint* und sagen will.

- Achten Sie während eines anderen Gesprächs besonders auf die *Gefühle* der anderen Person und darauf, was sie möglicherweise braucht. Beachten Sie die Körpersprache, den Tonfall, die Stimme – lauschen Sie auf das, was *nicht* gesagt wird, ohne es zu beurteilen.

- Lenken Sie in einem weiteren Gespräch die Aufmerksamkeit vorrangig auf Ihre *eigenen* Reaktionen: was löst das Gehörte bei Ihnen aus? Wenn Sie bemerken, dass Sie urteilen und bewerten, gutheißen oder ablehnen, was Sie hören, nehmen Sie das einfach wahr. Lassen sie alles zu – aber handeln Sie nicht danach, sondern hören weiter zu.

Wie *fühlen* Sie sich? Lassen Sie auch alle Gefühle zu und nehmen sie wahr, ohne sonst etwas zu tun. Können Sie zuhören und gleichzeitig in Ihrer eigenen Mitte bleiben? Wenn es Ihnen schwer fällt, lenken Sie die Aufmerksamkeit zwischendurch auf den Atem in der Mitte des Körpers und entspannen sich bewusst.

- Lassen Sie Gespräche in Nachhinein noch einmal auf sich wirken und reflektieren Sie Ihre Erfahrungen.

- Üben Sie schließlich, beim Zuhören für alle Aspekte, für das gesamte Geschehen, achtsam zu sein.

Praxis: **Wohlwollen stärken**

„Mögen alle Wesen glücklich sein!"

Sie können diesen Wunsch in sich stärken, indem Sie ihn immer wieder bewusst in sich aufnehmen. Lesen Sie die Zeile, lassen Sie sie auf sich wirken.

Wie fühlt es sich an, anderen von ganzem Herzen Glück zu wünschen? Einem bestimmten Menschen, den Sie lieben? Einem bestimmten Menschen, mit dem Sie sich gerade *nicht* gut verstehen?

Wie fühlt sich die Vorstellung an, von glücklichen Wesen umgeben zu sein?

Auch während Sie zuhören, können Sie sich an diesen Satz erinnern, besondern wenn es schwierig wird.

Praxis: **Einstellungen ändern**

In Kapitel 7 (Seite 128 ff.) finden Sie Anregungen dazu, wie Sie Ihre Einstellung bewusst machen und ändern können.

„Sie weiß doch, dass ich sie liebe, warum soll ich ihr das sagen?"
Oft gehen wir davon aus, dass andere schon wissen, was wir meinen – auch wenn wir es nicht ausdrücklich sagen. Doch was eine Person für selbstverständlich oder unwichtig hält, ist es für andere noch lange nicht. Eine positive Haltung muss für die GesprächspartnerInnen sicher erkennbar sein. Natürlich spiegelt sie sich oft

sich in der Körpersprache und im allgemeinem Verhalten, doch diese Signale können mehrdeutig sein. Deshalb ist es in manchen Situationen sinnvoll, vermeintliche Selbstverständlichkeiten *auszusprechen* – also etwas Ähnliches zu sagen wie: „Ich nehme dich ernst. Mich interessiert, was du zu sagen hast. Ich beurteile dich nicht, sondern möchte verstehen, was du denkst, was du sagen möchtest, was du fühlst und brauchst."

Sachlich korrekt und sinnvoll? Analytisch zuhören

Sachliche und konstruktive Kritik
Wenn sachliche Themen im Zentrum des Gespräches stehen und auf der Beziehungsebene keine nennenswerten Störungen vorhanden sind, ist es oft wichtig, analytisch zuzuhören. Dabei konzentrieren wir uns auf die inhaltliche Seite der Mitteilung, um sie wirklich zu verstehen. Statt sie pauschal und emotional entweder komplett abzulehnen oder zu akzeptieren, analysieren wir sie, hinterfragen sie und setzen sie in Bezug zu unserer eigenen Meinung.

Auch beim analytischen Zuhören sind Aufrichtigkeit, Respekt und Wohlwollen wesentlich: wir analysieren und bewerten die *Sache*, *nicht den Menschen*. Dazu gehört, dass wir uns bemühen, wirklich zu verstehen, was jemand meint und sagen will, selbst wenn die Wortwahl ungeschickt sein mag. Diese Art des Zuhörens ist *kritisch*. Im ursprünglichen Sinn bedeutet Kritik *Unterscheidung*. Wir „scheiden" – trennen – beim Zuhören das, was wir verstehen, akzeptieren, förderlich, aufrichtig oder sinnvoll finden, von dem, was wir nicht verstehen oder akzeptieren. Obwohl das Wort „kritisch" nicht unbedingt mit „wohlwollend" in Verbindung gebracht wird, ist echte Kritik sehr bereichernd.

Bei allen Beteiligten kann sich das Verständnis vertiefen, Gemeinsamkeiten und neue Gesichtspunkte tauchen auf. Gedanken und

Konzepte können weiterentwickelt, Schwachstellen entdeckt und womöglich beseitigt werden. Analytisches Zuhören ist wesentlich, um scheinheilige Argumente, Lügen, Verleumdungen, Manipulation etc. zu entdecken. Unfaire sprachliche Mittel können sowohl bei Einzelnen als auch in allen gesellschaftlichen Bereichen erheblichen Schaden anrichten. Sie zu erkennen ist eine wesentliche Voraussetzung, um angemessen damit umzugehen. Im Interesse aller müssen wir in bestimmten Situationen sehr kritisch zuhören.

Anweisungen entgegennehmen
Aufmerksames analytisches Zuhören ist weiterhin nützlich, wenn Anweisungen gegeben werden. Hier kann es wichtig sein, sich beim Zuhören zu fragen:

Was habe ich verstanden, was ist noch unklar?
Was ist akzeptabel, was scheint unstimmig?

Aus Kritik lernen
Wenn wir von anderen kritisiert werden und analytisch zuhören, fühlen wir uns persönlich weniger betroffen; wir schaffen eine gewisse Distanz. Wer dagegen den Beziehungsaspekt einer Nachricht zu sehr in den Vordergrund stellt, fühlt sich durch kritische Bemerkungen leicht persönlich abgelehnt und angegriffen. In der Konsequenz wird „dicht" gemacht. Man verteidigt sich oder fühlt sich niedergeschmettert. Dadurch wird eine Chance vergeben, zu lernen und sich weiterzuentwickeln. Analytisch zuzuhören hingegen hilft dabei, sich auf die sachlichen Aspekte zu konzentrieren und damit von der Situation zu profitieren:

Was könnte zutreffen, was nicht?
Was kann ich daraus lernen? Inwiefern ist die Kritik hilfreich?

Zudem können wir in Betracht ziehen, in wie weit die Äußerungen von der Persönlichkeit und den Erfahrungen der Sprechenden geprägt sind. Auch hier gilt: Statt das Gesagte pauschal anzunehmen oder abzulehnen, können wir differenziert darauf reagieren und ggf. auch unfairen Angriffen gelassener begegnen.

Manchmal braucht es Zeit, das zu analysieren, was man hört. Auch hier können kleine Pausen zwischendurch zum Atemholen, „Sacken lassen" und Nachdenken sinnvoll sein.

Praxis: Analytisch zuhören bei Vorträgen, Reden und Fernsehdiskussionen

Sie können unterschiedliche Situationen nutzen, um kritisches Zuhören zu üben und sich bewusst zu werden, wie Sie bevorzugt reagieren.

Wonach beurteilen sie die Sprechenden? Sind Ihre Urteile rational oder eher sentimental? Worauf beruhen Ihre Sympathien und Antipathien?

Können Sie auch an Aussagen Andersdenkender etwas Wahres und Positives entdecken?

Wenn Sie etwas stört: was genau ist es?

Erkennen Sie rhetorische Mittel, die oft für vages Unbehagen sorgen, weil Sie manipulativ und verletzend sind: haltlose Behauptungen und Verallgemeinerungen, Ablenkungsmanöver, Einschüchterungen, Herabsetzung anderer, Halb- oder Unwahrheiten etc.
(Siehe Seite 256 ff.)

Praxis: **Zuhören in Diskussionen**

Wenn Sie Meinungsverschiedenheiten diskutieren, hören Sie aufmerksam und respektvoll zu. Erinnern Sie sich an Ihre Absicht, mit dem Gespräch zur Wahrheit und zum Wohle aller beizutragen. Bleiben Sie möglichst offen und versuchen Sie, wirklich zu verstehen, was gesagt wird und wie es gemeint ist.

Analysieren Sie, was Sie hören. Wenn Ihnen zum Beispiel eine Aussage nicht gefällt: was genau daran stört Sie – welche Behauptung, welche Worte?

Oder sind es die Beziehungsbotschaften, zum Beispiel der Tonfall?

Unterscheiden Sie möglichst exakt zwischen dem, was sie akzeptieren und verstehen, und dem, was Ihnen nicht einleuchtet oder im Widerspruch zu Ihrer Meinung steht. Lernen Sie, unfaire Methoden, Halbwahrheiten, Verallgemeinerungen etc. herauszuhören. (Siehe Seite 256 ff.)

Fragen Sie sich, ob Sie auch bei Ansichten, die Sie ablehnen, etwas Gutes entdecken können. Meist lässt etwas Positives oder ein Körnchen Wahrheit finden. Dadurch wird Ihre eigene Meinung fundierter sein, als wenn sie alle kritischen Gegenmeinungen ausblenden oder pauschal verurteilen. Wenn Sie es aussprechen, drücken Sie aus, dass Sie Ihr Gegenüber ernst nehmen und respektieren.

11

Und was sage ich dazu?
Körpersprache und Gesprächsbeiträge

*„Ein süßes Wort erfrischt oft mehr als
Wasser und Schatten."
(Buddhistische Weisheit)*

Beim Zuhören die richtigen Worte finden

In vielen Gesprächen wechseln sich die GesprächspartnerInnen spontan beim Reden und Zuhören ab. Manchmal ist dagegen längeres und intensiveres Zuhören angesagt, zum Beispiel in Konfliktgesprächen oder bei grundlegenden Meinungsverschiedenheiten. Auch wer Kummer oder Ärger hat, sich aussprechen möchte oder nach Lösungen sucht, braucht unter Umständen für längere Zeit ungeteilte Aufmerksamkeit.

In solchen Situationen fragt man sich gelegentlich: Wie soll ich reagieren? Sind Fragen erwünscht oder wären sie aufdringlich? Ist es besser zu schweigen? Selbst wenn wir die besten Absichten haben, kann es geschehen, dass wir etwas sagen, das die anderen verletzt oder verwirrt und verstummen lässt. Die meisten von uns dürften das schon erlebt haben. Deshalb sind wir in schwierigen Situationen und bei heiklen Themen vorsichtig. Aber Zurückhaltung reicht nicht immer aus, denn viele Menschen brauchen Ermutigung und Feedback, um offen zu sprechen.

Betrachten wir einige unterschiedliche Möglichkeiten, beim Zuhören auf das Gehörte zu reagieren und die Sprechenden zu unterstützen. Manchmal wird in diesem Zusammenhang von *Zuhör-
Techniken* gesprochen. Besonders in Therapie, Pädagogik und Bera-
tung spielen sie eine große Rolle, sind aber auch Teil anderer
Kommunikationstrainings. Der Begriff *Techniken* lässt vermuten,
dass es hier um etwas geht, das man quasi mechanisch verwenden
kann. Tatsächlich sind es bestimmte Verhaltensweisen, die eingeübt
und gezielt angewendet werden können. Sie können sehr nützlich
sein, um eine positive Haltung auch zum Ausdruck zu bringen.
(Ersetzen können sie sie natürlich nicht.)

Ich gehe auf folgende Möglichkeiten näher ein:

- schweigend zuhören, „mit dem Körper sprechen"

- durch Fragen, Wiederholen oder Zusammenfassen si-
  cherstellen, dass der Inhalt des Gesagten wirklich verstanden und vertieft wird

- auf Gefühle eingehen und etwas in Worte fassen, das
  nicht direkt ausgesprochen wurden

Schweigend zuhören: „Ich bin ganz Ohr!"

Manchmal reicht es völlig aus, zuzuhören ohne etwas zu sagen. Dann wird vor allem anhand der Körpersprache beurteilt, ob jemand bei der Sache ist oder nicht. Typische Signale sind eine zugewandte Haltung, Blickkontakt, gelegentliches Nicken und *kurze bestätigende Äußerungen* wie „*Hm*" oder „*Ja*".

Obwohl die Körpersprache ein machtvolles Mittel der Kommunikation ist, wissen die meisten von uns wenig darüber. Wie viel wir lernen können und wie spannend bzw. nützlich das ist, zeigt der Erfolg des Bestsellerautors Samy Molcho, der mehrere Bücher zu diesem Thema veröffentlicht hat. Es lohnt sich, die eigene Körpersprache bewusst zu erleben und darauf zu achten, wie stark wir unsererseits auf andere reagieren.

Wie innen so außen?
Es ist frappierend, wie sehr sich unser Empfinden von dem Eindruck unterscheiden kann, den andere aufgrund unseres Gesichtsausdrucks oder unserer Haltung von uns haben. So wirken manche Menschen auf andere streng und einschüchternd, traurig, unfreundlich oder gar ärgerlich, obwohl sie sich nicht so fühlen und es ihnen nicht bewusst ist. Wenn Sie den Eindruck haben, dass Sie leicht missverstanden werden, könnte das ein Faktor sein, der dazu beiträgt.

Als ich mich mit diesem Thema zum ersten Mal befasste, stellte ich erstaunt fest, dass mein, wie ich annahm, „neutraler" Gesichtsausdruck im Spiegel eher mürrisch aussah. (Was mich damals in mehrfacher Hinsicht nachdenklich machte…) Ich achtete daraufhin darauf, beim Spazierengehen und Einkaufen mehr zu lächeln, auch wenn ich mich nicht besonders gut fühlte, und *gerade* dann, wenn ich angespannt war – und siehe da! Nicht nur reagierten andere erfreut, auch ich selbst fühlte mich deutlich dynamischer und fröhlicher.

Selbstausdruck *und* wirkungsvolles Signal

Als ich später mit einigen Freundinnen darüber sprach, meinte eine: „Wieso sollte ich lächeln, wenn mir danach gar nicht zumute ist? Das ist doch nicht echt, ich will das gar nicht!" Eine interessante Überlegung. Was ist echt, was nicht? Jemanden anlächeln, wenn man gerade sehr ärgerlich ist – sicher nicht echt und nicht im Sinne von Satya. Auch nicht besonders erfreulich: ein eingefrorenes Dauerlächeln, das eher trostlos und verkrampft wirkt. Hier ist der Unterschied zwischen der Mimik und dem tatsächlichen Empfinden so groß, dass der Ausdruck zur Fassade wird.

Andererseits: Körpersprache hat mehrere Funktionen. Sie ist Ausdruck dessen, was in mir vorgeht (was an sich schon vielschichtig und widersprüchlich sein kann). Gleichzeitig ist sie Mitteilung an andere und löst außerdem bei allen Beteiligten etwas aus. Wenn ich jemanden freundlich anschaue oder lächle, heißt das nicht unbedingt, dass es mir gerade super geht – es ist auch eine Botschaft: „Ich sehe dich. Ich bin dir freundlich gesonnen." Es ist ein einfaches Mittel, die Welt etwas heller und schöner zu machen, für andere und auch für mich selbst.

Untersuchungen haben nämlich gezeigt, dass Endorphine ausgeschüttet werden und ein angenehmes Gefühl erzeugen, wenn sich die Mundwinkel nach oben ziehen. Ein Lächeln kann also bewirken, dass sich die eigene Stimmung tatsächlich hebt. War die gute Laune vorher nicht da, kann es durchaus sein, dass sie sich mit dem Lächeln einstellt.

Mitempfinden spiegelt sich im Körper

Wenn Sie jemandem intensiv zuhören, geschieht etwas, das ich beim Thema *Spiegelneurone* erwähnt habe. Sie fühlen sich in den anderen Menschen ein, wobei sein Ausdruck in Ihnen eine Resonanz erzeugt, durch die Sie seine Emotionen ein Stück weit mitempfinden. Dabei übernehmen Sie oft unwillkürlich auch einen ähnlichen Ausdruck, es sei denn, Sie steuern gegen und machen beispielsweise eine ausdruckslose Mine. Manche Menschen erleben, dass ihnen selbst die Tränen kommen, wenn sie andere weinen sehen. Viel unmittelbarer als schreckliche Nachrichten berühren uns oft Bilder der Betroffenen. Wie stark wir mit anderen mitfühlen, hängt auch davon ab, ob wir sie mögen.

Das funktioniert auch umgekehrt: Wir finden es sympathisch, wenn wir in anderen etwas von uns selbst entdecken, wenn wir etwas gemeinsam haben, uns ähnlich sind. Wenn jemand also sehr traurig ist, tut es gut, in der Haltung und im Gesichtsausdruck der Zuhörenden Anteilnahme zu entdecken, bei großer Freude Vergnügen, bei Ärger Ernst oder Empörung. Es schafft ein Gefühl von Solidarität und geschieht vielfach ganz spontan. Haltung, Mimik oder Gestik des Gegenübers werden gelegentlich aber auch bewusst gespiegelt, um diesen Effekt zu erzeugen.

Abgrenzung

Es ist gut, besonders achtsam zu sein, wenn die Person, mit der Sie reden, sehr angespannt, aufgeregt, ärgerlich oder bedrückt ist. Wie bereits erwähnt, sind manche Menschen sehr empfänglich für die Signale anderer. Lassen Sie sich von heftigen Gefühlen nicht anstecken. Aufmerksamkeit für sich selbst, auch für die Signale Ihres Körpers, lässt Sie merken, wann Sie wieder in Ihre eigene Mitte zurückkehren, sich neu ausrichten müssen. Dann ziehen Sie sich kurz aus dem Kontakt zurück, spüren Ihren Atem, entspannen sich und schenken Ihre Aufmerksamkeit aus einer gestärkten Position heraus wieder Ihrem Gegenüber.

Praxis: **Einander schweigend zuhören**

Schweigendes Zuhören lässt sich mit der Übung
Bewusst zuhören auf Seite 161 sehr gut erfahren und trainieren.

Praxis: **Was vermittelt mein Körper, wenn ich zuhöre?**

Wenn Sie üben, beim Zuhören auf sich selbst zu achten, beziehen Sie auch die Körpersprache mit ein. Wie sitzen Sie? Wie fühlt sich Ihr Gesicht an? Wohin schauen Sie? Was sagt Ihnen Ihre Körpersprache über sich selbst? Über die andere Person? Die Situation?

Praxis: **Eine entspannte Körperhaltung**

Wenn das Zuhören Sie plötzlich anstrengt, gehen Sie für einen Moment aus dem Kontakt und lenken die Aufmerksamkeit nach innen.

Lassen Sie die Anspannung aus Ihrem Körper verschwinden – aus den Schultern, dem Gesicht...

Lassen Sie Ihren Atem bis in den Bauch strömen. Bleiben Sie in Ihrer Mitte, in Kontakt mit sich selbst, wenn Sie sich wieder der anderen Person zuwenden.

Praxis: **Die eigene Körpersprache erforschen**

Wenn Sie wissen möchten, wie andere Ihre Mimik sehen, haben Sie mehrere Möglichkeiten. Eine sehr einfache: betrachten Sie sich im Spiegel (was wahrscheinlich nichts Ungewöhnliches ist) und achten auf Ihren Gesichtsausdruck (schon weniger üblich).

• Machen Sie ein neutrales Gesicht. Ein trauriges. Ein interessiertes, usw. Schauen Sie ernst, ärgerlich, erfreut, lächeln Sie.

- Betrachten Sie Ihren Gesichtsausdruck, während Sie an unterschiedliche emotionale Situationen denken. Was geschieht?

  Was signalisiert Ihr Gesichtsausdruck?

- Machen Sie sich bewusst, welche Wirkung der jeweilige Gesichtsausdruck auf Ihre eigene Psyche hat. Was geschieht, wenn Sie lächeln? Wie fühlen Sie sich dabei?

- Eine weitere Möglichkeit besteht darin, sich auf Videoaufnahmen zu beobachten, um herauszufinden, ob die Außenwirkung mit dem übereinstimmt, was Sie vermitteln möchte. Außerdem können Sie sich natürlich auch von Freunden ein Feedback einholen.

Manchmal reicht Schweigen allein nicht aus. Menschen brauchen häufig Ermutigung, um weiterzusprechen, ein Feedback, um zu wissen, ob jemand (noch) interessiert ist, verstanden hat, was gesagt wurde, und sie akzeptiert. Auch aktive Unterstützung beim Klären von Gedanken und Gefühlen, beim Bewusstwerden und Aufdecken von Zusammenhängen, ist manchmal sinnvoll und erwünscht.

Fragen

Warum fragst du?

Wenn wir von anderen etwas hören möchten, stellen wir üblicherweise Fragen. Doch erstaunlicherweise können Fragen genau die gegenteilige Wirkung haben: die Befragten verstummen.

„Ich habe sie gefragt, was los ist. Ob sie wirklich meint, was sie gesagt hat. Ob sie es nicht selbst etwas unverschämt findet, so etwas zu behaupten. Statt mit mir zu reden, ist sie dann einfach abgehauen!" Micha versteht angeblich die Welt nicht mehr. Er hat doch „gar nichts gesagt" – nur gefragt. Dieser Fall zeigt: Fragen sind keineswegs harmlos. Sie können einschüchtern und manipulieren. Manchmal, wie in diesem Beispiel, ist das, was als Frage formuliert wurde, tatsächlich *als Vorwurf gemeint*, die Frage ist nicht *echt*.

Es versteht sich fast von selbst, dass solche Fragen die Kommunikation nicht fördern, denn sie drücken weder Offenheit noch Interesse noch Wohlwollen aus. Auch Fragen, die in eine bestimmte Richtung drängen, unverzüglich Antwort fordern oder bei denen nicht klar ist, *warum* sie gestellt werden, können schnell den Eindruck erwecken, bedrängt oder gar „verhört" zu werden, und Stress erzeugen.

- Betrachten Sie Fragen als Einladungen und lassen Sie den anderen die Freiheit, darauf einzugehen, wie sie wollen.

- Machen Sie deutlich, *warum* Sie fragen.

- Und: fragen Sie nur, wenn Sie auch tatsächlich eine Antwort hören wollen.

Fragen, um besser zu verstehen: Fragen sind wichtig und sinnvoll, wenn Sie etwas akustisch oder inhaltlich nicht verstanden haben oder wenn Sie nicht sicher sind, wie etwas gemeint war. Oft gehen wir über Unklarheiten zu schnell hinweg. Besonders wenn Sie sich durch möglicherweise mehrdeutige Bemerkungen verletzt fühlen, macht es Sinn, nachzufragen, wie etwas gemeint war.

Ermutigen und Interesse zeigen: Üblich und sinnvoll sind auch Fragen, die zum Weitersprechen ermutigen:

> *„Und dann?"*
> *„Wie ging es weiter?"*
> *„Möchtest du mehr darüber erzählen?"*

Konstruktiv analysieren: Kritische Fragen sind wichtig, wenn Sie analytisch zuhören, zum Beispiel, wenn Ihnen jemand etwas „verkaufen" will (auch im übertragenen Sinne). Wie bereits erwähnt, ist Kritik im Sinne von *Unterscheidung* wesentlich, wenn es darum geht, eine Angelegenheit zu hinterfragen und auf Wahrheitsgehalt und Tauglichkeit zu überprüfen. Dabei stehen Fragen oft an erster Stelle. Auch hier gilt natürlich, dass sie nicht verletzend formuliert werden sollen. Einige Beispiele:

> *„Woher wissen Sie das?"*
> *„Haben Sie Beweise für diese Behauptung?"*
> *„Was genau meinst du damit?"*
> *„Wieso?"*
> *„Inwiefern?"*

In eigenen Worten wiederholen und zusammenfassen

Die wohl beste Möglichkeit, herauszufinden, ob man jemanden richtig verstanden hat, besteht darin, das Gehörte *in eigenen Worten inhaltlich möglichst genau wiederzugeben*. Es bietet sich deshalb immer an, wenn es auf präzises Verstehen ankommt. Dabei wird auf eigene Zusätze, also Kommentare, Auslegungen, „Verbesserungen", Vorschläge etc. verzichtet.

Etwas zu wiederholen ist zunächst vielleicht ungewohnt. Wenn man sich jedoch klar macht, wie viele Missverständnisse tagtäglich entstehen, weil Menschen *fälschlicherweise* annehmen, sie wüssten, was die anderen meinen, zeigt sich, wie sinnvoll es sein kann. Es veranlasst außerdem dazu, sehr genau hinzuhören. Und schließlich weitet es den Horizont, etwas in Worte zu fassen, das der eigenen Ansicht widerspricht...

Häufig werden Wiederholungen etwa so eingeleitet:

> *„Ich verstehe Sie so, dass...."*
> *„Wenn ich dich richtig verstehe, ..."*
> *„Ich möchte gern sicher sein, dass ich richtig verstanden habe: ..."*

Fragen Sie anschließend, ob es auch so gemeint war, und geben Sie Ihrem Gegenüber Gelegenheit, bei Bedarf die Sache noch einmal zu erklären, anders zu formulieren oder auch die eigene Meinung zu ändern. Denn nicht nur Sie verstehen dadurch die Person besser, der sie zugehört haben: sie kann sich auch selbst besser kennenlernen.

Sie bekommt ein Feedback darüber, wie die Worte angekommen sind, kann das Gesagte gewissermaßen von außen auf sich wirken lassen und es aus der Distanz betrachten. Vielleicht fallen ihr dabei Unstimmigkeiten oder neue Aspekte auf. Die Tatsache, dass jemand aufrichtig interessiert ist, hilft, den Sachverhalt ggf. noch einmal oder anders zu erklären und Ideen weiterzuentwickeln. Auch aus den Diskrepanzen können interessante neue Perspektiven entstehen.

Wenn Menschen sich ständig wiederholen

Gerade in Konflikten und Streitgesprächen kann es erstaunlich wirkungsvoll sein, wenn die GesprächspartnerInnen in eigenen Worten wiedergeben, was sie gehört haben. Wenn Menschen immer wieder das Gleiche sagen, dann oft deshalb, weil sie nicht den Eindruck haben, verstanden worden zu sein. *Das, was ihnen wichtig ist, aus dem Munde der Anderen zu hören, kann sehr befreiend sein.* Es mag erstaunlich klingen, ist aber relativ leicht auszuprobieren.

Auch manche Diskussionen können fruchtbarer, fairer und freund-
schaftlicher verlaufen, wenn die Beteiligten erst wiederholen, was
die anderen gesagt haben, bevor sie darauf reagieren oder ihre eigene Meinung kundtun.

Zusammenfassen

Eine ähnliche Bedeutung hat das Zusammenfassen des Gehörten,
wobei Sie die wesentlichen Aussagen kurz wiedergeben. Sie machen
deutlich, was Sie verstanden haben und können zusätzlich ein Gespräch auf den Punkt bringen, ohne es inhaltlich zu verändern.
Auch hier sollte Ihr Gegenüber die Möglichkeit haben, sich zu dem
zu äußern, was Sie gesagt haben und ggf. klarstellen, was (anders)
gemeint war, oder im Nachhinein anders aussieht.

Gefühle anerkennen und verstehen

Mit Gefühlen ist es so eine Sache: wir wollen, dass andere unsere
Gefühle akzeptieren und sensibel darauf Rücksicht nehmen. Andererseits ist es nicht immer einfach, die eigenen Gefühle zuzulassen
und anzunehmen, geschweige denn auszudrücken. Es können
Zweifel da sein: Ist in Ordnung, was ich fühle? Sind meine Gefühle
angemessen oder vielleicht übertrieben? Gut oder schlecht? Sensib-
le ZuhörerInnen, die eine unbefangene und realistische Einstellung
zu Emotionen haben und diese Akzeptanz zum Ausdruck bringen,
können eine große Hilfe sein.

Manchmal ergeben sich die richtigen Worte oder Gesten ganz
spontan. Gelegentlich übernehmen wir aber auch automatisch das,
was wir schon als Kinder selbst erlebt und seitdem unzählige Male
wiederholt haben: Ignorieren, Beschwichtigen, Abtun, Bewerten
oder Verurteilen. Wenn Sie die positive Einstellung und Aufmerksamkeit mitbringen, von denen in den vorangegangenen Kapiteln

die Rede war, werden Sie wahrscheinlich selten so entmutigend reagieren. Da Gewohnheiten jedoch tief gehen, ist es sinnvoll, sie unter die Lupe zu nehmen und achtsam dafür zu werden.

Wenn Menschen andere auf ihre Gefühle ansprechen, kommt das oft nicht gut an, weil der *Ton* nicht stimmt. Statt Verständnis und Respekt auszudrücken, statt zu akzeptieren, was ist, wirken die Worte belehrend oder beschwichtigend, herablassend oder ablehnend. Reaktionen, die Abwehr hervorrufen, sind weit verbreitet.

> *„Sei doch nicht immer gleich so gereizt."*
> *„So schlimm war's nun wirklich nicht."*
> *„Sei nicht traurig."*
> *„Mach doch nicht so ein Theater!"*
> *„Gib doch zu, dass Du sauer bist!"*

Wer sehr betroffen ist und solche Sätze zu hören bekommt, lässt sie häufig entweder gar nicht an sich heran, wehrt sich dagegen oder zweifelt an den eigenen Gefühlen. Wie auch immer: die Chance, etwas zu bereinigen, herauszufinden, was los ist, oder die Gefühle befreit gehen zu lassen, wurde vergeben. Konstruktivere Reaktionen gehen davon aus, dass die andere Person sich selbst am besten kennt und der eigene Eindruck auch unzutreffend sein kann. Sie könnten zum Beispiel so aussehen:

> *„Du bist ziemlich ärgerlich, richtig?"*
> *„Das tut sicher weh."*
> *„Ich kann verstehen, dass Du traurig bist."*
> *„Whow – das ist heftig."*

Auf Bedürfnisse eingehen

Man kann auch einen Schritt weitergehen. Welche Bedürfnisse könnten hinter den Gefühlen stehen? *„Bist du ärgerlich, weil du mehr Ruhe brauchst?"* Wer so auf Emotionen reagiert, lädt dazu ein, Gefühle und Bedürfnisse zu erforschen und ihre Botschaften zu entschlüsseln. Das kann neue Horizonte öffnen: Energie, die (zum

Beispiel) in schier endlosen Vorwürfen gefangen war, löst sich, Gedanken, die im Kreise liefen, finden wieder eine konstruktive Ausrichtung. Das Erkunden der Gefühle und tieferen Bedürfnisse kann direkt zum Kern einer Angelegenheit führen. Möglicherweise ergibt sich daraus auch, was konkret zu tun ist.

Unausgesprochenes in Worte fassen

Auf Körpersprache reagieren

Nicht immer ist sich jemand der eigenen Gefühle bewusst. Vielleicht drücken sie sich lediglich über die Körpersprache oder andere indirekte Signale aus. Auch dann kann es weiterführen, diese Emotionen anzuerkennen und vielleicht die dahinterliegenden Bedürfnisse zu verstehen. Doch damit rühren wir möglicherweise an etwas, das von der Person selbst nicht erkannt wird, das ihr unangenehm ist oder das sie nicht wahrhaben will. Deshalb braucht es für solche Bemerkungen besonders viel Einfühlungsvermögen, Wertschätzung und Rücksichtnahme.

Zwischen den Zeilen: Vermutungen aussprechen

Auch auf der *sachlichen* Ebene gilt: wenn jemand etwas berichtet, bleiben zwangsläufig Einzelheiten unerwähnt oder werden zumindest nicht direkt ausgesprochen. Das ist schon aus Zeitgründen oft nötig, hinzu kommt die Tatsache, dass Worte lediglich *Abbilder* der äußeren oder inneren Wirklichkeit sind. Die Lücken in den Schilderungen, manchmal auch absichtlich gelassen, füllen dann die ZuhörerInnen gemäß ihrer eigenen Erfahrungen. Das heißt: es gibt Spielraum für Assoziationen und eigene Vorstellungen.

Es ist nicht ungewöhnlich, anzusprechen, was wir vermuten – wie im Gespräch zwischen Britta und Holger.
Britta: „Du solltest mehr im Haushalt tun!"
Holger: „Aha! Du bist sauer, weil ich dir gestern Abend nicht in der Küche geholfen habe, dachte ich's mir doch!"

Wir sprechen solche Annahmen oft nicht aus, um herauszufinden, ob sie zutreffen, sondern um die anderen zu belehren und ihnen zu zeigen, dass wir sie durchschaut haben. Natürlich kommt das nicht gut an. Auch hier heißt es, achtsam zu sein für (versteckte) Mittel, andere unter Druck zu setzen oder zu beeinflussen, etwas in ihre Worte hineinzuinterpretieren, sie zu bewerten oder zu „verbessern".

Werden solche Vermutungen respektvoll und eher fragend ausgesprochen, können sie Unsicherheiten beseitigen. Die Person, die spricht, kann ggf. den Eindruck korrigieren. Außerdem kann es ihr dabei helfen, sich bewusst zu machen, was in ihr vorgeht. Manchmal ist etwas, das in unser Bewusstsein dringen möchte, für einfühlsame Beobachter eher oder anders erkennbar als für uns selbst. Deren Feedback kann uns also unterstützen, etwas klarer zu sehen. Auch hier gilt das, was zum Fragen und Wiederholen gesagt wurde: es ist entscheidend, deutlich zu machen, dass es sich um Vermutungen handelt, die jederzeit zurückgewiesen oder korrigiert werden können, ohne eine Diskussion darüber auszulösen, wer Recht hat.

Praxis: Zusammenfassen und Wiederholen

Allein
Hören Sie sich einen Vortrag, ein Gespräch oder eine Geschichte auf einem Gerät an, das sie nach einigen Sätzen stoppen. Dann wiederholen Sie, was Sie gehört haben, in eigenen Worten oder fassen es zusammen.

Das eignet sich nicht nur als „Trockenübung" für Gespräche, es ist auch eine gute Methode, um etwas zu lernen. Nur was Sie in eigenen Worten wiedergeben können, haben Sie tatsächlich verstanden und werden es sicher auch besser behalten.

Zu zweit oder dritt

Die Basis-Übung auf Seite 161 kann variiert werden, um zu üben, was in diesem Kapitel vorgestellt wurde. Statt schweigend zuzuhören, sprechen Sie ab, welche oben genannten der Methoden Sie anwenden wollen. Es ist einfacher, sie zunächst einzeln kennenzulernen. Sie können auch eine dritte Person dazu einladen, die beobachtet, moderiert und Feedback gibt.

Wenn Sie erste Erfahrungen mit dieser Übung machen, sprechen Sie über etwas Unverfängliches, nach Möglichkeit für beide Interessantes, und vermeiden schwierige Themen. Das macht es leichter, sich auf die Aufgabe zu konzentrieren und Erfahrungen mit dieser Form des Zuhörens zu sammeln.

Nicht vergessen: Hier gibt es kein Richtig oder Falsch, es geht nicht darum, wie gut oder schlecht **A** sich ausgedrückt hat, wie gut oder schlecht **B** zugehört / verstanden / wiederholt oder zusammengefasst hat. Grundlage für alles, was Sie sagen, ist Unterstützung, Respekt, Interesse und Lernbereitschaft. Beide GesprächspartnerInnen helfen einander, einen Sachverhalt zu vermitteln und zu verstehen – miteinander zu teilen – zu kommunizieren. Gerade durch die *Unterschiede* zwischen dem, was **A** und **B** gemeint, gesagt und verstanden haben, können neue Gesichtspunkte entstehen und sich interessante Anregungen für eine Weiterentwicklung des Themas oder des Gespräches ergeben.

Anmerkung: eine weitere Übung finden Sie auf Seite 259).

12

Ausdruckskraft

*„Zieh dich nicht zurück in die Burg
deiner Gedanken. Sich ausdrücken
können ist Freiheit." (aus Irland)*

Worte schaffen Wirklichkeit

Mit ihren *Geschichten aus Tausendundeiner Nacht* vollbringt eine junge
Frau ein Wunder: ihre Worte faszinieren den grausamen Landes-
herrscher so sehr, dass er seine Mordpläne aufgibt und zahllose
Menschenleben gerettet werden.

Selten wird Ihr *Leben* davon abhängen, wie gut sie sich ausdrücken
können – aber vielleicht doch mehr als Ihnen bewusst ist? Die Erfüllung Ihrer Wünsche und Bedürfnisse hängt wesentlich davon ab,
wie gut Sie sich verständlich machen können und wie überzeugend
Sie sind. Mit allem, was Sie sagen, gestalten Sie Ihre Umgebung und
beeinflussen Ihre Mitmenschen. Es hat entscheidenden Einfluss
auf die Atmosphäre in der Familie und am Arbeitsplatz, die Entwicklung Ihrer Kinder und Ihrer Projekte. Und es beeinflusst Sie
selbst, denn auch Sie *hören*, was Sie sagen.

In allen Bereichen des Lebens kommt es darauf an, wie Menschen
miteinander reden. Vermutlich können Sie sich an Situationen erinnern, in denen jemand genau die richtigen Worte und den passenden Ton fand – und welch positive Folgen das hatte. Auch wenn
nur eine einzige Person willens und in der Lage ist, sich so auszudrücken, dass das Wohl aller gefördert wird, kann das den entscheidenden Unterschied machen.

Überzeugungskraft: von innen heraus

In vielen Situationen gilt: um auf friedliche Weise zu bekommen, was wir brauchen, müssen wir darüber sprechen. Oft jedoch bleiben unsere wesentlichen Anliegen verborgen, auch wenn wir über alles Mögliche reden. Marshall Rosenberg weist darauf hin, dass wir immer aus einem bestimmten Bedürfnis heraus kommunizieren, manchmal mit unseren Worten aber geradezu das Gegenteil von dem bewirken, was wir ersehnen. Das kann daran liegen, dass uns unsere Motive nicht bewusst sind, dass wir nicht an uns selbst glauben oder nicht wissen, *wie* wir etwas sagen sollen.

Worauf es ankommt

Durch Meditation und einen achtsamen Umgang mit unseren Gedanken, Gefühlen und Eingebungen lernen wir uns selbst immer besser kennen. Wir erkennen zunehmend, was uns am Herzen liegt, an welchen Werten wir uns orientieren, was wir brauchen und was wir mit bestimmten Gesprächen erreichen wollen. Das ist die Basis für erfolgreichen Selbstausdruck, denn was nützt es, andere von etwas zu überzeugen, an dem uns im Grunde gar nichts liegt?

Manche Menschen erkennen erst spät im Leben, dass sie jahrzehntelang Zeit und Energie in Dinge investiert haben, die ihnen nichts bedeuten.

Was Ihnen wichtig ist, zählt: Ein Plädoyer fürs „Mund-Aufmachen"

Sich dessen, was man wirklich will und braucht, nicht bewusst zu sein, steht im engen Zusammenhang mit der tief verwurzelten Überzeugung, die eigenen Bedürfnisse, Ansichten und Gefühle seien sowieso nicht so wichtig. Viele der heutigen Erwachsenen sind mit dieser Überzeugung aufgewachsen.

Die früher verbreitete Erziehung zum schweigenden Gehorsam hat Spuren hinterlassen. Wer als Kind gezwungen wurde, sich jederzeit widerspruchslos zu fügen, lernte, die eigene Meinung, Gefühle und Bedürfnisse gering zu schätzen und zu verbergen – sogar vor sich selbst. Auch wenn wir längst keine kleinen Kinder mehr sind, halten wir möglicherweise weiterhin uns selbst und unser Innenleben für weniger bedeutsam als äußere Anforderungen, und funktionieren, so gut es geht. Damit einher geht oft die stillschweigende Erwartung, dass wir dafür belohnt werden.

Doch Annahme, dass andere uns von sich aus geben, was wir brauchen bzw. „verdienen", ist unrealistisch. Wenn wir so leben und uns entfalten wollen, wie es uns entspricht, müssen wir unsere Anliegen vorbringen und für unsere eigenen Interessen eintreten. Diese Überzeugung setzt sich in der Gesellschaft immer mehr durch.

In der einer Ausgabe der Tageszeitung entdeckte ich die Einladung zu einem Selbstbehauptungs-Wochenende, an dem 6- bis 10-jährige Jungen lernen konnten, mutig für sich selbst einzustehen. Die zahlreichen, erschütternden Fälle von Kindesmissbrauch und Gewalt unter Jugendlichen haben zu der Erkenntnis beigetragen, dass Kinder lernen müssen, ihre eigenen Anliegen kraftvoll zu vertreten. Wer das kann, hat es nicht nötig, selbst zu Gewalt zu greifen oder vernünftige Regeln zu brechen.

Um für uns selbst zu sprechen, müssen wir nicht redegewandt sein. Trotzdem ist nicht zu unterschätzen, welchen Einfluss die Wortwahl hat.

Starke Worte

„Eigentlich habe ich doch was ganz Vernünftiges gesagt. Wieso ist niemand darauf eingegangen? Und wieso hören alle dem Kollegen Schuster zu, obwohl der viel weniger Ahnung hat?" Fragen wie diese stellen sich viele. Tatsächlich kommt es oft weniger auf den

Inhalt an, als uns lieb ist. Andere Faktoren, wie die Stellung in der offiziellen oder inoffiziellen Hierarchie einer Gruppe, spielen eine wichtige Rolle. Auch die Art und Weise, *wie* etwas „rübergebracht" wird, hat großen Einfluss darauf, ob es angenommen wird oder nicht. Betrachten wir zunächst die Auswirkungen der Wortwahl.

Anpassen an die Zuhörenden

Etwas, das eigentlich selbstverständlich zu sein scheint, wird oft ignoriert: Gespräche sind keine Monologe. Auch wenn es darum geht, sich selbst echt und ungezwungen auszudrücken, wenn andere zuhören, ist es wichtig, deren Interessen zu berücksichtigen und sich direkt auf sie zu beziehen. Warum ist das, was Sie sagen, wichtig oder interessant für die anderen?

Wenn es auf exaktes Verstehen ankommt oder Aussagen erfahrungsgemäß leicht missverstanden werden, ist es wichtig, sie sorgfältig zu erklären. Manches Mal wird irrtümlicherweise davon ausgegangen, dass andere schon wissen, was gemeint ist und warum etwas gesagt oder gefragt wird. Sie helfen anderen, Sie zu verstehen, wenn Sie mitteilen, was Sie bewegt, was Ihnen wichtig ist und wie Sie zu Entscheidungen gekommen sind.

Auf den Punkt

Was Sie sagen, gewinnt an Kraft, wenn Sie sich auf das Wesentliche konzentrieren, so wie es Ihrer Absicht entspricht. Ohne überflüssige Worte werden Geschichten spannender und Aussagen besser verstanden. In vielen Situationen ist es sinnvoll, direkt zu sagen, was man denkt und will, und die Worte im Raum stehen zu lassen, bis eine Antwort kommt.

Vielleicht gehören auch Sie zu den Menschen, die nervös werden, wenn sie Reden hören, die mit „*Äh...*" und „*Erm....* gespickt sind. Auch solche „Kleinigkeiten" können stören, weil sie den Fluss der Sprache und damit des Zuhörens unterbrechen. Wer redet, ist sich dessen selbst häufig nicht bewusst.

Abschwächende Sprachgewohnheiten

Sprachmuster, die den Inhalt der Worte verschleiern und abschwächen sind weit verbreitet:

> *„Meinst du nicht auch, wir könnten vielleicht, also eventuell mal probeweise, natürlich nur, wenn alle einverstanden sind...“*
> *„Also, wenn Sie mich fragen...“*
> *„Ich weiß auch nicht, aber...“*
> *„Ich will ja nichts sagen, aber...“*

Sie können den Eindruck erwecken, dass wir uns selbst nicht trauen, es gar nicht so meinen, die Sache uns nicht viel bedeutet oder wir leicht vom Gegenteil zu überzeugen sind. Werden solche „Weichmacher" häufig verwendet, verliert die Sprache an Überzeugungs- und Durchsetzungskraft.

Es können Selbstzweifel dahinter stehen oder Angst, verurteilt und abgelehnt zu werden. Oft sollen (unbewusst) heikle Aussagen versüßt werden, um die Angesprochenen und sich selbst zu schonen. Doch in vielen Fällen handelt es sich einfach um eine Angewohnheit.

Wenn man tatsächlich unsicher ist, sollte man sich daran erinnern, dass gelegentliche (Selbst)Zweifel völlig normal und sogar sinnvoll sind. Meist kann man sie ohne Nachteile direkt zum Ausdruck bringen.

Praxis: **Gewohnheiten ändern**
Wenn Sie erfahren wollen, wie Sie üblicherweise sprechen, hören Sie sich selbst zu. Inzwischen gibt es viele Möglichkeiten, die eigenen Worte aufzunehmen, abzuspielen und anzuhören.

Sollte Ihnen auffallen, dass Sie gewohnheitsmäßig Ausdrücke benutzen, die Ihre Sprache schwächen, haben Sie den ersten Schritt getan. Machen Sie weitere Aufnahmen und achten dabei auf eine klare Sprache.

Sie können solange experimentieren, bis Sie zufrieden sind. Es lohnt sich, einige der Aufnahmen nicht gleich zu löschen, sondern nach einigen Tagen, Wochen oder Monaten wieder anzuhören. So können Sie Ihre Fortschritte beobachten.

Lebendig durch Gefühle

Gefühle verbinden und beleben

Ihre Gefühle sind in erster Linie Signale Ihres Unterbewussten an Sie persönlich, die Ihnen helfen, angemessen zu handeln. *E-motionen* drängen aber auch darauf, aus sich herauszugehen, sie drängen auf *Aus-druck*. Auch für Gemeinschaften und Beziehungen ist das Mitteilen der Gefühle von großer Bedeutung. Es verbreitet Informationen spontan und unmittelbar, es schafft Zusammenhalt und Verbundenheit auf einer tiefen Ebene.

Wenn Sie Gefühle ausdrücken, werden Sie als Mensch spürbar und stellen Resonanz her, nur so werden manche Ihrer Handlungen verständlich. Durch Gefühle werden Ihre Worte lebendig, echt, vielleicht sogar mitreißend. Über Ansichten wird oft gestritten – Gefühle dagegen sind unmittelbar nachvollziehbar. Sie weinen? Ihr Gegenüber versteht sofort, wie Sie sich fühlen, weil sein Gehirn den wahrgenommenen Schmerz spiegelt. Je einfühlsamer der Mensch ist, desto größer ist die Chance, dass er direkt spürt, wie Ihnen zumute ist oder ihm gar selbst die Tränen kommen.

Emotionen kommunizieren auf ihre eigene Art
Die Sprache der Emotionen ist nonverbal. Sie rufen Reaktionen hervor, die gewissermaßen „prä-rational" und spontan sind: in die Luft springen, Lächeln, Lachen, Schluchzen, Brüllen, Gesicht verziehen, Fäuste ballen, Kopf einziehen, Wegschubsen usw. Beobachten wir diese Reaktionen bei anderen, wissen wir meist sofort, in welcher emotionalen Verfassung sie sich befinden. Manchmal sogar schneller als die Person selbst sich dessen bewusst ist: „Ich und ärgerlich? Du spinnst wohl!"

Was wir da sehen und hören, kann auch direkt auf uns einwirken, besonders wenn wir uns nicht bewusst oder unbewusst davon distanzieren. Emotionen färben unwillkürlich ab und stecken an. So kann es geschehen, dass zwei Menschen ganz sachlich und vernünftig über etwas sprechen, während ihre Emotionen auf einer anderen Ebene miteinander kommunizieren.

Wenn wir allein sind, können wir Gefühle ungehemmt zulassen. Auf der Bühne werden sie dramatisiert und besonders expressiv dargestellt. Doch in den meisten Gesprächen kommt es auf die richtige Dosis an. Ausdrücken ja – doch auf eine Weise, die für andere tragbar und verständlich ist. Das fällt uns leichter, wenn wir selbst mit unseren Emotionen gut klar kommen. Oft bedeutet es auch, dass wir *Worte* finden, die die Körpersprache ergänzen.

Körpersprache ist prinzipiell mehrdeutig. Sie ist facettenreich und sagt nichts aus über die Gründe für eine Emotion, noch darüber, wie andere darauf am besten reagieren. Sie kann deshalb missverstanden werden, bedrohlich wirken und die Verständigung unterschwellig sabotieren. Wenn wir darüber sprechen, können wir wichtige Informationen hinzufügen. Doch: können wir Gefühle überhaupt in Worte fassen?

Gefühle und Worte

Worte sind Sache des Verstandes. Deshalb sagen manche Leute, dass es sinnlos sei, über Gefühle reden zu wollen, denn dann seien sie bereits verfälscht, nicht mehr ursprünglich und echt, sondern durch den Filter des Verstandes gegangen. Genau das ist jedoch in vielen Gesprächen erwünscht. Die Distanz, die dabei entsteht, ist erforderlich, um die emotionale Energie zu kanalisieren und ihre Information nutzen zu können. Das ist besonders bei Ärger der Fall. Während wir wahrscheinlich wenig Schaden anrichten, wenn wir unsere Freude ungehemmt mit anderen teilen, sieht das mit Ärger anders aus.

Niemand möchte sich gern vom Ärger anderer anstecken oder gar einschüchtern lassen. Und doch kann es wichtig sein, auch dieses Gefühl auszudrücken und mitzuteilen – zum einen für das eigene Wohlbefinden, zum anderen, damit unsere Reaktionen, Handlungen oder Wünsche nachvollziehbar sind. Besonders in solchen Fällen heißt es, die Worte achtsam zu wählen. Sie sollen nicht nur echt, sondern auch konstruktiv und für die andere Person verständlich sein. Die folgenden Vorschläge können dazu beitragen.

Gefühle in Worte fassen: direkt und anschaulich
Ein indirekter Ausdruck von Gefühlen sind Vorwürfe, ein gereizter Ton oder ein genervter Gesichtsausdruck – also Botschaften, die verletzen und die Beziehung belasten können. Sagen Sie stattdessen lieber direkt, was Sie fühlen, zum Beispiel: „Ich bin glücklich" oder „Ich bin gereizt". Beschreiben Sie die Gefühle sorgfältig, ohne zu vereinfachen. Oft sind mehrere, auch widersprüchliche, Gefühle vorhanden.

Unsere Sprache ist reich an Worten, die Gefühle beschreiben. Der Satz „Ich freue mich" zeigt eine allgemeine Grundstimmung. Aber folgende Begriffe vermitteln einen wesentlich interessanteren und genaueren Eindruck: (Ich bin) begeistert, beflügelt, beschwingt, glücklich, angeregt, heiter, gelöst, entspannt, zufrieden, erfüllt, beseelt, friedlich, gelassen, vergnügt, amüsiert, belustigt.
Auch Ärger kann in vielen Varianten auftreten: (Ich bin) irritiert, ungehalten, gereizt, ärgerlich, frustriert, sauer, genervt, angespannt, geladen oder wütend.

Vielleicht bemerken Sie, dass diese Begriffe oft mit den Worten *„ich bin"* eingeleitet werden. Manche Formulierungen drücken auch direkt aus, dass Gefühle selbstgemacht sind: *„Ich* ärgere *mich" / „Ich* freue *mich".* Wir sprechen dagegen über Empfindungen, die nicht auf Emotionen beruhen, wenn wir sagen: „Ich habe das Gefühl, dass du lügst", oder „Ich fühle mich betrogen." (Siehe Seite 92 f.)

Verständlich und nachvollziehbar
Unangenehme Gefühle anderer können wir leichter ertragen, wenn wir sie verstehen und wissen, dass die betreffende Person selbst die Verantwortung dafür übernimmt, dass sie damit umgehen kann. Außerdem hilft es zu hören, was wir in dieser Situation konkret *tun* können. Auch bei erfreulichen Emotionen kann das der Fall sein. Sie können also hinzufügen, was das Gefühl ausgelöst hat (welches Ereignis, welche Gedanken), welche Bedürfnisse, Werte oder Erfahrungen dahinter stehen, und was Sie sich wünschen.

Gewaltfreie Kommunikation nach **Rosenberg**
Gefühle verständlich und konstruktiv zum Ausdruck zu bringen, wird in der *Gewaltfreien Kommunikation (GfK)* nach Marshall B. Rosenberg besonders konsequent und systematisch praktiziert. Ziel ist es, Menschen ein Mittel an die Hand zu geben, Bedürfnisse klar und konstruktiv zu vermitteln und Konflikte ohne Gewalt zu lösen. Dazu bieten vier Schritte Orientierung: Zunächst wird ein *Ereignis* genannt und welches *Gefühl* es ausgelöst hat, dann das *Bedürfnis*, das diesem Gefühl zugrunde liegt, und schließlich eine konkrete und realistische *Bitte*.

Praxis: **Gefühlsausdruck bewusst machen**

Machen Sie sich bewusst, auf welche Weise Gefühle oft indirekt ausgedrückt werden (siehe Seite 83) und suchen Sie Alternativen.

Praxis:
Gefühle verständlich und konstruktiv ausdrücken

Hier sind einige Hinweise, wie auch unangenehme Gefühle möglichst konstruktiv und nicht verletzend ausgedrückt werden können.

- Sagen Sie direkt, welche Emotionen Sie fühlen *(„Ich bin...").*

- Machen sie auf jeden Fall deutlich, dass Sie nicht Ihr Gegenüber dafür verantwortlich machen.

- Sie können das Gefühl in einen Zusammenhang stellen, indem Sie sagen, welches Ereignis oder welche Gedanken es ausgelöst haben, und welche Ihrer Wünsche, Erwartungen oder Bedürfnisse nicht erfüllt wurden. Dadurch kann es besser verstanden werden.

- Teilen Sie mit, warum sie das erzählen und was Sie sich ggf. von der anderen Person wünschen.

Stark: Körpersprache und Worte im Einklang

Die Wirkung dessen was Sie sagen, hängt sehr von der Körpersprache ab. Idealerweise stimmt sie mit den Worten überein, verstärkt und ergänzt sie. Oft ist jedoch das Gegenteil der Fall. „Ich bin sauer", mit einem schüchternen Lächeln gesagt, wird leicht überhört und nicht ernst genommen. Ebenso verlieren freundliche Worte an Bedeutung, wenn der Blick dabei gelangweilt aus dem Fenster schweift.

Auch ohne bewusstes Zutun verkörpern wir, was wir sind und was in uns vorgeht. Was wir tun, denken oder fühlen zeigt sich im Körper. Niedergedrückt oder springlebendig – man sieht es uns an. Unwillkürlich registrieren unsere Mitmenschen, was wir verkörpern, welche Signale der Körper sendet. Körpersprache und Haltung haben auch Auswirkungen auf die Sprechenden selbst. Probieren Sie es aus:

Praxis: **Wirkung der Körpersprache**

- Stellen sie sich hin, die Füße relativ eng zusammen. Senken Sie leicht den Kopf, beugen sich mit dem Oberkörper etwas vor, ziehen die Schultern hoch. Senken sie den Blick.

  Nehmen sie bewusst wahr, wie Sie sich dabei fühlen.

- Richten sie sich auf, nehmen Sie die Füße etwa hüftbreit auseinander. Die Schultern fallen etwas nach hinten, die Arme sind entspannt, der Nacken lang. Entspannen Sie das Gesicht und schauen Sie geradeaus.

  Registrieren Sie wieder, wie Sie sich fühlen, nehmen Sie den Unterschied wahr.
- Sagen Sie in beiden Positionen denselben (beliebigen) Satz und registrieren Sie den Unterschied.

  Sie können das Experiment auch zu zweit machen und beobachten, wie die Gesten der anderen Person auf Sie wirken.

Yoga und Körpersprache

„Du bist so alt wie deine Wirbelsäule"

Yoga-Übungen stärken Ausdruckskraft und positive Ausstrahlung. Sie richten den Körper auf, Atmung und Bewegungen werden frei und geschmeidig, Gelassenheit, Energie und gute Laune nehmen zu. Yoga schafft also beste Voraussetzungen für erfolgreiche Körpersprache und Präsenz. Eine zentrale Bedeutung hat dabei die Wirbelsäule.

Durch den Wirbelkanal laufen wichtige Nerven. Yoga lehrt, dass dort auch *feinstoffliche Energiebahnen* verlaufen, die entscheidenden Einfluss auf Körperfunktionen und Bewusstsein haben. Viele Übungen zielen darauf ab, die Wirbelsäule geschmeidig und gesund zu halten. Unter anderem sind sie deshalb auch ein hervorragender Schutz vor Rückenschmerzen. Ein Beispiel dafür ist eine einfache Variante einer klassischen Übung, die auf dem Stuhl durchgeführt werden kann – sowohl regelmäßig als auch zwischendurch, wenn Sie merken, dass Sie verspannt sind.

Praxis: **„Bürotaugliche" Drehsitz-Variante**
Setzen Sie sich aufrecht auf das vordere Drittel des Stuhls, die Füße parallel zueinander auf den Boden. Dann drehen Sie den Oberkörper langsam nach rechts. Die Knie zeigen weiter nach vorn, auch das Becken ändert nicht die Position. Legen Sie die Außenseite der linken Hand außen an das linke Knie, der Arm ist dabei gestreckt.

Die rechte Hand wird hinten an die Sitzfläche oder die Lehne des Stuhls gelegt. Der Oberkörper wird dabei so weit aufrecht um die eigene Achse nach hinten gedreht, wie es eine angenehme Dehnung erlaubt. Der Arm ist gestreckt, die Schultern bleiben entspannt. Der Kopf wird sanft nach rechts gedreht, wobei der Nacken gerade bleibt (d.h., die Augen bleiben auf gleicher Höhe). Spüren Sie, dass Ihr Nacken sich dabei wohlfühlt.

Bleiben Sie einige Atemzüge lang in dieser Position. Wo im Körper spüren Sie den Fluss des Atems?

Dann lösen Sie die Hände und kommen langsam zur Mitte zurück. Nach einigen Augenblicken wiederholen Sie den Vorgang zur anderen Seite. Während der ganzen Übung bleibt die Aufmerksamkeit beim Körper und beim Atem.

Das Drehen zu einer und dann der anderen Seite bildet eine Runde. Führen Sie zwei bis vier Runden durch.

Schritt für Schritt zur regelmäßigen Yogapraxis

Um eine Basis für Wohlbefinden, persönliche Entwicklung und Ausdruckskraft zu schaffen, besuchen Sie einen Yogakurs oder nehmen Sie sich zuhause regelmäßig Zeit für Asanas. Falls Sie allein üben, lernen Sie einige Asanas, die für Sie besonders geeignet sind – in einer Yogaklasse oder im persönlichen Unterricht – und üben Sie diese Reihe für einige Wochen oder Monate.

Wenn es Ihnen schwerfällt, sich an eine regelmäßige Übungspraxis zu gewöhnen, beginnen Sie vielleicht mit ein oder zwei Übungen, die Ihnen besonders gut tun und die Sie ohne großen Aufwand durchführen können (zum Beispiel den Drehsitz oder Standübungen). Wenn Sie sich erstmal an die wohltuende Wirkung gewöhnt haben, werden Sie wahrscheinlich Ihr Repertoire allmählich erweitern.

Atmung und Stimme

Lebenselixier Luft: die Atmung

Die Atmung sagt viel darüber aus, wie ein Mensch sich fühlt. Sie ist *Ausdruck* des Befindens und *beeinflusst* es gleichzeitig.

Es heißt, dass in unserer Gesellschaft viele Menschen nicht „richtig" atmen, sondern zu flach und zu hastig. Dafür gibt es mehrere Gründe. Eine große Rolle spielt die Haltung. Wer zusammengesunken hockt, hat wenig Raum für Atemluft. Äußere Einflüsse wie enge Gürtel verhindern außerdem, dass der Atem ungehindert fließt. Deutlichen Einfluss haben auch psychische Faktoren. Wir halten die Luft an, wenn wir einen Schreck bekommen, Angst haben, gestresst sind, die Zähne zusammenbeißen oder Gefühle nicht zulassen wollen. Wir gewöhnen uns auch an flaches Atmen, um unsere Emotionen und unsere Energie nicht zu spüren.

Die Luft anzuhalten, schnell und flach zu atmen, macht in bestimmten Situationen Sinn. Geschieht es jedoch zu häufig, wird es schließlich zum Dauerzustand. Mit der Zeit können wir gar nicht mehr anders atmen. Das hat zur Folge, dass der Körper mit zu wenig Sauerstoff versorgt wird und wir uns möglicherweise immer ein wenig angespannt fühlen.

Dem Atem kommt im Yoga eine große Bedeutung zu. Spezielle Atemübungen können die Lebensenergie steigern und lenken; auch die geistige Kraft nimmt dadurch zu. Diese Praktiken brauchen sorgfältige körperliche und mentale Vorbereitung. Für diejenigen, die mit Yoga beginnen, ist es wichtig, zunächst wieder *natürlich* zu atmen, bevor mit der intensiven Atem*kontrolle* begonnen wird. Es kann eine Weile dauern, bis Zwerchfell und Zwischenrippenmuskulatur wieder ein tieferes Atmen ermöglichen und auch die Psyche sich auf die neue Verfassung eingestellt hat. Wenn man den Atem befreien will, sollte das sanft geschehen und ohne jeden Zwang, da es tiefgreifende Wirkungen hat. Dafür sind die Körperübungen, die Asanas, bestens geeignet.

Die Atmung befreien
Bei den Asanas werden viele Bewegungen mit der Atmung abgestimmt. So wird das Vorbeugen während der Übungen häufig von Ausatmen begleitet, das Aufrichten vom Einatmen. Da bei manchen Übungen die Positionen nach dem Ausatmen eine Weile gehalten werden, bevor man sich mit dem Einatmen wieder aufrichtet bzw. ausstreckt, wird die Atmung auf natürliche Weise tiefer.

Hier als Beispiel eine Übung, die, im Atemrhythmus durchgeführt, dieses Prinzip besonders gut veranschaulicht. Diese Asana ist gleichzeitig eine Wohltat für den Bauch und das Kreuz; außerdem optimal wenn Sie gerade, faul oder erschöpft sind und ganz entspannt im Liegen etwas für sich tun wollen. Wichtig ist, dass der Magen leer ist. (Das gilt allgemein für die Yogapraxis.)

Praxis: „**Bhastrikasana**"

Legen Sie sich flach auf den Rücken, zum Beispiel auf eine einmal gefaltete Decke, die Sie auf den Boden oder eine Isomatte legen. Die Arme liegen neben dem Körper. Entspannen Sie einen Augenblick. Spüren Sie, wie der Körper auf der Unterlage liegt und wie Sie atmen.

Während Sie einatmen, heben Sie dann langsam die Arme parallel zueinander nach oben und legen sie hinter dem Kopf auf den Boden. Ohne den Atem anzuhalten, bringen Sie die Arme mit dem Ausatmen genauso wieder zurück. Gleichzeitig winkeln Sie das rechte Bein an, ziehen es zum Körper und falten die Hände auf dem Unterschenkel. (Sollte das unbequem sein, stattdessen zwischen Unter- und Oberschenkel.) Bewegen Sie sich ruhig und fließend. Lassen Sie die Arme locker und schwer werden, atmen Sie vollständig aus. Bleiben Sie entspannt in dieser Position und dehnen dabei die Atempause aus, solange es angenehm möglich ist. Während Sie einatmen, lösen Sie die Hände, strecken das Bein wieder aus und die Arme hinter den Kopf.

Mit dem nächsten Ausatmen wird das Ganze mit dem linken Bein wiederholt, danach mit beiden Beinen gleichzeitig. Das ist eine Runde. Immer wenn Sie einatmen, strecken Sie Arme und Beine aus, beim Ausatmen bringen Sie sie über dem Bauch zusammen. Wiederholen Sie bis zu acht Runden.

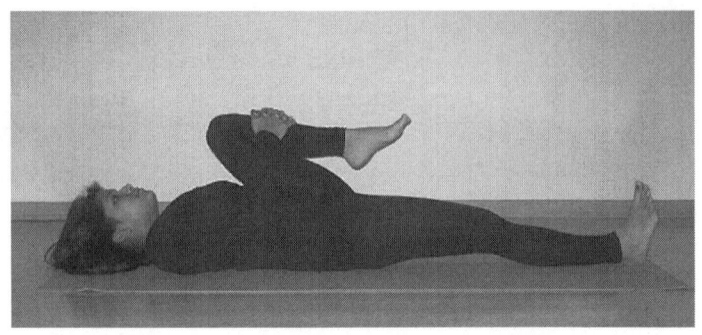

Bhastrikasana

Ein sanfter Weg zu tieferer Atmung ist auch ein Verlängern bzw. Vertiefen der Ausatmung, nach der das Einatmen zugelassen wird, ohne es zu beeinflussen.

Praxis: **Entspannendes, tiefes Ausatmen**
Setzen oder legen sie sich hin. Legen Sie die Hände auf den Bauch und spüren den Fluss des Atems ohne ihn zu beeinflussen. Nach einigen Atemzügen atmen sie besonders lange und tief aus, jedoch ohne sich dabei anzustrengen. Dabei kann der Bauch etwas eingezogen werden. Machen Sie eine kleine Pause, bevor Sie das Einatmen spontan geschehen lassen, wieder ohne es zu beeinflussen. Es wird automatisch tiefer sein als sonst. Atmen Sie dann einige Male normal weiter. Bleiben sie die ganze Zeit mit der Aufmerksamkeit beim Atem.

Wiederholen Sie das einige Male. Vielleicht spüren Sie, wie Ihr Atem allmählich ruhiger oder tiefer wird.

Stimmungen

Der Klang der Stimme spielt eine große Rolle bei dem, was wir sagen. Die Stimme transportiert nicht nur Fakten, sondern auch Gefühle und „*Stimm*-ungen", die sich direkt unserm Gegenüber mitteilen und außerdem ansteckend wirken. Wir fühlen uns unbehaglich in der Nähe stark angespannter Menschen, auch wenn sie sich alle Mühe geben, ihre Angst und Unruhe zu verbergen. Stimme und Atmung senden verräterische Signale, die wir direkt spüren. Deshalb kann es anstrengend sein, heiseren und stark kurzatmigen Menschen zuzuhören.

Yoga-Übungen stärken allgemein die Stimme, indem sie die Atmung vertiefen, entspannen und energetisieren.

Darüber hinaus ist natürlich *Singen* ein hervorragender Weg, Stimme und Seele zu befreien, und ein gute Mittel gegen Stress. Wenn Sie keine Lust auf Chor oder Band haben, können Sie trotzdem davon profitieren und auch allein viel Spaß dabei haben.

Sollten Sie sich mit Ihrer eigenen Stimme oder Aussprache nicht wohlfühlen und das allein nicht ändern können, lohnt es sich, einige Stunden Sprech- bzw. Gesangsunterricht zu nehmen, besonders, wenn Sie Ihre Stimme auch beruflich beanspruchen. Es gibt auch Bücher und CDs dazu, die sehr nützlich sein können.

Die Klopfmassage auf der übernächsten Seite ist ebenfalls eine Wohltat für die Stimme. Sie eignet sich gut als energetisierende Übung für alle Tage. Außerdem kann sie helfen, sich auf besondere Anlässe, z.B. Vorträge, vorzubereiten.

Praxis: **Freie Stimme**
Singen Sie gelegentlich auch im Stehen und lassen Sie den Atem frei strömen. Experimentieren Sie dabei mit unterschiedlichen Haltungen und Bewegungen.

Vielleicht macht es Ihnen mehr Spaß, statt bekannter Lieder eigene Töne oder Melodien zu singen oder zu summen. (Oder zu brummen...lassen Sie sich nicht abhalten, wenn Sie Melodien nicht mitsingen können, weil die Tonlage zum Beispiel zu hoch ist.)

Wenn Sie es nicht sowieso schon tun: Singen Sie mit, wenn Sie Ihre Lieblingslieder hören.

Zum Yoga gehört für viele Menschen das Singen sogenannter „*Mantren*", inspirierender Worte oder Sätze, die meist mehrfach wiederholt werden. Gemeinsames Singen wird in verschiedenen Yogaschulen angeboten.

Ausstrahlung und Präsenz
Klopfmassage, Asanas und Meditation steigern und harmonisieren die persönliche Energie und damit Ausstrahlung und Präsenz. Sie helfen, gleichzeitig wach zu sein für das, was rundum geschieht *und* achtsam für sich selbst zu bleiben, in sich selbst zu ruhen. Für die Ausdruckskraft ist diese Balance von entscheidender Bedeutung. Die Aufmerksamkeit ist gesammelt und gleichzeitig weit. Die Worte kommen aus der Mitte, sie sind eine Verbindung von Verstand und Herz, von Selbstausdruck und Eingehen auf die anderen, von Entspannung und Energie.

Konzentration auf die Körpermitte oder den Atem hilft, die Aufmerksamkeit während eines Gesprächs oder Vortrags aufrechtzuerhalten. Das kann je nach Situation während einer Pause oder ganz kurz und unbemerkt „nebenbei" geschehen.

Praxis: **Klopfmassage**
Der eigene Körper wird im Stehen von Kopf bis Fuß abgeklopft, entweder mit flachen Händen (FH) oder mit beiden lockeren Fäusten (LF).

Der ganze Kopf (LF)

Sanft neben dem Brustbein, (LF) dabei mit dem Ausatmen so lange wie möglich tönen („Aa...")

Den rechten Arm erst innen von oben nach unten, dann außen wieder nach oben (mit der linken FH), 3 Runden

Den linken Arm innen nach unten, außen nach oben (mit der rechten FH) 3 Runden

Den Bauch im Kreis, rechts nach oben, links nach unten (LF)

Beide Beine gleichzeitig, jedes mit einer Hand:
Vorseiten nach unten, Rückseiten nach oben (FH) 3 Runden

Innenseiten nach unten, Außenseiten nach oben (FH) 3 R.

Po und Hüften (FH)

Beide Füße nacheinander, (LF)
(evtl. dazu hinsetzen, wenn es im Stehen zu schwer fällt)

Abschließend die Hände ausschütteln.

Teil 4

Zusammenfügen

13

Konfliktgespräche

> *„Sei du selbst die Veränderung, die du in*
> *der Welt sehen willst." (Mahatma Gandhi)*

Den Überblick behalten

Wenn wir uns mit Kommunikation befassen, wollen wir oft vor allem eines wissen: Wie lassen sich schwierige Gespräche entspannter führen, wie Konflikte erfolgreicher lösen? In solchen Situationen wird die Kommunikationsfähigkeit besonders auf die Probe gestellt. In diesem Kapitel werden deshalb die zahlreichen Informationen des Buches speziell im Hinblick auf Konfliktgespräche zusammengestellt und ergänzt.

Sie finden zunächst eine *Skizze*, angelehnt an das *Vier-Seiten-Modell*, die auf einen Blick zeigt, worauf es in Konfliktgesprächen ankommt. Anschließend wird der *Ablauf* eines Gespräches in fünf Schritte unterteilt, an denen man sich ebenfalls orientieren kann. Schließlich finden Sie Tipps dazu, wie Sie das Gespräch *auf Kurs halten* können.

Auf einen Blick
Die folgende Skizze veranschaulicht, welche Bereiche in Konfliktgesprächen eine Rolle spielen. Sie kann helfen, den Überblick zu
behalten – zum Beispiel in schwierigen Situationen oder um sich
auf Gespräche vorzubereiten.

Sachebene
Worum geht es in der
Sache? Was ist geschehen?
(Erforschen Sie gemeinsam
Ihre Sichtweisen und Erfahrungen,
Beiträge, Absichten und Wirkungen)

I

Ich_____*(zwischenmenschliche Ebene)*_____**Du**
Gefühle und Bedürfnisse
verstehen und anerkennen

I

Appell/Absicht/ Ziel:
Lösungen entwickeln und vereinbaren,
die möglichst den wichtigsten Bedürfnissen/
Interessen aller Beteiligten gerecht werden
und ein Weitergehen ermöglichen

Die *Sachebene* nimmt eine herausragende Stellung in vielen Gesprächen ein. Über ihren Inhalt – Ereignisse, Menschen, Dinge oder
unsere Ansichten darüber – wird gesprochen und häufig auch gestritten.

Zur *zwischenmenschlichen* Ebene gehören Gefühle, Werte und Bedürfnisse der Beteiligten. Ein Gespräch kann nur dann wirklich erfolgreich sein, wenn sie nicht verletzt, sondern verstanden, einbezogen und berücksichtigt werden.

Nach Klärung der sachlichen und persönlichen Lage lässt sich die *Absicht* („Appell-Seite") – die während des gesamten Gesprächs im Blick behalten werden sollte – leichter verwirklichen. Hier geht es darum, tragfähige Lösungen zu entwickeln und Vereinbarungen zu treffen, die nach Möglichkeit den wesentlichen Anliegen aller gerecht werden.

Schritt für Schritt

Wenn wir eine schwierige Aufgabe in einzelne Schritte zerlegen, wird sie überschaubar und leichter zu handhaben. Das gilt auch für Gespräche. Die hier vorgestellten fünf Schritte sind wie ein Geländer, das bei Bedarf Halt gibt und sicherstellt, dass nichts Wichtiges zu kurz kommt. Und natürlich sind sie nur eine *Richtlinie*: nicht immer sind alle Phasen nötig, manchmal ändert sich die Reihenfolge, viele Gespräche können wir auch spontan führen. Ein konstruktiver Gesprächsverlauf könnte so aussehen:

1. Vorbereitung: innere Klarheit gewinnen
2. Den Anfang machen
3. Klärungsphase
4. Lösungen entwickeln
5. Vereinbarungen treffen.

Schritt 1: Vorbereitung – innere Klarheit gewinnen

Es gibt unterschiedliche Gründe, ein Gespräch nicht sofort zu führen, wenn ein Konflikt auftaucht. Manchmal merken wir erst im Nachhinein, dass etwas nicht in Ordnung ist. Manchmal brauchen wir Zeit, uns darüber klar zu werden, was wir fühlen, was dahinter steht und was wir wirklich wollen. Auch wenn während eines Gesprächs plötzlich heftige Emotionen auftauchen, kann es unter Umständen nötig sein, zunächst Abstand zu gewinnen. Außerdem ziehen sich viele Konflikte über einen längeren Zeitraum hin und es braucht *mehrere* Gespräche, um sie zu lösen. Wenn Sie die Gelegenheit haben, sich auf schwierige Gespräche vorzubereiten, nutzen Sie sie. Je klarer und positiver Sie selbst in das Gespräch gehen, desto größer ist die Chance, dass auch die anderen mitziehen.

Betrachten Sie die folgenden Fragen als Anregung. Es geht nicht darum, sie unbedingt alle zu beantworten. Nicht immer lassen sich Antworten finden, manche treffen in der jeweiligen Situation nicht zu oder bringen Sie nicht weiter. Darüber nachzudenken, kann aber helfen, eine Situation, sich selbst und andere besser zu verstehen.

Vielleicht erkennen Sie dabei, dass ein Gespräch gar nicht der geeignete Weg ist, sondern dass eine andere Aktion angesagt ist, um Ihr Ziel zu erreichen. Vielleicht merken Sie auch, dass das Bedürfnis, der anderen Person Vorwürfe zu machen, weiterhin sehr groß ist. Nehmen Sie das als Zeichen, dass noch Ärger schwelt – das „Alarmlämpchen blinkt noch". Haben Sie wirklich verstanden, auf was der Ärger Sie aufmerksam machen will? Manchmal braucht es Zeit, den Sinn einer Emotion zu entdecken. Sie können die *Praxis* dann auch mehrmals durchgehen.

Praxis: **Persönliche Klärung vor einem Gespräch**

Sachebene: Worum geht es, was ist geschehen?
Bedenken Sie „*Die drei Geschichten*" (Seite 118): meine Sicht, die eines neutralen Beobachters, die mögliche Sicht der anderen Beteiligten.

Welche Handlungen haben zu der Situation *beigetragen?*
Welche *Wirkung* hatte das Verhalten der anderen auf mich und (vermutlich) umgekehrt?
Was war meine *Absicht*, was möglicherweise die der anderen?

Gefühle bewusst machen und von ihnen lernen:
Was fühle ich?
Was genau hat diese Gefühle ausgelöst? (Ereignisse und / oder Gedanken)
Welche Wünsche und Bedürfnisse habe ich in der Sache?
Was mag die andere Person fühlen und brauchen?

Einstellung:
Wie stehe ich zu der Sache und zu der anderen Person?
Ist meine innere Haltung hilfreich oder eher hinderlich?
Ist eine andere Einstellung evtl. sinnvoller und realistischer?

Absicht und Ziele:
Was ist das Mindeste, auf das ich auf keinen Fall verzichten will? Was das Optimale?
Was könnte die andere Person beabsichtigen?
Was will ich erreichen? Ist ein Gespräch der geeignete Weg, das zu erreichen oder gibt es bessere?

Schritt 2: Den Anfang machen

Ort und Zeit

Gespräche werden leichter, wenn Ort und Zeit stimmen. Eigentlich klar, dass es nicht empfehlenswert ist, jemanden ungeachtet der Situation mit einem Wortschwall zu überschütten: „Jetzt hör mir mal zu, was hast du dir eigentlich dabei gedacht, als du ..." Wenn dann womöglich noch amüsierte Dritte zuhören, die Angesprochenen in Eile, aufgebracht oder gerade mit etwas ganz Anderem beschäftigt sind, wird die Gesprächsbereitschaft nicht hoch sein.

Auch von der „Guerilla-Taktik" („zuschlagen und weglaufen") ist dringend abzuraten. Wenn Sie ein heikles Thema ansprechen oder eine unangenehme Nachricht überbringen, achten Sie darauf, dass genug Zeit vorhanden ist. Geben Sie der anderen Person die Chance, sich dazu zu äußern. Geben Sie ihr und sich selbst Zeit, die Sache in Ruhe zu klären – zumindest soviel, dass ein weiterer Termin vereinbart werden kann. Im Zusammenhang mit Zeitmanagement und Stressbewältigung wird immer wieder darauf hingewiesen, dass wir allgemein unterschätzen, wie viel Zeit Gespräche brauchen.

Die ersten Worte

Zunächst geht es vor allem darum, Kontakt und Gesprächsbereitschaft herzustellen. Manchmal ist es sinnvoll, die eigene Absicht direkt auszusprechen, da Offenheit, Lernbereitschaft und Kooperation in Konflikten keineswegs selbstverständlich sind.

Wenn Sie ein Thema ansprechen, über das unterschiedliche Ansichten bestehen, beginnen Sie auch möglichst objektiv – mit einer Beobachtung, der alle zustimmen können. Die „dritte Geschichte" (Wie würde ein unbeteiligter, neutraler Beobachter die Situation beschreiben? Was hätte eine Videokamera festgehalten?) kann helfen, solche Aussagen zu finden. Dadurch entsteht ein gemeinsamer Ausgangspunkt. Hier heißt es, sich selbst genau zu beobachten, denn die Unterschiede zwischen Tatsache einerseits und persönlicher Bewertung andererseits sind manchmal schwer auseinander zu halten.

Hier einige Möglichkeiten, ein Gespräch zu beginnen:
„Wir haben unterschiedliche Ansichten darüber, wie es mit unserem Projekt weitergehen soll. Ich möchte eine Lösung finden, der wir beide zustimmen können. Ich kenne meine Sicht der Dinge und möchte Ihre ebenfalls kennen lernen. Sind Sie bereit, darüber zu reden?"
„Ich möchte Dir mitteilen, wie ich mich fühle und worum es mit geht. Ich gebe Dir keine Schuld am Geschehen oder an meinen Gefühlen."
„Ich möchte die Sache besser verstehen und herausfinden, ob meine Vermutungen zutreffen."
„Ich möchte Dich besser verstehen und von Dir wissen, welche Absichten Du hattest und was Du in dieser Situation brauchst und willst. Und ich würde dir gern mitteilen, wie es mir mit der Sache geht."

Schritt 3: Sachliche und persönliche Klärung

Verstehen, was geschehen ist
Bevor wir nach Lösungen suchen oder gar Vereinbarungen treffen, ist es oft nötig, zu klären, was geschehen ist oder worum es eigentlich geht. Manchmal steht diese Phase im Mittelpunkt, manchmal geht sie aber auch unter – nach dem Motto: „Vorbei ist vorbei – Schwamm drüber!" Warum ist Klärung wichtig? Zunächst einmal deshalb, weil unser Standpunkt, vielleicht auch unser Ärger, unter Umständen auf Unkenntnis entscheidender Tatsachen oder auf einem Missverständnis beruht.

„Diese Frau lügt. Wie kann sie es wagen? Bestimmt will sie mir die Sache anhängen, weil sie nicht dumm aussehen will!"

Susanne ärgerte sich furchtbar, als sie die E-Mail von ihrer Kollegin Martina las: „*Sie* macht den Fehler und tut so, als wäre *ich* dafür verantwortlich!" Glücklicherweise wurde Susanne bewusst, dass es vielleicht Dinge gab, von denen sie nichts wusste – auch wenn sie es sich nicht vorstellen konnte. Also suchte sie das Gespräch, nachdem sie sich zunächst darüber klar geworden war, was in ihr selbst vorging und was sie wollte.

Nach einem gelungenen Anfang bemühte sie sich um Klärung. Sie wusste, welche Wirkung Martinas Worte auf sie gehabt hatten, sie kannte aber nicht Martinas Absicht. Es stellte sich heraus, dass Martina tatsächlich einen Fehler gemacht hatte, sich dessen aber in keiner Weise bewusst war. Sie hatte nie die Absicht gehabt, Susanne für ihr eigenes Tun verantwortlich zu machen. Susannes Ärger war im Handumdrehen verflogen. Martina bot sofort an, alles wieder in Ordnung zu bringen.

Es ist fraglich, dass sie in der Lage gewesen wäre, ihren Fehler so schnell zuzugeben, wenn Susanne sie gleich mit Vorwürfen überhäuft hätte. Erinnern wir uns: wir kennen die Wirkung, die das Handeln anderer auf uns hat – *nicht* deren Absicht, nicht den Hintergrund. Fragen wir also nach, um mehr darüber herauszufinden.

Zwei weitere Punkte sprechen dafür, zunächst sorgfältig zu klären, was geschehen ist oder worum es geht. Erstens ist es oft erforderlich, um tragfähige Lösungen zu entwickeln und zu vereinbaren. Zweitens können wir ähnliche Probleme in Zukunft besser vermeiden, wenn wir verstehen, was zu den aktuellen Schwierigkeiten geführt hat.

Klären auf der Sachebene kann folgende Fragen umfassen:

Was ist geschehen?

Schildern Sie Ihre Sicht der Dinge und hören Sie sich die der anderen an. Teilen Sie einander mit, was Sie erlebt haben, welche *Wirkung* das Handeln der anderen auf Sie hatte. Hier ist es wichtig, von *Sichtweisen* zu sprechen statt von Recht und Unrecht. Wenn die Erfahrungen gemeinsam erforscht werden, ergibt sich ein vollständigeres Bild der Situation.

Wer hat was zu der Situation beigetragen?

Was haben die Beteiligten genau getan, das zu den Schwierigkeiten beigetragen hat? Welches Verhalten hatte welche Auswirkung?

Was war beabsichtigt? In wie weit treffen meine Vermutungen zu?

Aus dem, was wir wahrnehmen, ziehen wir bestimmte Rückschlüsse z.B. darauf, was die anderen beabsichtigten. Statt einander böse Absicht zu unterstellen, teilen Sie sich Ihre Vermutungen mit und fragen nach, ob sie zutreffen.

Die zwischenmenschliche Ebene: Gefühle einbeziehen und Bedürfnisse berücksichtigen

In Konflikten spielen fast immer Gefühle eine wichtige Rolle. Sie können Ursache für unerklärliches Verhalten sein und ein vernünftiges Gespräch unmöglich machen. Gefühle wollen bewegen, besonders Ärger geht einher mit einer Aufwallung von Extra-Energie. Sie wollen wahrgenommen und anerkannt werden. Wir freuen uns meist, wenn andere sich bemühen, unsere Gefühle zu verstehen und uns zeigen, dass sie sie akzeptieren. Manchmal ist das sogar der entscheidende Faktor, um sich zu entspannen.

Wirkt jemand sehr aufgebracht, ist es besonders angezeigt, auf die Emotionen zu achten und erst einmal zuzuhören, um sie zu verstehen und dem Gegenüber Gelegenheit zu geben, sich auszudrücken. Bemerken Sie zum Beispiel den Ärger hinter Vorwürfen, Übertreibungen und anderen unvernünftigen Äußerungen. Sie können davon ausgehen, dass frustrierte Erwartungen, Wünsche oder Bedürfnisse dahinter stehen. Das kann Ihnen helfen, gelassen zu bleiben.

Manchmal sind dagegen die *eigenen* Gefühle so stark, dass man nicht zuhören kann. Dann brauchen *sie* vorrangig Aufmerksamkeit.

In den vorangegangenen Kapiteln finden sich zahlreiche Anregungen zum Umgang mit den eigenen Gefühlen und denen der GesprächspartnerInnen. Inwieweit Sie über Gefühle tatsächlich *sprechen*, kommt sicher auf die Situation an. In vielen gesellschaftlichen Bereichen ist es nicht üblich, auch wenn es vielleicht sinnvoll wäre. Je vertrauter Sie mit Ihren eigenen Gefühlen sind, desto unbefangener werden Sie sie auch in Gespräche einbeziehen, und desto sicherer können Sie mit Emotionen anderer umgehen.

Ist die Sache damit abgeschlossen?
In einigen Fällen reicht eine Klärung aus: ein Missverständnis wurde aus dem Weg geräumt, eine Lösung, die darüber hinausgeht, wird nicht gesucht. Auch in diesem Fall macht es Sinn zu vereinbaren, wie sich ähnliche Schwierigkeiten in Zukunft vermeiden lassen – also mit klaren *Absprachen* auseinander zu gehen. Oft kommt der entscheidende Teil aber noch: das Entwickeln und Vereinbarungen von Lösungen.

Schritt 4: Lösungen entwickeln

Wenn klar ist, worum es geht, oft auch erst, nachdem Gefühle / Bedürfnisse ausgedrückt und anerkannt wurden, kann nach Lösungen und Absprachen gesucht werden. Wenn die Beteiligten ihre Wünsche nennen, sieht es oft so aus, dass beide Seiten ganz bestimmte Vorstellungen haben, was die anderen tun sollen. Im Fall von Sabine und Rolf (siehe Seite 82) wollten beide, dass der bzw. die andere zum Elternabend ging. Auch wenn sie durch eine sorgfältige Klärung Verständnis füreinander hätten, stünden sich ihre Interessen immer noch scheinbar unversöhnlich gegenüber.

Hier geben Offenheit, Zuversicht und der Wille, eine Einigung zu erzielen, den Ausschlag. Versuchen Sie, neue Optionen zu finden, an die Sie beide bisher noch nicht gedacht haben, werden Sie kreativ. Wenn keine Gefühle und persönlichen Aversionen im Wege stehen, ist es oft erstaunlich, um wie viel leichter sich Probleme bewältigen lassen.

Das muss gar nicht mal so schwierig sein – wir sind im Allgemeinen sehr erfinderisch. Denken Sie nur daran, wie viele Probleme Sie im Laufe des Tages lösen. Wenn es in Konflikten schlecht gelingt, liegt das häufig an Schwierigkeiten auf der Beziehungsebene und am Stress. Die Beteiligten sind oft so ärgerlich, dass sie nicht kooperieren *wollen*. Kreativität und Verstand funktionieren nur noch eingeschränkt. Haben sie es dagegen geschafft, zuerst eine gute Beziehung herzustellen und den Sachverhalt zu klären, wird die Lösungssuche einfacher.

Infos sammeln, grundlegende Bedürfnisse und Interessen beachten

Wenn die konkreten Wünsche der Beteiligten unvereinbar sind, lohnt es sich, genauer zu untersuchen, welche Annahmen, grundlegenden Bedürfnisse und Anliegen dahinter stehen.

Sammeln Sie gemeinsam Informationen und versuchen Sie, die wesentlichen Interessen und Bedürfnisse der Beteiligten herauszufinden. Dabei könnte sich zum Beispiel herausstellen, dass sowohl Sabine als auch Rolf das Wohl der Kinder am Herzen liegt *und* dass beide unbedingt auch ihren anderen Verpflichtungen nachkommen wollen. Vielleicht suchen beide auch Fairness und Anerkennung, vielleicht braucht Sabine eine Auszeit von Haus und Familie.

Lassen sich auf dieser Basis Alternativen finden? Kann z.B. ein Extra-Termin mit dem Lehrer der Kinder vereinbart werden? Reicht es möglicherweise, sicherzustellen, dass beim nächsten Elternabend so eine Situation nicht wieder eintritt? Oder: wenn die grundlegenden Bedürfnisse beider ausreichend berücksichtigt werden, sind die aktuellen Termine überhaupt noch so wichtig für sie?

Fairness und Gegenseitigkeit

Wenn keine Einigung erzielt werden kann, wenn sich die Interessen weiterhin unversöhnlich gegenüber stehen, findet sich vielleicht eine übergeordnete Instanz oder Norm, die von beiden akzeptiert wird. So ist das Bedürfnis nach Fairness und Gerechtigkeit tief in den meisten Menschen verankert. Vielleicht gibt es für die betreffende Situation auch bestimmte Regeln, Normen oder Gesetze, die allgemein gültig sind.

Auch das Prinzip der *Gegenseitigkeit* ist allgemein akzeptiert und kommt dem Bedürfnis nach Gerechtigkeit entgegen. Heute tue ich was du willst, beim nächsten Mal tauschen wir die Rollen. Oder: Heute helfe ich dir, auch wenn es für mich Unannehmlichkeiten bedeutet. Dafür erledigst du vielleicht den nächsten Einkauf für mich oder hilfst beim Einrichten des neuen Laptops.

Wünsche ablehnen

Sie müssen nicht zustimmen. Sind die Wünsche der anderen Seite für Sie inakzeptabel, überlegen Sie, ob Sie mit den Konsequenzen leben können, wenn keine Einigung erzielt wird. Was könnte schlimmstenfalls geschehen? Wäre das für Sie akzeptabel? Wenn Sie nicht auf die Wünsche eingehen, begründen Sie Ihre Entscheidung.

Schritt 5: Vereinbarungen treffen

Zum Abschluss werden lose Enden verknüpft, Nägel mit Köpfen gemacht. Man entscheidet gemeinsam: Was soll geschehen? Was werden alle Beteiligten tun, wer übernimmt was?

Wichtig ist in vielen Fällen, dass Kommunikationskanäle für die Zukunft geschaffen oder frei gehalten werden. Viele Angelegenheiten lassen sich nicht in einem einzigen Gespräch regeln. Wie geht es weiter?

Aktiv zuhören

Wenn Sie anders vorgehen wollen als bisher üblich, stellen Sie sich am besten darauf ein, das Gespräch im wahrsten Sinne des Wortes zu *führen*. Was in den vorangegangenen Kapiteln ausführlicher erläutert wurde, fasse ich hier in Form von Tipps zusammen und ergänze es.

Fragen und zuhören

Fragen können freundlich einladen und aufrichtiges Interesse ausdrücken, sie können aber auch benutzt werden, um zu manipulieren, Druck auszuüben, Informationen zu erzwingen. Es gibt *echte* Fragen, auf die man eine Antwort haben möchte, und unechte, die eigentlich *Vorwürfe* sind. *Offene* Fragen (Warum, wer, wie...?) lassen Spielraum und laden zu einer ausführlichen Antwort ein. *Ja-oder-Nein-Fragen* können zu einer Entscheidung führen und Eindeutigkeit bringen.

Vielleicht kennen Sie den Spruch „Wer fragt, der führt." Fragen fordern dazu auf, in eine ganz bestimmte Richtung zu denken und unwillkürlich nach einer Antwort zu suchen – so wie die Fragenden es wollen. Deshalb ist es wichtig, bewusst damit umzugehen. Auch wenn manches selbstverständlich scheint, lohnt es sich, über die folgenden Vorschläge nachzudenken.

- Fragen Sie nur, wenn Sie auch eine Antwort hören wollen.

- Stellen Sie jeweils nur eine Frage, warten Sie die Antwort ab und hören genau zu.

- Zeigen Sie, dass sie zuhören und bestätigen Sie, dass Sie die Antwort gehört haben, zum Beispiel mit einfachen Reaktionen wie den folgenden:

> *„Danke, dass Sie mir das mitgeteilt haben.“*
> *„Hm, ich hab so was schon geahnt.“*
> *„Ich kann das nachvollziehen.“*
> *„O je! Ich hatte keine Ahnung, dass Du Dich so gefühlt hast.“*

Wiedergeben, zusammenfassen, in Worte fassen

Wenn Sie fair und aufrichtig interessiert sind, Fragen stellen, aufmerksam zuhören und aktiv auf das eingehen, was Sie hören, signalisieren Sie Respekt und Interesse und tragen erheblich zur Klärung bei. Sie können das, was Sie gehört und verstanden haben, in eigenen Worten wiedergeben oder zusammenfassen. Sie können zeigen, dass Sie die Gefühle Ihres Gegenübers verstehen und akzeptieren. (Siehe Seite 187 ff.)

Eigene Anliegen vertreten

Auf Fragen reagieren

Klar, Sie müssen keineswegs auf jede Frage antworten. Die Antwort hängt davon ab, welche Art von Frage gestellt wird:

> *Ist sie echt oder ein getarnter Vorwurf?*
> *Ist sie ein Ablenkungsmanöver?*
> *Fühlen Sie sich gedrängt, mehr zu sagen, als gut für Sie wäre?*
> *Fühlen Sie sich vor eine Wahl gestellt, die Sie nicht treffen wollen?*

Über sich selbst sprechen

Sie helfen Ihren GesprächspartnerInnen, Sie zu verstehen, wenn Sie Ihre eigenen Erfahrungen und Ansichten, vielleicht auch Ihre Gefühle, Werte, Bedürfnisse schildern. Außerdem: welche Wirkung hatte deren Verhalten auf Sie? Welche Absicht lag oder liegt Ihrem eigenen Verhalten zugrunde? (Erklären Sie der anderen Person *nicht*, was *sie* für ein Mensch ist, was *sie* getan oder gedacht hat...)

Klar und verständlich

Es ist sinnvoll, mit dem Wichtigsten zu beginnen und von Anfang an deutlich zu machen, worum es geht. Sagen Sie, was Sie meinen und lassen Sie die anderen nicht raten. Wer nicht versteht, worauf Sie hinaus wollen, befürchtet möglicherweise das Schlimmste. Gerade wenn es um (potentiell) unangenehme Themen geht, kann es sehr frustrierend sein, im Dunkeln zu tappen. Zur Klarheit gehört auch, zwischen Tatsachen und Meinungen zu unterscheiden.

Feststellungen statt Vorwürfe

„Kleinigkeiten" in der Wortwahl machen manchmal einen großen Unterschied. Die folgenden Beispiele zeigen jeweils zwei Möglichkeiten, einen Sachverhalt zu formulieren.

> Beispiel A:
> *1. „Du bist 30 Minuten später gekommen, als wir meines Wissens verabredet hatten."*
> *2. „Du kommst immer zu spät."*
>
> Beispiel B:
> *1. „Du hast die Kleider nicht aus der Reinigung geholt."*
> *2. „Du hast es mal wieder nicht geschafft, die Kleider aus der Reinigung zu holen."*

Die jeweils zweite Variante stellt nicht einfach etwas fest, das sich ereignet hat. Durch Tonfall und Wortwahl (wie das Wort *immer*) bekommt die Bemerkung einen Beigeschmack, der die betroffene Person abwertet. Besonders wenn die bereits ein ungutes Gefühl wegen der Sache hat und Vorwürfe erwartet, kann sie sehr verletzt darauf reagieren. Oft drücken wir auch unsere Vermutungen so aus, als handele es sich um Tatsachen: „Du bist rücksichtslos, ich bin dir doch völlig egal!"

Gefühle und Wünsche ausdrücken

Der Grund für verletzende Äußerungen dieser Art ist oft Ärger. Er nimmt diese Form an, wenn er nicht anders angedrückt werden kann. Besser ist es, Gefühle direkt auszusprechen und in Zusammenhang zu stellen, wobei deutlich wird, dass man selbst die Verantwortung dafür übernimmt: Was fühle ich, was hat das Gefühl ausgelöst, welches Bedürfnis steht dahinter? Was bedeutet das für die andere Person?

Je verständlicher und konkreter Sie *realistische* Wünsche äußern, desto größer ist die Chance, dass sie erfüllt werden. Wann immer möglich, bitten Sie um das, was Sie wünschen, statt es zu fordern oder Druck auszuüben. Dadurch lassen sie der anderen Person die Freiheit, selbst zu entscheiden, was sie tun möchte, und geben ihr Gelegenheit, Ihnen „etwas Gutes zu tun". Oft wird auf freundliche Bitten positiv reagiert. Wir mögen es, andere zu unterstützen — wenn es freiwillig geschieht. Wenn wir anderen helfen, entstehen angenehme Gefühle (ein erfreulicher Schachzug der Evolution, der sicherlich hilft, das kollektive Überleben zu sichern).

Feedback einholen

Sie können der anderen Person helfen, Sie zu verstehen, indem Sie darum bitten, zu wiederholen, was Sie gesagt haben. Wenn Sie wirklich wissen wollen, ob jemand noch Bedenken hat, oder tatsächlich zustimmt, fragen Sie besser nicht: *„Einverstanden?"*, sondern: *„Was sehen Sie anders?"*. Damit ermutigen Sie dazu, auch Einwände und heikle Dinge auszusprechen. Die sind vielleicht nicht immer angenehm, aber Sie bekommen wichtige Informationen, die dazu beitragen, realistische Lösungen zu finden.

Kurs halten wenn's schwierig wird

Sie können nicht unbedingt davon ausgehen, dass sich andere sofort auf ein Lerngespräch einlassen. Wahrscheinlich werden Sie weiterhin Äußerungen zu hören bekommen, die Ihnen unfair und verletzend vorkommen und die den Erfolg eines Gespräches gefährden. Die folgenden Tipps zeigen, wie Sie darauf reagieren und das Gespräch wieder in konstruktive Bahnen lenken können.

Sich sammeln, den Fokus behalten
Zunächst einmal kommt es darauf an, sich nicht vom Kurs abbringen zu lassen. Wenn Sie feststellen, dass Sie den Faden verloren haben oder in Stress geraten, erinnern Sie sich, dass so etwas nicht ungewöhnlich ist. Es bedeutet nicht, dass Sie etwas falsch gemacht haben. Kommen Sie wieder ins Gleichgewicht. Halten Sie inne und ziehen sich für einen Moment aus dem Kontakt zurück. (Manchmal ist es auch sinnvoll, das Gespräch zu unterbrechen.) Bewusstes Atmen kann helfen, sich wieder zentrieren. Es kann auch generell sinnvoll sein, sich bei Gesprächen zwischendurch immer wieder einzustimmen und achtsam zu bleiben. Hier einige Tipps dazu, die Sie beliebig einzeln oder auch kombiniert anwenden können.

Praxis: **Atempausen**
a) Atmen Sie tief aus und lassen das Einatmen spontan geschehen. Atmen Sie danach normal weiter und achten auf Ihren Atem in der Körpermitte. Spüren Sie, wie er Sie wieder mit Ihrem inneren Zentrum verbindet.
Oder: Lenken Sie Ihre Aufmerksamkeit für einige Augenblicke auf den Atem ohne ihn zu beeinflussen.

b) Spannen Sie kurz die Muskeln der Hände kräftig an und entspannen sie wieder. Je nach Situation und Anlass können Sie (ggf. unter dem Tisch) Fäuste ballen oder die Arme strecken und dann wieder entspannen.

c) *Erinnern Sie sich an Ihre Absicht und an Ruhe*: was wollten Sie mit dem Gespräch erreichen? Welche Einstellung erschien Ihnen hilfreich?

Sie können ihre Absicht oder die Vorstellung von innerer Ruhe auch mit bestimmten Worten verbinden, zum Beispiel mit „*Ruhe*" oder „*Ich bin gelassen*". Besonders wirkungsvoll sind diese Sätze, wenn Sie vorher regelmäßig am Ende einer Tiefenentspannung wiederholt worden sind.

Auch eine bestimmte *Geste* kann Ihnen helfen, sich wieder zu fokussieren oder zu entspannen: Legen Sie zum Beispiel die Kuppen von Daumen und Zeigefinger einer Hand aneinander. Gewöhnen Sie sich daran, dass diese Geste Sie erinnert und unterstützt, gelassen zu bleiben.

Emotionen hinter Vorwürfen erkennen

Lassen Sie sich nicht vom Augenschein blenden: Wenn Ihnen jemand Vorwürfe macht, übertreibt oder Sie abwertet, bedenken Sie, dass Ärger, Angst, Unsicherheit oder Gewohnheit dahinter stehen können. Sehen Sie solche Äußerungen als Signal dafür, dass Erwartungen, Wünsche oder wesentliche Bedürfnisse frustriert wurden, und dass die betreffende Person so damit umgeht, wie sie es gelernt und sich angewöhnt hat. Schauen Sie auf die *Selbstoffenbarungsseite* dessen, was sie sagt. Nehmen Sie es weniger persönlich.

Manchmal reicht es, solche Äußerungen einfach zu ignorieren oder durch eine humorvolle Bemerkung zu entschärfen, und die Sache ist erledigt. Wenn Sie nicht einfach darüber hinweggehen möchten, haben Sie mehrere Möglichkeiten, darauf zu reagieren. Hier sind drei davon. Weitere Information dazu finden Sie im nächsten Kapitel ab Seite 250.

1. Den Ärger (an)erkennen, Verständnis signalisieren

Sie können das Gefühl, das Sie hinter den Äußerungen vermuten, direkt ansprechen und anerkennen. „Sie sind wirklich ärgerlich!" (Sind Sie nicht sicher, *fragen* Sie nach.) Einen Schritt weiter geht der Versuch, auch das dahinterliegende Bedürfnis zu verstehen und in den Mittelpunkt zu stellen. Damit geben Sie dem Gespräch eine sinnvolle Richtung.

Auf die aufgeregte und vorwurfsvolle Reklamation einer Kundin könnte ein Verkäufer folgendermaßen reagieren: „Sie sind wirklich ärgerlich. Ich kann das verstehen. Sie hatten unnötige Mühe mit diesem Gerät, das nicht richtig funktioniert. Sie wollen sich darauf verlassen können, dass Sie nicht übervorteilt werden." Er hat damit die Gefühle anerkannt und auf ein verständliches Bedürfnis zurückgeführt, statt über Recht und Schuld zu streiten oder sich vom Ärger der Kundin anstecken zu lassen.

2. Den Rahmen ändern, etwas anders formulieren

Formulieren Sie Aussagen auf eine andere, konstruktivere Weise. Spricht Ihr Gesprächspartner zum Beispiel von „Schuld", greifen Sie das inhaltlich auf, aber reden Sie nicht von *Schuld* sondern von *Beiträgen*. Sie können alles, was Sie hören, so umformulieren, dass es in den Rahmen eines Lerngespräches passt. (Siehe Seite 71)

> **Von Schuld zu Beiträgen:**
> *„Du hast Schuld an der Sache, weil Du zu spät gekommen bist."*
> *„Ich habe zu dem Problem beigetragen, weil ich fünfzehn Minuten später als verabredet gekommen bin."*

Von Recht oder Unrecht zu unterschiedlichen Sichtweisen:
„Das stimmt nicht. Es ist ganz klar, dass du Unrecht hast."
„Ich verstehe, dass es aus deiner Sicht so aussieht. Ich würde dir auch gern sagen, wie es für mich aussieht."

Von Verallgemeinerungen und Vorwürfen zu Gefühlen:
„Auf dich kann man sich überhaupt nicht verlassen!"
„Bist du ärgerlich, weil dir Zuverlässigkeit sehr wichtig ist?"

3. Störendes Verhalten ansprechen

Wenn es Ihnen mit all dem nicht gelingt, ein Gespräch auf konstruktivem Kurs zu halten, gibt es schließlich noch die Option, das störende Verhalten direkt anzusprechen, und ein „Gespräch über das Gespräch" zu führen: „Ich habe jetzt dreimal versucht, etwas zu sagen und jedes Mal hast Du mich mitten im Satz unterbrochen. Ich bin bereit, dir zuzuhören, und ich möchte, dass du auch mir zuhörst. Bist du damit einverstanden?"

Ausblick

Es kann eine Weile dauern, bis Sie und Ihre Mitmenschen sich an einen anderen Umgang mit Konflikten gewöhnt haben. „Fehler" und Misserfolge dürfen dazugehören. Lassen Sie sich davon nicht entmutigen: Sie können nur daraus lernen. Veränderungen brauchen Zeit und möglicherweise eine ganze Reihe von Gesprächen. Wahrscheinlich werden Sie schnell merken, dass sich die Mühe lohnt.

14

Ideen für die Zukunft: Diskussion und Dialog

„Worte haben die Kraft zu zerstören oder zu heilen.
Wenn Worte wahr und zugleich gütig sind, können
sie unsere Welt verändern." (Gautama Buddha)

Während ich dieses Kapitel schreibe, feiert Deutschland einen Jahrestag des Mauerfalls. Mir wird wieder einmal bewusst, wie wenig selbstverständlich es ist, dass wir unsere Meinung frei und gefahrlos äußern können. Wie viele Menschen gingen selbst in unserem Land noch vor wenigen Jahren große Risiken ein, wenn sie sagten und schrieben, was sie dachten? Und in wie vielen Ländern werden Menschen bis heute verfolgt, inhaftiert und getötet, weil sie es wagen, auf unliebsame Tatsachen hinzuweisen, ihren Willen und ihre Ansichten zu äußern? Niemand würde so hart dagegen vorgehen, wenn Worte nicht zu Veränderung führen könnten. *Wer mitredet, nimmt Einfluss und gestaltet mit.*

Wie gut nutzen wir unsere Freiheit?
Ich habe den Eindruck, wir lernen noch. Geschichtlich gesehen ist diese Freiheit jung, vielleicht gibt es deshalb oft Schwierigkeiten damit. Die Chance, das Wort zu ergreifen, wird möglicherweise genutzt, um sich selbst darzustellen oder andere zu verunglimpfen. Besprechungen ziehen sich hin und enden ergebnislos, in Diskussionen dominieren einige, während andere gar nicht zu Wort kommen. In so manchen Meetings wird gestritten und erbittert ge-

kämpft. Man vergisst, worum es eigentlich geht und verstrickt sich in Wortgefechte. Menschen sind verletzt, Lösungen rücken in weite Ferne, Zeit und Energie werden verschwendet.

Viele Menschen kennen das Gefühl, zu kurz zu kommen, weil andere besser und schneller reden oder ihnen sogar das „Wort im Munde umdrehen". Aus harmlosen Gesprächen können unversehens ernsthafte Auseinandersetzungen und Konflikte werden, in denen es nur noch darum geht, Recht zu behalten und im verbalen Wettstreit zu siegen.

Und auch wenn es ruhig bleibt, reden nicht selten alle aneinander vorbei. Eine amerikanische Schriftstellerin behauptete einmal, die meisten Gespräche seien *Monologe in Gegenwart anderer*. Ansichten werden als fertige Produkte präsentiert und unverändert wieder mit nach Hause genommen.

Aufgrund dieser und ähnlicher Schwierigkeiten, werden heikle Themen oft ausgeklammert. Man bleibt an der Oberfläche, redet über Unverfängliches, um Zwist zu vermeiden. Bei weitgehenden Unterschieden, zum Beispiel in der Weltanschauung, geht man sich vielleicht sogar aus dem Weg, redet gar nicht mehr miteinander. Wie gefährlich das sein kann, zeigt sich unter anderem an den tiefen Gräben zwischen verschiedenen gesellschaftlichen Gruppen, die gewalttätige Auseinandersetzungen fördern. Schweigen ist keineswegs immer Gold.

In dem Bemühen, sinnvolle Besprechungen und konstruktive Auseinandersetzungen zu fördern, sind unterschiedliche Ansätze entwickelt worden, von denen hier einige vorgestellt werden. Was macht Diskussionen fruchtbar und einzelne Beiträge überzeugend und spannend? Wie kann man mit unfairen Angriffen sinnvoll umgehen? Und schließlich: wo sind die Grenzen der Diskussion, wann sind andere Gesprächsformen sinnvoller?

Achtsam und wohltuend diskutieren

Diskussionen nehmen in unserem Leben großen Raum ein und oft werden dort Weichen für die Zukunft gestellt. Themen und Meinungen werden analysiert und beurteilt. Angelegenheiten werden von allen Seiten beleuchtet, unterschiedliche Möglichkeiten, Wünsche und Interessen können berücksichtigt werden. All das ist oft erforderlich, um zu bestmöglichen Entscheidungen zu kommen.

Intellektueller Wettstreit beim Austragen von Meinungsverschiedenheiten ist auch der Yoga-Tradition keineswegs fremd. So wird berichtet, dass einst König Janaka einen Berater suchte und alle Weisen seines Königsreiches sich im Disput miteinander maßen. Gewonnen hat der Tradition zufolge ein großer Meister namens Yajinavalkya, dessen Lehren bis heute hoch geschätzt werden. Auch unter buddhistischen Mönchen sind *Dispute* bekannt, in denen die Fähigkeit kultiviert wird, die eigenen Ansichten mit Klugheit und Überzeugungskraft durchzusetzen.

Bis heute gilt, dass wir außer Wissen und Wohlwollen oft eine gewisse Sprachgewandtheit brauchen, um andere zu überzeugen und um Einfluss zu nehmen. Umgekehrt braucht gute Rede eine klare ethische Orientierung. Ahimsa und Satya können auch Diskussionen bereichern.

Ahimsa kann bedeuten, Meinungen und Interessen zu vertreten, ohne Menschen herabzusetzen, lächerlich zu machen, persönlich anzugreifen oder irgendjemandem Schaden zuzufügen. Dazu gehört auch die Fähigkeit, destruktivem Verhalten/Sprechen anderer erfolgreich entgegenzutreten. *Satya* beinhaltet Aufrichtigkeit, Integrität und die klare Absicht, zu sagen, was Leben, Wohlbefinden und Entwicklung fördert. Zeitverschwendung, Lügen und Manipulation widersprechen Satya ebenso wie das sture Festhalten an bestehenden Ansichten. Satya bedeutet Offenheit, damit Wahrheit sich in immer neuen Erkenntnissen und Entdeckungen zeigen kann.

Klarheit über Absicht und Ziel

Sinnvollerweise sind sich die Beteiligten darüber klar, *warum* diskutiert wird und was erreicht werden soll. Das gilt natürlich besonders dann, wenn konkrete Ergebnisse erzielt werden sollen, oder wenn Gespräche unerfreulich zu werden drohen. Fragen Sie sich selbst und ggf. auch in die anderen:

> *Warum reden wir?*
> *Was will ich erreichen, was die anderen?*
> *Ist Diskussion das geeignete Mittel, das Ziel zu erreichen?*
> *Lohnt es sich, Zeit und Energie in die Diskussion dieser Angelegenheit zu investieren?*

Behalten Sie Absicht, Ziel oder Thema auch während des Gesprächs im Sinn, um sich nicht in Nebensächlichkeiten zu verzetteln. Es kann bedeuten, dass weniger oder langsamer geredet wird, dafür sind die Worte aussagekräftiger und wirkungsvoller. Vielleicht gibt es auch zwischendurch kleine Pausen – Augenblicke der Stille, der Sammlung, des Nachdenkens. Außerdem kann es sinnvoll sein, sicherzustellen, dass die *Rahmenbedingungen* (wie die zur Verfügung stehende Zeit) allen bewusst sind.

Zuhören

Eine positive Haltung, wache Aufmerksamkeit und unterstützendes Fragen, Wiederholen und Zusammenfassen, wie in Kapitel 9 bis 11 vorgestellt, sind natürlich auch in Diskussionen sinnvoll. Gutes Zuhören ist unerlässlich, um Kontakt herzustellen und etwas wirklich zu verstehen. Außerdem hilft es anderen, ebenfalls zuzuhören.

Einem *Feedback* sorgfältig zuzuhören, zeigt uns, wie wir auf andere wirken und inwieweit wir verstanden wurden. Darüber hinaus ist es für konstruktive sachliche Gespräche besonders wichtig, *analytisch* zuzuhören, um Fehlerquellen wie Irrtümer, Unklarheiten oder Manipulation zu entdecken. (Siehe Seite 175 f.)

Kritik und Feedback konstruktiv äußern

Wird um Entscheidungen oder Lösungen gerungen, kommen oft unterschiedliche Vorschläge ins Spiel und müssen abgewogen werden. Es ist wichtig, Schwachstellen zu entdecken – gleichzeitig kann „vernichtende" Kritik dazu führen, dass Menschen nicht wagen, überhaupt noch etwas zu sagen. Wenn Sie analysieren, was gesagt wurde, um etwas weiterzuentwickeln und gemeinsam zu möglichst guten Ergebnissen zu kommen, klingt das anders, als wenn Sie aus Ärger handeln oder sich freuen, jemandem „eins auswischen" zu können. Hier einige praktische Vorschläge dazu:

- Begegnen Sie der anderen Person immer respektvoll. Äußern Sie Vorbehalte gegen den *Sachbeitrag* – ggf. auch gegen ein bestimmtes *Verhalten* – nicht gegen die Person. Dazu gehört zum Beispiel, dass Sie deren Aussagen nicht lächerlich machen, übertrieben interpretieren oder bewertend wiedergeben.

- Bei zweifelhaften Aussagen steht an erster Stelle oft das *Nachfragen*, um besser zu verstehen:

  „Können Sie genauer erklären, wie Sie zu dem Schluss kommen?"
  „Aus welcher Quelle stammt diese Information?"
  „Wie kommst Du zu dieser Behauptung?"

- Manchmal ist es sinnvoll, in eigenen Worten zu *wiederholen*, was Sie gehört und verstanden haben. Akzeptieren Sie jede Korrektur, die Ihr Gegenüber daraufhin machen möchte. Die feinen Unterschiede zwischen Gemeintem und Verstandenem, die dabei zutage treten, können sehr nützlich sein, um Gedanken zu klären und weiterzuentwickeln.

- Wenn Sie *ablehnen* wollen, was Sie gehört haben, differenzieren Sie. Was *genau* erscheint Ihnen nicht stimmig? Was ist unklar? Womit sind Sie nicht einverstanden und warum? Erwähnen Sie auch die Punkte, denen Sie zustimmen können. Zusammen mit Ihren eigenen Ideen entsteht daraus eine Basis für die weitere Entwicklung des Gesprächs.

Weitere Tipps

- Drücken Sie sich *verständlich* aus. Dazu gehört eine Sprache, die die Zuhörenden verstehen, Konzentration auf das Wesentliche, klare Aussagen.

- Relativ kurze Beiträge, konkrete Beispiele, persönliche Erfahrungen wecken Interesse. Wieso ist das, was Sie sagen, für die anderen wichtig? Auch Ihre Körpersprache, Sprechweise und Stimme können wach halten (oder einschläfern). Wenn man spürt, dass Sie emotional beteiligt und selbst von der Sache bewegt sind, wirkt das möglicherweise ansteckend.

- *Informieren* Sie sich gut über Themen, die Ihnen wichtig sind. Wenn Sie Behauptungen aufstellen und von Tatsachen reden, sollten Sie in der Lage sein, zu sagen, woher Ihre Infos stammen und was dafür spricht.

- Unterscheiden Sie zwischen Fakten und persönlichen Ansichten. *Meinungen* müssen sich nicht beweisen lassen, sollten aber nicht wie Fakten präsentiert werden. Sie werden besser verstanden, wenn Sie mitteilen, wie Sie zu einer bestimmten Auffassung oder Überzeugung gekommen sind.

Gesprächsbeiträge überzeugend aufbauen: der Fünfsatz

Der Fünfsatz ist ein beliebtes Mittel, um einen Gesprächsbeitrag überzeugend und verständlich aufzubauen. Er bietet ein *Gerüst*, an das man sich halten kann, um sicher zu sein, alles Wesentliche möglichst einprägsam zu sagen. Sie können damit Reden und Gesprächsbeiträge aller Art strukturieren und vorbereiten – kurze Mitteilungen ebenso wie Diskussionsbeiträge und längere Referate. Außerdem können Sie trainieren, ihn auch *spontan* anzuwenden.

Ein Fünfsatz besteht übrigens *nicht*, wie man vermuten könnte, aus fünf *Sätzen*, sondern aus fünf *Schritten*, die oft mehrere Sätze umfassen:

> *einer Einleitung*
> *einem Hauptteil mit drei Punkten*
> *einem Zwecksatz.*

Die **Einleitung** soll Interesse wecken und die Aufmerksamkeit auf den kommenden Gesprächsbeitrag lenken. Sie kann zum Beispiel deutlich machen, worum es geht. Häufig wird sie auch Bezug nehmen auf das, was vorher gesagt wurde und *überleiten* zum eigenen Beitrag:

> *„Wie Sie sagen, ist es..."*
> *„Sie haben bereits darauf hingewiesen, dass..."*

Der **Hauptteil** besteht aus drei wesentlichen Punkten, die den abschließenden Zwecksatz unterstützen. Da mehr als drei verschiedene Aspekte schwer aufzunehmen sind, ist es sinnvoll, sich auf die überzeugendsten zu beschränken, auch wenn es noch mehr gute Argumente geben sollte.

Es gibt unterschiedliche Varianten den Hauptteil aufzubauen – je nachdem, ob man zum Beispiel den eigenen Standpunkt vertreten, Lösungen anbieten oder mehrere Aspekte abwägen will. Die sogenannte *Reihe* enthält drei Argumente. Bauen die Argumente logisch oder zeitlich aufeinander auf, spricht man von der *Kette*. Manchmal wird der Hauptteil auch *dialektisch* aufgebaut: Was spricht dafür? Was dagegen? Welchen Schluss ziehe ich?

> **Gute Argumente** sind zum Beispiel: Fakten, Zahlen, Forschungsergebnisse, Geschichten und persönliche Erfahrungen, gemeinsame Werte etc.

Der **Zwecksatz** am Ende soll die gewünschte Wirkung erzielen und sich den Zuhörern besonders deutlich einprägen oder sie zum Handeln veranlassen.

Praxis: **Vorbereitung mit dem Fünfsatz**

1. Entscheiden Sie, was genau Sie mit Ihrem Gesprächsbeitrag erreichen wollen.

2. Sammeln Sie Stichpunkte und Argumente.

3. Ordnen Sie diese anschließend in Fünfsatzform:

> Beginnen Sie mit dem *Zwecksatz*.

> Wählen Sie dann für den Hauptteil die drei wichtigsten und überzeugendsten Punkte.

> Zum Schluss überlegen Sie sich eine geeignete Einleitung: Wie wecken Sie das Interesse und die Aufmerksamkeit Ihrer ZuhörerInnen?

Praxis: **Proben**

Nicht nur gute theoretische Vorbereitung, sondern auch Praxis gibt Sicherheit. Jedes Mal, wenn Sie aussprechen, was Sie mitteilen wollen, wird es für Sie selbstverständlicher und leichter.

Zusätzlich können Sie *aufnehmen oder filmen*, was Sie sagen, und sich selbst zuhören bzw. zusehen. Beachten Sie dabei:

Was gefällt Ihnen? Was ist Ihnen gut gelungen?
Gibt es Schwachstellen in der Argumentation, dem Sprechrhythmus oder dem Klang der Stimme? Möchten Sie etwas ändern?

Praxis: **Auf den Punkt**

Stellen sie sich vor, Sie haben 30 Sekunden Zeit, um etwas Wichtiges zu sagen. Auch diese Aussagen können Sie mithilfe des Fünfsatzes strukturieren.

Herausforderungen

Auch das kommt vor: da versuchen wir, fair und konstruktiv zu sein, niemanden zu verletzen, die Interessen aller zu berücksichtigen – und stellen fest, dass *andere* sich *nicht* an diese Regeln halten. Nicht nur in Konflikten, bei denen es um persönliche Interessen geht, kommen unfaire Angriffe vor. Verletzende Bemerkungen können uns überall und überraschend treffen. Manchmal ist die Situation harmlos, jedoch nicht immer.

Wer andere angreift und bedroht, wer sachliche Diskussionen durch offene oder verdeckte Manipulationen, Unterstellungen und haltlose Verallgemeinerungen behindert, schadet letztlich allen Beteiligten: dem Gegenüber, sich selbst, vielleicht auch einer Firma, der Familie oder der Gesellschaft. Auch wenn kurzfristig Erfolge damit erzielt werden, können die Langzeitfolgen verheerend sein. Deshalb ist es auch im Sinne von *Ahimsa* und *Satya* wichtig, solchem Verhalten entgegenzutreten. Dabei geht es um dreierlei:

1. Verletzende und hinderliche Botschaften *erkennen*

2. das innere Gleichgewicht aufrechterhalten oder wiedergewinnen, *fokussiert bleiben*

3. Sinnvoll und angemessen *reagieren*

1. Signale und Äußerungen einschätzen

Oft verletzen Menschen einander, ohne sich dessen bewusst zu sein oder darüber nachzudenken. Unfaire Taktiken werden aber auch in manchen Rhetorikschulen gelehrt. Ihr Ziel ist der Sieg über die andere Seite, unabhängig von Recht oder Unrecht. Wer viel diskutiert, ob beruflich, privat oder bei politischen Aktivitäten, sollte diese Methoden kennen, um sich davon nicht verunsichern zu lassen.

Unfaire Taktiken reichen von bewusstem Missverstehen und Missdeuten der Gesprächsbeiträge anderer über persönliche Herabsetzung bis zu Manipulation, Lügen und Einschüchterung. Eingesetzt werden sowohl Worte als auch Körpersprache und Statussymbole. Teilweise sind diese Taktiken und Tricks schwer zu auszumachen, vor allem, wenn wir sie nicht kennen und nicht damit rechnen. Sie wirken scheinbar selbstverständlich und überzeugend. Wir neigen dazu, Menschen zu glauben, wenn sie im Brustton der Überzeugung von „hundertprozentiger Sicherheit" reden. Lügen und Co. sind oft schwer zu entdecken, besonders wenn sie geschickt oder gar mit brillanter Rhetorik vorgetragen werden.

Praxis: „**Foulplay**" erkennen

Wenn Sie sich in einem Gespräch unbehaglich fühlen, achten Sie auf Botschaften, die Sie beeindrucken, einschüchtern oder verunsichern (sollen), sowie auf Zeichen von Unehrlichkeit und Manipulation. Erkennen Sie, was dahintersteht: Gedankenlosigkeit? Unsicherheit? Emotionen? Strategie? Sie können auch Gespräche anderer beobachten, zum Beispiel im Fernsehen, und dabei gezielt auf Beziehungsbotschaften und unfaire Taktiken achten. Hier sind einige davon:

- Häufiges Unterbrechen

- Beleidigungen, Sticheleien und Provokationen, die Ärger hervorrufen sollen

- Killerphrasen (unbewiesene Behauptungen, die ein gutes Argument im Keim ersticken sollen, zum Beispiel: *„Das funktioniert sowieso nicht!"*)

- sehr spezielle Fragen, die man wahrscheinlich nicht beantworten kann, und Suggestivfragen
  (*„Sie sind doch sicher auch der Ansicht, dass...?"*)

- Androhen von Sanktionen

- durch Übertreibung lächerlich machen

- verwirren und ablenken, wenn Beweise fehlen

- *Körpersprache und Verhalten:* zu nahe kommen, drohend ansehen, demonstrativ gähnen oder ignorieren, mit den Fingern auf den Tisch trommeln, bessere/höhere Sitzposition einnehmen, keinen Platz anbieten usw.

2. Gelassen bleiben

Wenn Sie sich nicht verunsichern und von schlechter Stimmung anstecken lassen, haben Sie das Wichtigste bereits erreicht. Es ist allerdings nicht ganz leicht. Die Kunst besteht häufig darin, das Gleichgewicht möglichst schnell zurückzugewinnen und sich nicht vom Kurs abbringen zu lassen. Ein Aikidomeister wurde einmal von einem Schüler bewundernd gefragt: „Meister, wie schafft Ihr es nur, nie das Gleichgewicht zu verlieren?" Der Meister erwiderte: „Du täuschst dich. Ich verliere mein Gleichgewicht ständig. Aber ich finde es immer wieder."

Betrachten Sie Diskussionen und unfaire Angriffe als Übungsfeld. Ihr Gegenüber bietet Ihnen Gelegenheit, Gelassenheit, Kraft und Reaktionsvermögen zu schulen. Selbst wenn Sie sich unbehaglich oder unsicher fühlen, heißt das noch lange nicht, dass Sie auch Ihre Absicht aufgeben – und darauf kommt es an.

Praxis: **Wieder ins Gleichgewicht kommen**
Merken Sie möglichst frühzeitig, wenn Sie in Stress geraten. Atmen Sie dann tief durch und lenken die Aufmerksamkeit auf Ihre Körpermitte. Erinnern Sie sich an Ihre Absicht und halten Sie Ihre positive Einstellung aufrecht.

Praxis: **Perspektivwechsel**
Nehmen Sie's nicht persönlich: das gelingt, indem sie sich nicht auf den *Beziehungsaspekt* der Nachricht konzentrieren (also auf das, was jemand über *Sie* sagt), sondern auf die *Selbstoffenbarung.* Wer Sie anschreit, offenbart damit möglicherweise Ärger, der gar nicht viel mit Ihnen zu tun haben muss. Vielleicht ist es aber auch ein Versuch, durch Einschüchterung die Oberhand zu behalten, weil gute Argumente fehlen.

Sie können sich vorstellen, dass Ihnen jemand quasi einen Fehdehandschuh hinwirft, den Sie nicht aufnehmen müssen. Niemand kann Sie zwingen, zu streiten. Ihre Reaktionen können die Lage entspannen oder eine Konfrontation auslösen.

Wenn Sie gelassen sind, können Sie klar denken und ruhig mit der Situation umgehen. Lassen Sie sich nicht zu einer übereilten Reaktion drängen, sondern nehmen Sie sich die Freiheit, sich so zu verhalten, wie *Sie* es wollen.

3. Reagieren

Es gibt mehrere Möglichkeiten, auf unfaire Taktiken zu reagieren. Entscheidend dabei ist, sich nicht vom eigenen Anliegen abbringen zu lassen, sondern das Gespräch auf Kurs halten.

Behalten Sie auch die *längerfristigen* Auswirkungen Ihrer Reaktion im Blick. Wenn Sie auf eine Beleidigung ebenfalls beleidigend reagieren, werden die Chancen, Ihr *Ziel* zu erreichen, eher geringerer. Und selbst wenn es doch gelingt, besteht die Gefahr, dass die Beziehung Schaden nimmt. Nehmen Sie auch Rücksicht auf Dritte, die möglicherweise anwesend sind. Erfahrungsgemäß geraten auch sie in Stress, wenn es zum Streit kommt, und verlieren vielleicht das Vertrauen in die Beteiligten.

Hier sind einige Vorschläge für unterschiedliche Situationen. Sie zeigen, dass Sie einige Alternativen haben und sich aussuchen können, womit Sie sich am wohlsten fühlen und was Ihnen entspricht.

Ignorieren und Abtun: Handelt es sich um eine Kleinigkeit, eine einzelne dumme Bemerkung, ist es oft am besten, sie einfach zu ignorieren. Oft erledigt sich die Sache damit von selbst. Vielleicht war sie ja auch nicht böse gemeint, sondern nur ein flapsiger Ausrutscher. Menschen haben recht unterschiedliche Vorstellungen von Humor...

Schlagfertigkeit: Oft wünschen wir uns, eine verletzende Äußerung mit einer coolen Bemerkung kontern zu können, die die anderen sprachlos zurücklässt. Leider fallen uns die tollsten Sprüche meist erst im Nachhinein ein, was logisch ist, da Stress nicht gerade die Kreativität fördert. Gehören Sie zu denjenigen, denen es dennoch gelingt, geschickt zu kontern, erlauben Sie der anderen Person, ihr Gesicht zu wahren. *Freundlicher* Humor hat schon manche heikle Situation entspannt, echte verbale Schläge bewirken das Gegenteil.

„Ach was": In einigen Ratgebern wird die *„Zwei-Silben-Methode"* empfohlen, die leicht zu lernen und in vielen Situationen völlig ausreichend ist: unbedachte verletzende oder störende Bemerkungen werden mit zwei Silben quittiert, zum Beispiel mit einem unbeteiligten: *„Ach was!"*, *„Aha"* oder *„So so!"*. Sie wurden zur Kenntnis genommen – und das war's. Wenn Ihnen auf unangenehme Worte häufiger vor Schreck nichts einfällt, prägen Sie sich zwei Silben ein, die Sie im Notfall präsent haben.

Rückfragen: Wenn Sie eine Frage oder Aussage aus dem Konzept bringt, können Sie sie zunächst wiederholen, um etwas Abstand und Zeit zu gewinnen. Damit signalisieren Sie gleichzeitig, dass sie sie verstanden haben und darauf eingehen werden.

Umdeuten oder auf Emotionen eingehen: Auf diese beiden Möglichkeiten bin ich bereits ausführlich eingegangen (siehe Seite 236 f.), weshalb ich sie an dieser Stelle nur noch einmal kurz in Erinnerung rufe.

Folgende Sätze zeigen eine Umdeutung, die zu einem konstruktiven Lerngespräch zurückführen:

> *„Das ist Ihre Schuld!"*
> *„Ich habe zu dem Problem beigetragen. "*

Hier ein Beispiel für das Eingehen auf Emotionen, die sich oft hinter Vorwürfen verbergen:

„Auf dich kann man sich überhaupt nicht verlassen!"
„Bist du ärgerlich, weil du mehr Unterstützung brauchst?"

Brücken bauen: Sie können Ihrem Gegenüber Brücken bauen, damit es von der Konfrontation zur Kooperation zurückkehren kann. Nehmen Sie die Aussage nicht persönlich, sondern konzentrieren Sie sich auf den *sachlichen Inhalt* oder die *Selbstaussage*. Das kann durch eine Rückfrage oder eine Umformulierung geschehen. Angenommen, jemand sagt: *„Sie haben Mist gebaut!"*

Rückfragen, die zur Sachebene zurückführen, könnten lauten:

„Was genau stört Sie?"
„Was genau meinen Sie mit ,Mist gebaut'?"

Wenn Sie auf die Selbstoffenbarungsseite eingehen, könnten Sie den Satz so umformulieren:

„Sie sind offensichtlich nicht zufrieden."

Direkt ansprechen, was stört: Manchmal kann es sinnvoll sein, direkt anzusprechen, was abläuft, zum Beispiel bei persönlichen Beleidigungen, oder wenn die anderen Bemühungen um Kooperation fehlschlagen. Es kann durchaus vorkommen, dass Menschen mit völlig unsachlichen Bemerkungen zum Schweigen gebracht werden sollen:

„Wenn ich Sie wäre, würde ich mich erstmal um eine vernünftige Frisur kümmern, bevor ich den Mund aufmache."

Eine direkte Reaktion könnte sein:
„Bitte bleiben Sie sachlich und sagen Sie konkret, was Sie an meinen Aussagen nicht akzeptieren."

Grenzen ziehen: All diese Möglichkeiten sind nützlich, aber Sie müssen nicht jede Situation retten! Manchmal kann es nötig sein, eine klare Grenze zu ziehen und das Gespräch abzubrechen, zum Beispiel, wenn jemand sich auf Ihre Angebote zur Kooperation wiederholt nicht einlässt oder Sie gar körperlich bedroht.

Eskalation erkennen und vermeiden

Grundsätzlich gilt: Je früher Sie bemerken, dass Gespräche zu entgleisen drohen, desto eher können Sie gegenlenken und unnötige Auseinandersetzungen vermeiden.

So mancher Streit beginnt ganz unschuldig mit einem „Meinungsaustausch". Zunächst werden dabei üblicherweise respektvolle Formulierungen benutzt:
> *„Meiner Meinung nach ..."*
> *„Ich bin der Ansicht, dass ..."*

Doch wenn sich Widerspruch einstellt, wird die Ausdrucksweise schärfer. Typisch ist, dass Ansichten dann als Tatsachen dargestellt werden:
> *„Es ist doch klar, dass..."*
> *„Jeder weiß, dass..."*

Eskaliert die Auseinandersetzung, wird angegriffen:
> *„So dumm kann man doch gar nicht sein."*
> *„Sie haben aber auch gar nichts begriffen!"*

Praxis: **Eskalation erkennen**
Beobachten Sie Gespräche gezielt im Hinblick auf Konflikteskalation. Sind die oben genannten sprachlichen Muster in den Reaktionen der Beteiligten zu erkennen?

Dialoge

Nicht immer sind Diskussionen sinnvoll. In vielen Gesprächen wird messerscharf analysiert und bewertet, obwohl das nicht nur unnötig, sondern kontraproduktiv ist. Eine solche Atmosphäre kann Verständigung und Kreativität behindern, denn sie erzeugt bei zahlreichen Menschen Anspannung und Stress.

Vieles in diesem Buch kann dazu beitragen, Gespräche für alle erfreulicher und fruchtbarer zu machen. Es kann zusätzlich sinnvoll sein, dafür spezielle Rahmenbedingungen zu schaffen, wie es zum Beispiel bei *Dialogrunden* und beim *PeerSpirit Circle* geschieht.

Dialoge, bei denen Akzeptanz, tiefes Verstehen und Raum für kreative Entwicklung im Mittelpunkt stehen, habe ich in Kapitel 10 bereits erwähnt. Dialoggruppen die David Bohm initiierte, hatten ausdrücklich kein konkretes Ziel, das darüber hinausging. Bohm war jedoch überzeugt, dass sich durch solche Kommunikationsprozesse das kollektive Denken ändern und echter Friede möglich werden würde. Wie Bohm sagte, bedeutet *Dia-logos,* auf das zu lauschen, was *zwischen den Worten* liegt – auf den Fluss von Bedeutungen, aus dem sie hervorgehen. Dadurch können tiefere Zusammenhänge erkannt und neue Möglichkeiten entdeckt werden.

Unterschiede geben in Dialogen nicht Anlass zu Streit, sie sind nicht unerwünscht und müssen nicht beseitigt werden. Im Gegenteil: sie sind eine Bereicherung. Gerade in den Unterschieden zwischen verschiedenen Ansichten und darüber hinaus zwischen dem was gesagt, gemeint und verstanden wurde, liegt die Chance, dass sich etwas Neues zeigt und entwickelt. Kreativität wird durch diese Urteilsfreiheit beflügelt. Da Menschen sich akzeptiert fühlen, unabhängig von ihrer Meinung, können sie offen sprechen und ihre Ansichten auch ohne Gesichtsverlust ändern.

Diese Art des Kommunizierens und Denkens ist noch relativ ungewöhnlich. Nicht immer gelingt es, diese Offenheit aufrechtzuerhalten, besonders wenn es um liebgewonnene Überzeugungen und Weltanschauungen geht. Dialoge in Bohms Sinne sind sicher Teil unseres kollektiven Lernprozesses!

Heute werden Dialoge in unterschiedlichen Zusammenhängen und Formen angeboten, oft mit mehr Struktur, als Bohm sie vorgab. Manchmal werden sie auch mit anderen Formen der Besprechung kombiniert, so wie in Firmen, die ihre Meetings mit einer Dialogrunde einleiten.

Im Kreis

Allgemeine Werte und Verhaltensweisen der Dialoge stimmen mit anderen Ansätzen und den Vorschlägen in diesem Buch überein. Sie kommen zum Beispiel auch in Kreisgesprächen zum Ausdruck, die in unterschiedlichen Varianten in zahlreichen Gruppen üblich sind. Die Amerikanerin Christina Baldwin hat sich besonders gründlich und intensiv mit dem Thema befasst. Für die von ihr gegründeten *PeerSpirit* Kreise hat sie Elemente zusammengestellt, die sie für wichtig und nützlich hält, um Achtsamkeit, partnerschaftliche Leitung und Effizienz zu unterstützen.

Ob um Lagerfeuer oder Konferenztische – Menschen sitzen seit Urzeiten im Kreis zusammen. Für Besprechungen von Gleichrangigen sind Kreise besonders geeignet: alle sehen alle, niemand steht durch die Sitzordnung zwangsläufig im Mittelpunkt der Aufmerksamkeit. Es können Rahmenbedingungen vereinbart werden, die dazu beitragen, achtsam zu sein, sich auf das Wesentliche zu konzentrieren und von Herzen zu sprechen.

So können in die Kreismitte Gegenstände gelegt werden, die an Thema, Absicht oder gemeinsame Werte erinnern und den Teilnehmenden helfen, fokussiert zu bleiben. Achtsamkeit, Konzentration und Kreativität werden auch durch Momente der Ruhe unterstützt, die zu Anfang, zum Abschluss, bei Bedarf auch zwischendurch eingehalten werden.

Weiterhin kann es Phasen geben, in denen das Wort reihum geht, oder die individuellen Sprechzeiten begrenzt werden. Das unterstützt die Konzentration auf das Wesentliche, und schafft einen Raum, in dem auch die Nachdenklichen und Stilleren, deren Wünsche und Beiträge leicht untergehen, sich ungestört äußern können.

Viel von dem, was in diesem Buch vorgestellt wurde, kann in solch einem Kreis angewandt und geübt werden. Falls Sie es ausprobieren möchten: Vorschläge für die Durchführung finden Sie im Anhang.

Liebe Leserin, lieber Leser,

ich hoffe, das Buch hat Ihnen Freude gemacht. Wenn Sie mehr erfahren oder das „Kommunizieren mit Yoga" in einer Gruppe erleben möchten, schauen Sie auf unsere Webseite

www.yogakom.de.

Hier finden Sie weitere Informationen sowie Hinweise zu Vorträgen, Workshops und Seminaren.

Auch Fragen und Rückmeldungen sind mir willkommen.
Sie erreichen mich per Email über: info@yogakom.de.

Herzliche Grüße,
Brunhild Voigt

Kreisgespräche

Hier finden Sie Vorschläge, die zu achtsamen, wohltuenden und produktiven Besprechungen beitragen und einen Rahmen schaffen können, in dem unterschiedliche Elemente dieses Buches umgesetzt bzw. geübt werden.

• Besonders wenn niemand das Treffen im klassischen Sinne leitet, ist es wichtig, dass alle Teilnehmenden von Anfang an das Thema kennen und sich auf bestimmte Regeln einigen. Je klarer Thema und Rahmenbedingungen sind, desto mehr Zeit bleibt für das eigentliche Anliegen. Häufig lädt eine Person zu dem Treffen ein und teilt dabei das Thema mit. Die „Spielregeln" sind entweder schon im Vorfeld klar oder werden zu Anfang vereinbart.

• Bilden Sie einen Sitzkreis. In der Mitte können sich Gegenstände mit Bezug zu Thema, Absicht oder gemeinsamen Werten befinden – zum Beispiel Fotos von einem Projekt oder auch einfach eine Kerze. Die Mitte erinnert an den konkreten Anlass, und außerdem daran, sowohl nach außen als auch nach innen zu lauschen und sich auf das Wesentliche zu konzentrieren.

• Eine Person (bei mehreren Treffen kann es auch immer jemand anders aus der Gruppe sein), achtet auf die Einhaltung der Verabredungen und auf die Zeit. Wenn es unruhig wird, kann sie zum Beispiel unterbrechen und vorschlagen, sich zu sammeln bevor das Gespräch fortgesetzt wird. Alle Mitglieder des Kreises sollten sich jedoch bewusst sein, dass sie gemeinsam Verantwortung für das Gelingen des Gesprächs tragen und an allem freiwillig und eigenverantwortlich teilnehmen.

- Die Treffen können mit einer kurzen Meditation oder Ähnlichem beginnen und enden, um eine klare Abgrenzung vom Alltag zu schaffen. Zusätzlich können Momente des Schweigens eingehalten werden, wenn ein Mitglied der Gruppe es für erforderlich hält, wenn der Faden verlorengeht, sich jemand unwohl fühlt, eine Pause nötig wird.

- Eine Person spricht, während die andern zuhören ohne zu unterbrechen. Die Zuhörenden sind sich bewusst, dass die Qualität ihrer Aufmerksamkeit die sprechenden Mitglieder beeinflusst. Hören sie aufmerksam und wohlwollend zu – und ohne zu urteilen – geben sie den Sprechenden damit Energie. Sie helfen ihnen, sich gut auszudrücken und zu sagen, was für sie selbst und die Sache wichtig ist. Wer spricht, drückt sich fair und respektvoll aus, ist mit Herz und Verstand bei der Sache, spricht zum Thema und über sich selbst. Je nach Thema und Anlass kann es sinnvoll sein, zu vereinbaren, dass das Gesagte nicht nach außen getragen wird.

- Sie können vereinbaren, dass das Wort reihum geht und/oder die individuellen Sprechzeiten begrenzt werden. Solche Phasen können sich abwechseln mit unstrukturierten Gesprächszeiten.

Achtsam diskutieren

Bei dieser Übung, in der kontroverse Ansichten konsequent vertreten, analysiert und abgewogen werden, kommen verschiedene Elemente des Buches zum Einsatz. Sie ist besonders nützlich für Menschen, die häufig an Diskussionen teilnehmen, aber auch ein gutes Training in Achtsamkeit.

Meinungen und Sachverhalte werden kritisch beleuchtet, um der Wahrheit ein Stück näher zu kommen und bestmögliche Ansätze und Lösungen zu finden. Das entscheidende Element: hinter der klaren Analyse stehen Aufrichtigkeit, Wohlwollen, Respekt für die andere Person und Achtsamkeit.

Man kann diese Übung in mehreren Schritten durchführen.

Zunächst geht es darum

- analytisch zuzuhören
- das Gehörte in eigenen Worten wiederzugeben
- sich selbst möglichst klar und verständlich auszudrücken.

Solange das noch ungewohnt ist, wird die Aufmerksamkeit davon wahrscheinlich stark in Anspruch genommen. Ein nächster Schritt besteht darin, gleichzeitig gelassen und für alles andere wach zu bleiben:

- für die Absicht, authentisch und konstruktiv zu sein
- für das, was in einem selbst vorgeht
- für Gefühle und Bedürfnisse der anderen Person
- für das gesamte Geschehen.

Die folgende Struktur unterstützt dabei:

Hauptakteure sind zwei Personen, die gegensätzliche Meinungen vertreten. Eine dritte kann das Gespräch beobachten und auf Einhaltung der Vorgehensweise und auf die Zeit achten. Es kann auch für andere spannend sein, solch einem Gespräch zuzuhören, wobei alle Anwesenden die Sprechenden unterstützen sollten, indem sie achtsam und wohlwollend bei der Sache sind.

Zeit und Thema: Einigen Sie sich zunächst auf einen Zeitrahmen und auf ein Thema, das Sie beide interessiert und zu dem Sie unterschiedlicher Ansicht sind. Sie können natürlich auch übungshalber eine Meinung vertreten, die nicht die Ihre ist.

Achtsamkeit: Es ist leichter, achtsam zu bleiben, wenn Sie gemeinsam Momente der Ruhe und inneren Sammlung einhalten, besonders als Einstimmung und zum Abschluss. Möglicherweise wollen Sie auch vereinbaren, dass zwischendurch bei Bedarf kurze Pausen gemacht werden können.

Ablauf:
1. Person **A** formuliert ihren Standpunkt bzw. einen Aspekt davon. Es sollte nur gut eine Minute dauern, damit **B** es gut behalten und analysieren kann. Währenddessen hört **B** aufmerksam zu. (Anregungen dazu in Kapitel 10 und 15.)

2. Anschließend wiederholt Person **B** in eigenen Worten, was sie verstanden hat, wobei sie versucht, wirklich den Sinn wiederzugeben, ohne Eigenes hinzuzufügen. Keine Interpretation, keine Bewertung, keine „Verbesserung" der Wortwahl usw.! (Kapitel 11) Wenn **A** bestätigt, dass es so gemeint war, geht es weiter.

3. **B** stellt dann den eigenen Standpunkt vor, ebenfalls kurz (ca. eine Minute lang), weil anschließend **A** darauf eingehen wird. Dabei kann Person **B** auf das, was sie von **A** gehört hat, kritisch eingehen, d.h.: unterscheiden zwischen dem, was sie gut und richtig findet, und dem, was sie nicht akzeptiert. Erwähnt werden zunächst Punkte, denen **B** zustimmt, anschließend das, was abgelehnt wird.

4. Daraufhin ist es an Person **A**, wiederzugeben, was **B** gesagt hat. Danach geht **A** kritisch darauf ein und vertritt wieder den eigenen Standpunkt.

Auf diese Weise wird das Gespräch fortgesetzt.

Sprechen Sie anschließend über Ihre Erfahrungen: wie ist es Ihnen mit der Übung ergangen? Wie war es, den eigenen Standpunkt zu vertreten, wie, auf den anderen einzugehen? Was ist Ihnen leicht- oder schwergefallen? Was würden Sie gern vertiefen?
Was haben Sie inhaltlich gelernt?

Literatur

Auhagen (Hrsg.): *Positive Psychologie*, Weinheim/Basel 2004

Baldwin, Christina: *Calling the Circle*, USA 1998

Berckhan, Barbara: *Judo mit Worten*, München 2008

Bohm, David: *Der Dialog*, Stuttgart 1998

Borgdorf-Albers, Gabriele: *Ruhepunkte*, Stuttgart 2000

Cohn, Ruth: *Von der Psychoanalyse zur Themenzentrierten Interaktion*, Stuttgart 1975

Csikszentmihalyi, Mihalyi.: *Flow, Das Geheimnis der Glücks*, Stuttgart 1999

Die Upanischaden, eingeleitet und übersetzt von Eknath Easwaran, München 2008

Ende, Michael: *Momo*, Stuttgart 1973

Fisher, Roger/ Brown Scott: *Gute Beziehungen – die Kunst der Konfliktvermeidung, Konfliktlösung und Kooperation*, 1996

Goleman, Daniel: *Emotionale Intelligenz*, München 1997

Govinda, Kalashatra: *Chakra Praxisbuch*, Weltbild

Gurucharan Singh Khalsa/Yogi Bhajan: *Breathwalk*, New York 2000

Hartkemeyer, Johannes F. & Martina: *Die Kunst des Dialogs*, Stuttgart 2005

Isaacs, William: *Dialog als Kunst gemeinsam zu denken*, Köln 2002

Kabat-Zinn, Jon: *Im Alltag Ruhe finden: Meditationen für ein gelassenes Leben*, Freiburg 1998

Kabat-Zinn, Jon: *Gesund durch Meditation*, Einleitg J. Borysenko, 2003

Kripalu Center for Holistic Health: *The Self-Health Guide*, USA 1981

Langmaack Barbara/Braune-Krickau Michael: *Wie die Gruppe laufen lernt*, Weinheim 2000

Löhmer, Cornelia und Stadthardt Rüdiger: *TZI – Die Kunst sich selbst und eine Gruppe zu leiten, Einführung in die Themenzentrierte Interaktion*, Stuttgart 2006

Nischala Joy Devi: *Der heilende Weg des Yoga*, Vorwort Dean Ornish, Airang 2001

Nöllke, Matthias, *Schlagfertig – Die 100 besten Tipps*, Planegg 2009

Peat, F. David: *Infinite Potential – The Life and Times of David Bohm*, USA, 1997

Ott, Ulrich: *Meditation für Skeptiker. Ein Neurowissenschaftler erklärt den Weg zum Selbst*, München 2010

Rogers, Carl R.: *Entwicklung der Persönlichkeit*, Stuttgart 1973

Rosenberg, Marshall B.: *Gewaltfreie Kommunikation*, Paderborn 2001

Sarkar, Prabhat Ranjan: *Liberation of Intellect: Neo-Humanism*, Purulia, Indien 2004

Schulz von Thun, Friedemann: *Miteinander reden*, Bd.1, Reinbek 2007

Shrii Shrii Anandamurti: *A Guide to Human Conduct*, Purulia 2004

Simon, Walter: *Grundlagen der Kommunikation*, Offenbach 2009

Sriram, R.: *Patanjali, Das Yogasutra*, Bielefeld 2006

Stone, D., Patton, B., Heen, S.: *Offen gesagt* (nur noch gebraucht erhältlich. Titel der Originalausgabe: *Difficult Conversations*, 2010)

Tausch, Reinhard: *Hilfen bei Stress und Belastung*, Reinbek 1996

Thiele, Albert: *Argumentieren unter Stress*, München 2009

Trökes, Anna: *Yoga für den Rücken*, München 2009

Trökes, Anna: *Yoga Meditation für Anfänger*, Petersberg 2012

Voigt, Brunhild: *Übungen zum Autogenen Training*, CD

Watzlawick, P./Beavin, J.H./Jackson, D.D.:
Menschliche Kommunikation: Formen, Störungen, Paradoxien, Bern 2011

Yogi Amrit Desai, *Amrit Yoga and the Yoga Sutras*, USA 2010